性、兩性關係與性教育

第三版

晏涵文 著

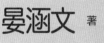

心理出版社

目錄

參、兩性關係

肆、性教育

附錄

作者簡介

晏涵文

學歷／美國田納西大學教育博士

美國約翰霍普金斯大學博士後研究

現任／國立臺灣師範大學健康促進與衛生教育學系名譽教授

杏陵醫學基金會執行長

教育部學校衛生委員會委員

教育部國教署推動高級中等以下學校性別平等教育工
作小組委員

教育部大專校院健康促進學校性教育（含愛滋病防治）
推廣學校計畫召集人

衛生福利部愛滋病防治及感染者權益保障會委員兼衛
生教育組召集委員

台灣性教育學會名譽理事長

台灣性學會顧問

國際中華性健康研究會副理事長

中華傳愛家族全人關懷協會常務監事

21 世紀智庫協會常務理事

曾任／英國倫敦大學、香港中文大學訪問學者

國立臺灣師範大學教育學院院長

國立臺灣師範大學衛生教育學系系主任

亞洲性學聯會主席

行政院青少年事務促進委員會委員

衛生福利部衛生教育推動委員會委員

教育部性別平等教育委員會委員兼課程教學組召集人

教育部國民中小學課綱審議委員會委員兼「健康與體
　育」領域召集人

教育部高級中學課綱審議委員會委員兼「健康與護理」
　科召集人

教育部國民中小學課程推動工作——健康與體育學習領
　域輔導群召集人

教育部愛滋病防治教育會委員

臺北市婦女權益促進會委員

臺北市教育局性別平等教育委員會委員

新北市教育局性別平等教育委員會委員

中華民國性教育學會理事長

中華民國學校衛生學會理事長

中華民國健康促進與衛生教育學會理事長

中華民國環境教育學會常務理事、監事

中華心理衛生協會常務理事

台灣公共衛生學會常務理事

中國教育學會理事

　　從事有關衛生教育及性教育之教學與研究、著述、演講及訓練工作逾四十年，著有《性、兩性關係與性教育》、《愛滋防治教育》、《生命與心理的結合》《健康教育——健康教學與研究》、《婚姻生活與生涯發展》、《中年的危機與轉機》等書。編著有《浪漫的開始》、《告訴他性是什麼》、《做個剛柔並濟的人》、《性教育》等書。發表研究論文報告一百餘篇，一般著作文章五百餘篇。

　　2011 年於台北榮獲台灣性教育學會頒發終身成就獎，2012 年於紐約榮獲國際華人醫學家心理學家聯合會首屆國際莫尼卡終身成就獎。

　　研究領域：性教育、學校衛生、健康促進、環境教育、健康教育課程與教學、愛滋病防治教育。

序

多年來筆者一直關注著性教育的議題，因為它與生命、情愛都有關聯，而愛與性是人類最大的動力與需求。大學時代在師大主修衛生教育，赴美進修衛生教育博士學位時，除了修習「學校中的性教育」課程外，在輔修的「家庭研究」方面也接觸數門性教育課程，博士論文的主題即是性教育。返國任教兩年後（1979），首次在臺灣師範大學衛生教育學系開授「性教育」課程，此舉為大學殿堂正式開課的頭一遭。之後在家政教育研究所增開「家庭生活與性教育研究」，並從 1990 年起，增闢一門「學校性教育」的課程，提供給師大各學系的學生自由選修，反應十分熱烈，青年學子對於性教育求知若渴的情形，可見一斑。近來，國內大專院校性教育課程的開設已成為一可預期的趨勢，然而，由於教材方面無法配合，以致在施行上受困不少。

因應實際需要，筆者乃於 2002 年接受空中大學社會科學系之邀，積極編撰一本《兩性關係與性教育》的教科書，作為暑期開授空大課程的藍本。全書共分為四大篇，包含導論、性的生理與心理層面、兩性關係、性教育，共分十三章，涵蓋層面非常廣泛，內容豐富深入。特別感謝邱詩揚、李絳桃、賴妙芬、趙瑞雯、張君涵、王瑞琪、高松景、熊賢芝、林燕卿、毛萬儀、廖梨伶等十一位過去修習過筆者性教育的學生，他們均有博、碩士學位，且多在大學、中學任教或任職，協助蒐集資料、撰寫草稿。出書後，頗受佳評。今再加增修，且增加圖片、照片與美編，並由心理出版社重新出版，以饗更廣大的讀者。可作為各大專院校性教育相關課程之教材，亦可作為各級教師性教育讀本，以及家長、社會

人士之性教育參考用書。

性教育是一門生活應用科學，所以教法上必須要靈活、著重思考，這也是本書編撰的特點。期盼能啟發大專學生的智慧，協助其尋找人生抉擇中更完滿的答案。

本書於 2004 年出版後，歷經數年，加印三次，又於 2011 年修訂再版，加印二次，並於 2020 年修訂三版。針對國內社會文化變遷，增修相關數據及研究資料，並依據國內性教育現況、十二年國教課程綱要發展及參照國外性教育文獻，大幅增修第十二章學校性教育內容，以使性教育內容更臻完善。期許修訂後內容更符合目前實際使用，也感謝廣大讀者的不吝指教。

晏涵文

2020 年於台師大

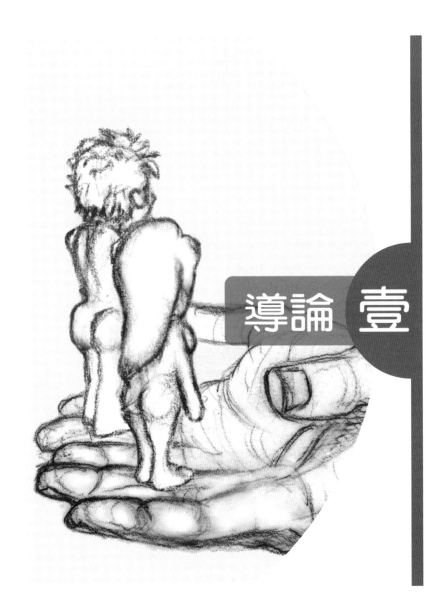

導論 壹

第一章

性、兩性關係與性教育

學習目標

1. 認識性、全人的性、性學、性道德與性權利
2. 了解性教育內容中兩性關係的內涵
3. 說明性教育的重要性
4. 了解性教育的意義、理念和目的

摘要

　　由於長期以來，缺乏坦承的溝通，經由道聽塗說、以訛傳訛、對性的無知和誤解所導致的不健康人生、不愉快婚姻、不美滿家庭、非預期懷孕、不合法墮胎等情形增多。更有甚者，社會上與性有關的病態行為，如性病、性交易、性侵害、性騷擾、性放縱等數字的增加，已造成日益嚴重的社會問題。為能防患未然，教育性的預防措施非常重要。

　　今天的性教育，首先應從小開始，幫助兩性消除彼此間的芥蒂，使其能夠很自然地一起學習、遊戲，進而在社交生活中和諧相處，學習對彼此的尊重與了解，如此才能避免製造更多男性與女性的戰爭。所以從小就要學習互相溝通、互相尊重，在立足點平等的原則下，追求兩性關係的和諧。

　　性（sex）扮演著影響健康人生的重要角色，兩性關係更是人際關係中極重要的一環，但一直未受到教育界應有的重視。主要原因是人們認為性是骯髒、不道德和羞恥的，只可以偷偷地做，不可以公開地說，更遑論「科學研究」和「系統教學」了。在兩性平等、互相尊重的社會裡，接受有關「性」的教育，確實有其必要。

第一節　性

　　我們生而為男或女，便有性的差別和性的欲求，並且維持終生，直至死亡。在父親的精子和母親的卵子結合形成受精卵的那一刻，性染色體的配合造成生男或生女。男孩、女孩除了出生時生殖器官就不同，以及性荷爾蒙分泌造成青春期後男人、女人第二性徵發育的不同，再加上後天在性別角色上學習的不同，男女可謂大不同。性在人的一生中有著重要的意義，性是完整人格發展一個不可分割的組成部分。

一、性

　　從《說文解字》到《康熙字典》、《中華大字典》，「性」乃是「食色性也」中的「性」字，是「本性」（nature）的意思。大概在上世紀末，日本學者才首先用漢字「性」來譯英文 sex 一詞，中國人也沿用了日本人將「性」表達 sex 這個新的詞義。即便在英文中，古英文也沒 sex 這個詞，據考證，sex 一詞乃是在 14 世紀才由拉丁文演化出來的，至今也不過數百年光景（阮芳賦，2000）。

　　最近這幾十年中，在西方性革命之後，sex 一詞的習慣用法有了很大的改變。日常用語中，sex 幾乎是指稱「性行為」、「性活動」，甚至更直接指「性交」。換句話說，sex 一詞的日常用法其詞義縮小變窄了。但近幾十年來，人們對「性」的認識卻變廣了。人們認識到「性」並不只是一個生物學上的名詞，還有心理學、社會學、人類學和文化學上的多個層次，而且還彼此相關。人類對性認識的這些新的擴展，導致了 sexuality 一詞被用來指與性有關的一切層面（阮芳賦，2000）。sexuality 除了譯為「性」外，似可譯為「全人的性」，亦即一個人與性有關的各個層面。

二、全人的性

　　Fracoenn 認為全人的性（sexuality），最起碼要包括四個主要部分：

　　1. 根據外生殖器解剖學上的雌與雄。
　　2. 作為男人與女人的性別認同。
　　3. 採取與解剖學上的雌雄差異，如男女的性別差異相適合的角色和行為。
　　4. 被吸引的和所愛的性別，即性傾向。人的 sexology 乃是一個生物、心理、社會和文化現象（引自阮芳賦，2000）。

三、性學、性哲學

　　自從 20 世紀初，有學者以科學方法研究人類的性（human sexuality），如：Henry Havelock Ellis、Alfred C. Kinsey、Masters 與 Johnson 等，性學（sexology）才成為一門新興的學門，指的是有關「性」的科學證據。性哲學（sexosophy），指的是包括不同

個體的、群體的、文化的性信念和教條，以及不同地區、不同民族、不同歷史時代的性信念和教條。

四、性道德（sexual morality）

「性」本身在道德上是中性的，無所謂好壞。概括而論，不同個體、群體、民族、社會、宗教，甚至不同時代與文化，對於「性」的信念、態度和評價，可以概分為「正向性觀」（sex-positive）和「負向性觀」（sex-negative）兩種。

正向性觀是以一種正面的、積極的觀點來看待性歡樂、親密關係和性行為。視「性」為人類生活中自然的一部分，具有建設性的力量。反之，負向性觀則把人類的性行為看成是需要加以限制和壓抑的，常譴責異性之外的、婚姻之外的，甚至生殖之外的性歡樂。視性為一種危險的、有潛在破壞的力量，性衝動、性慾需要加以壓抑或昇華（阮芳賦，2000）。

當然，一個社會的性文化並非全然的正向或負向性觀，它是相當複雜的。中國傳統文化的儒家思想，一向被認為對性保持保守、壓抑和負向的態度。不過，就起初儒家學說而言，即以孔子和孟子為代表的儒家經典中，我們所看到的卻是一種正向的性觀。《論語》中，子曰：「吾未見好德如好色者也」，承認人們普遍喜歡性。在《禮記》中更指出「飲食男女，人之大欲存焉」，把人們對性生活的追求和飲食一樣加以並列，指出這兩者乃是人類最大的自然慾望。

《孟子》中，告子曰：「食色性也」；又「好色，人之所欲」；孟子則說：「當是時也，內無怨女，外無曠夫；吾如好色，與百姓同之，於吾何有？」加上「男女居室，人之大倫也」等許多關於婚姻家庭的論述，可以說孔子和孟子所代表的儒家，把性

看成是自然的正常慾望（阮芳賦，2000）。

　　把儒家看成是「非性」的謬見，不僅見於中國，也見於海外。四書的英譯者 Jameo Legge 在 1984 年譯《論語》時，他竟將「食色性也」中之色字，不譯成 sex，而譯成顏色（color）。他的翻譯影響很大，使人誤以為儒家乃是「無性」或「非性」的。不過，南宋以來，主張「餓死事小，失節事大」的新儒學或道學家，應該說是負向性觀的鼓吹者。他們關於「存天理，滅人欲」的教條，自然是近千年來中國社會性壓抑、性蒙昧的哲學根源（阮芳賦，2000）。

五、性權利（sexual right）

　　自由民主國家都非常重視人權，而人是有「性」的生物（sexual being），性也應該是人的一種基本權利，性緊張得到充分釋放，是身心健康的必要條件。

　　一個人在不侵犯他人、不危害社會的條件下，有權表達和滿足其性愛和性慾，並在性方面有自由做決定的權利。社會上應確認，每一個人都有權利追求滿意的、相互同意的社交—性生活。社會也應協助傷殘、病患和老弱等弱勢族群得到社交—性生活的可能。所有性功能障礙者都能得到性保健的基本權利，享有控制生育的權利（阮芳賦，2000）。

六、性學發展史

　　性學核心是「性醫學」（sexual medicine），19 世紀末開始，多數從事者是說德語的精神病學家。性研究受到許多政府、社會、宗教的反對和阻礙，性研究的「醫學化」是性學發展的強有力「保

護傘」。《性研究的勇敢先驅者們》（Linda Murray, 1983）提到：「為了研究所有人類行為中最基本的一種行為，卻需要特殊的勇氣。對於性的態度，處在宗教、道德以及感情的重重包圍之中。……遇到方法學難題……因為他們認識到這種研究為解除病患的痛苦所必需，為增進人類的幸福所必需。」

茲將人類性學研究上有重要貢獻的大師級人物及事蹟，外加一些重要學術組織說明如下：

（一）Richard von Krafft-Ebing（1840-1902）

司法精神病鑑定專家，1863 年畢業於海德堡大學，大學教授兼精神病院院長，一生著有四百多種著作，《性心理病》為現代性學的第一部奠基著作。他指出「性變態」（性倒錯）並不是犯罪，而是疾病，1886 年《性病態：臨床—法醫學研究》提出「施虐症」、「受虐症」，為現代性學的肇始之年。

（二）H. Ellis（1858-1939）

生於倫敦，醫師，後主要從事著述和研究。在性壓制最甚的維多利亞女王（1847-1901 在位）時代，為「性心理學」的鼻祖。從 1896 年至 1928 年，其巨著《性心理學研究》七大卷出齊，歷時 32 年。對自己工作的崇高價值從不動搖。

（三）M. Hirschfeld（1868-1935）

德國醫學家，喜好文學，1896 年出版了一本關於同性戀的書；1919 年在柏林建立世界上第一個「性學研究所」，包括性生物學、性醫學、性社會學和性人類文化學等研究室；1921 年組織「性改革國際大會」，這是人類歷史上第一次國際的性學會議；1928 年出版《性學》。

(四) S. Freud（1856-1939）

奧地利的精神病學家，1905 年出版《性學三論》。對「性慾」的強調，是 Freud 精神分析學說的核心內容。在 20 世紀中促進了人們對性持更為開明的態度。

(五) I. Bloch（1872-1922）

德國醫學家，後為皮膚性病學家。1906 年首先創用「性學」一詞，他把社會科學引入性學研究，是現代性學的奠基人之一，被稱為「性學之父」。

(六) J. B.Watson（1878-1958）

行為主義心理學的創始人，1915 年他就被選為美國心理學會主席；1920 年左右進行近乎膽大妄為的性行為實驗研究，結果成果被劫一空。為約翰霍普金斯大學的名牌教授，被法官申斥為「不良行為的專家」，離職、離婚後還寫了不少書，對心理學的發展仍有建樹，但聲譽被毀、借酒消愁，直到 1957 年 79 歲時，美國心理學會頒給他金質獎章，才正式恢復了名譽。

(七) Bertrand Russell（1872-1970）

英國哲學家、數學家、現代邏輯學奠基人、1950 年諾貝爾文學獎獲獎者，撰寫《婚姻與道德》一書，不僅闡述了性教育問題，也討論了婚前性交和婚外性交的權利以及離婚等問題。

(八) Margaret Mead（1901-1978）

世界上最偉大的女人類學家，以研究太平洋無文字民族而聞名。尤以研究性行為的文化制約領域，成績卓著。她一生共發表

論文一千多篇，1932 年著《三個原始社會的性別與性格》，開創了性別形成過程的研究。獲英語和哲學雙學士學位，於哥倫比亞大學，攻讀心理學碩士。1924 年轉研究人類學。

(九) A. Kinsey（1894-1956）

美國印第安那大學生物學教授，昆蟲生態學家，從 1938 年起，致力研究性行為的人類生態學。以面對面調查和記錄的方法，被調查人的總數達 1.7 萬例。1947 年，於印第安那大學創建「性學研究所」；1948 年，著有《人類男性的性行為》；1953 年，著有《人類女性的性行為》。完成了世界上首次最大規模的、最詳盡的關於性行為的調查分析。

(十) Simone de Beauvoir（1908-1986）

《第二性》是世界性的一部巨著，被譽為女人的「聖經」，婦女必須正視她們與男性的自然差異，與男人建立手足關係。

(十一) John Money（1921-2006）

美國醫學心理學家，首先強調「性」與「性別」的區別，對性學和女性研究方面具有重要意義。

(十二) 美國性科學學會（The Society for the Scientific Study of Sexuality, SSSS）

1957 年美國性科學學會（SSSS）成立，為美國最早的性學研究事業組織，現在已是國際之性學研究機構，它從事結合所有與性有關之醫學、教育學和社會應用科學的學術機構。又分東、中、西三區組織，及特別興趣小組（SIGs）。

(十三) 美國性資訊暨教育委員會（Sexuality Information and Education Council of the United States, SIECUS）

1964 年，醫學博士 M. S. Calderone 和教育家 Lester Kirkendall 創立「美國性資訊暨教育委員會」（SIECUS）、雙月刊《SIECUS 報告》，致力於性普及教育。

(十四) W. Masters（1915-2000）、V. Johnson（1925-2013）

婦產科專家 Masters 和心理學家 Johnson，夫婦兩 1954 年在華盛頓大學醫學院開始研究正常人的性反應，1966 年出版第一部專著《人類性反應》，論述 382 位女性、312 位男性的性反應的實驗研究結果。1970 年著有《人類性功能障礙》，總結出「感官集中」治療法（sensate focus exercise），介紹了他們的治療經驗；1979 年著有《同性戀》。其性生理學的實驗研究，也是現代性醫學的重要基礎。在聖路易斯建立研究所，夫婦共任所長，克洛（Kolodny）博士任副所長，三人合著的《性醫學教科書》於 1979 年問世。

(十五) 美國性教育者、諮詢者和治療學家協會（American Association of Sexuality Educators, Counselors & Therapists, AASECT）

1967 年，美國性教育者、諮詢者和治療學家協會（AASECT）成立，負責實踐領域中專業人員的資格認定。

(十六) 近期性學機構陸續成立

1. 1978 年，「世界性學協會」（World Association of Sexology, WAS）在羅馬成立。

2. 1989 年，臺灣杏陵醫學基金會設立「家庭生活與性教育中心」，後增設「性諮商中心」。

3. 1990 年，亞洲性學聯盟（AFS）在香港成立，召開了「首屆亞洲性學會」。第四屆大會 1996 年假臺北召開。

4. 1991 年，中華民國性教育協會在臺北成立，後於 2001 年更名為台灣性教育協會，2009 年更名為台灣性教育學會。

5. 2000 年，臺灣樹德科技大學成立人類性學研究所。

第二節　兩性關係

兩性關係（gender relationship）是人際關係的一種。我們生而為男或為女，人際關係除了男與男、女與女之同性關係外，還有異性相處的兩性關係。兩性關係包括了性別與性的關係，在性教育內容中當然涵蓋了重要的兩性關係。

從人生發展的過程來看，兩性關係在人一生當中占有重要的地位，且有相當長的一段時間，發展心理學家在探討人類發展時對「兩性期」相當的關注。青春期後，性慾成熟，性衝動甦醒，對異性好奇且相互吸引。同性之間最多是喜歡的關係，但異性間的吸引力，可發展為愛與性的親密關係，同時這種親密關係可以發展為婚姻中的夫妻關係，甚至產生愛的結晶，生兒育女，延續生命（同性戀者例外，他們的性傾向是同性而非異性）。

一、婚前兩性交往過程

現代社會不再是「父母之命，媒妁之言」的婚配方式，取而代之的是經由婚前兩性交往、建立關係、再做抉擇的約會、戀愛、

擇偶方式。茲將婚前兩性交往過程做一說明（晏涵文，1993）：

(一) 自我認識

在做人際交往前，應思考：對自己有多少了解、是否接納自己的真面目？通常自我認識的程度影響兩性關係、婚姻關係極大，也可以說是邁向成熟的重要步驟。一個成熟的人，知道如何負責，盡力去了解、尊重對方，為對方犧牲，所以他的兩性關係、婚姻生活會較美滿。

(二) 人際交往

人害怕孤單、寂寞，需要與他人溝通，每個人也都有一套與人相處的方法和應對的態度。朋友之誼是人類最大的需要，人們經常渴望著別人的反應，對他的品德和人格最有反應的人就會成為他最親密的朋友。人際交往包括與父母、兄弟姊妹、同性和異性的交往。為了建立良好的人際關係，我們應學習如何在人群中表現自己、不嫉妒別人，肯與他人分享快樂、分擔痛苦。

(三) 認識異性

青年男女若能在日常生活中對彼此有正確的認識，且能互相尊重是相當重要的。不過，由於社會大眾對異性相處的一些偏差態度，造成了對異性之間彼此認識上的困擾。而夫妻關係是人類所有關係中最親密的一種關係，包括兩性在生理、心理和社會三方面的密切配合，所以若要為兩性最親密的夫妻關係作準備，必須學習認識異性。

(四) 團體活動

常有人覺得同性知己朋友難求，異性間因彼此有戒心或不了

解就更難求了。若要突破人與人之間交往的障礙，應鼓勵青少年朋友們多參加各種團體活動（見圖 1-1），只有在團體活動的交往中，人們可以更坦然地增進彼此的認識，先由友誼建立關係開始。藉著團體活動來促進自我認識，人際交往和認識異性是最合適的方式，可以較明智地選擇約會對象和發展健康的兩性關係。

(五) 團體約會

當兩性之間的任何一方對某一異性有了興趣，希望作更進一步的交往，就開始進入約會的過程，而這種還有其他人參與的約會稱之為團體約會（double dating），例如兩對的約會或者有電燈泡的約會等。此種約會，兩性可以在無拘束的交往中，更進一步認識彼此。

(六) 單獨約會

一男一女單獨邀約（見圖 1-2），可有更多的兩性互動，又因

圖 1-1　團體活動的交往

圖 1-2　一男一女的單獨約會

目的與頻率的不同，分為以下幾種：

1. 社交約會（casual dating），又稱隨意約會，目的在增進彼此熟悉，亦即平常的社交活動，從交往中學習社交禮儀。

2. 與某對象較頻繁的邀約（steadily dating），在與不同的異性約會過程中，感覺自己比較喜歡與某一位異性接近，而對方也如此，不過尚未固定。

3. 將要固定對象（going steady），男女雙方均單獨與對方約會，未再與其他異性朋友約會，但兩人還沒有口頭上的承諾或婚姻的準備。

(七) 固定對象（engaged to be engaged）

即我們常說的私定終身，雖沒有正式儀式，但雙方已互許對方，並且有婚約的承諾。新的道德觀應從這個階段開始，不再與其他異性單獨交往。

(八) 訂婚（engagement）

是在固定對象後較正式的對親友宣布，作為結婚之前的準備階段。最好訂婚和結婚之間的間隔時間不要太短或太長，以便適應及學習婚姻中共同的問題。

二、婚後兩性關係

結婚是兩性另一階段的開始，要學習共同經營家庭生活，可能由二、三十歲至七、八十歲，近五、六十年歲月，按家庭生活週期可分為許多階段，茲簡略說明如下：

(一) 夫妻關係

夫妻應是一種連續性的動態過程，婚姻幸福與否不是永遠不變的，當生活情境改變時，夫妻兩人的適應也會改變。一對相愛的夫妻應不斷地學習適應彼此的需要，以促進更親密的關係，帶來彼此更多的快樂。夫妻關係是兩性關係中最親密的關係，兩個不同性別、不同家庭背景的成年人完全的合而為一，包括性生理、心理與社會的合一，學習共同經營家庭生活，結伴走人生的道路，彼此分享快樂，互擔痛苦。

(二) 父母關係

當夫妻兩人有了愛的結晶，升格為人父、為人母時，由於角色的改變，有了親子關係。夫妻關係也變成父母關係，要面對的人生問題更加複雜，隨著子女年齡的增長，如子女在學齡前、國小、青春期（國中、高中、大學）、離家（就學或就業）、結婚獨立成家，父母之間的互動也要隨著成長。父母之間的兩性關係

會面臨著許多的危機與轉機。

(三) 祖父母關係

當子女成婚且有了第三代之後，就有了三代之間的人際關係，包含了血緣、夫妻、家庭及代與代之間的多重關係交叉形成，堪稱是最複雜的關係，如果三代不能學習共同生活，常導致關係的緊張。祖父母之間的老夫老妻關係也是需要學習的。

三、兩性平等

雖然憲法規定，法律之前人人平等，但過去的「男主外，女主內」、「男尊女卑」的傳統文化與性別刻板印象，造成兩性實質上的不平等。儘管過去的 20 年裡，大部分的人對性別角色的態度不再那麼傳統，不過女性的改變仍多於男性。特別是在家庭中的男女關係改變仍有限，兩性平等在家庭範圍內仍有待努力。

當然，兩性之間除了家庭、親密關係之外，也有一般的人際關係，如工作、職業和社會上的人際關係。現在是兩性共存的社會，兩性一起求學、工作或參加社交活動，所以從小就要學習互相溝通、互相尊重，在立足點平等的原則下，追求兩性關係的和諧。

第三節　性教育的重要性

因著社會的快速變遷，教育文化也應隨之不斷調適，性教育在現階段的我國社會，更有著其特別的重要性，茲擇其要者，說明於後（晏涵文，2000）：

一、在性別角色方面應學習剛柔並濟

　　傳統陽剛陰柔的教導，除部分係因男女天生本質上的差異外，絕大部分實因「男主外，女主內」的要求而來。男主外，男性在工作上需要有勇敢、冒險、獨立、自主等工作取向的人格特質；女主內，女性在人際關係上需要有溫柔、體貼、順服、愛美等情感取向的人格特質。現代的新男性和新女性都需要內外兼顧，自然在其性別角色上，就須因應有剛柔並濟、更具彈性的教導，因為工作的成就與感情的世界取得平衡的人，才是一個健康的人。

　　但是到目前為止，培養中小學師資的課程中，很少有課程能幫助學生學習現代的彈性性別角色，以便將來他們可以教導學生，成為新男性和新女性。因此，他們到國中小學教學後，很自然地便沿用以往他們父母親、老師所傳授的傳統和舊式的性別角色觀念來教導學生。如此一來，可能產生的情形是：老師對男學生的要求、期望比較高，因為認為他們未來必須在社會上工作，對女生的期望相對則較低。又由於傳統觀念中，認為男生較調皮搗蛋，女生較溫柔乖巧，所以老師對男生的處罰通常較重。而在男女同班的情形下，老師對男生、女生的期望與處罰如果不一致的話，往往會對學生的學習造成負面的影響。

　　家長更因未受過任何養成教育，對子女性別角色的影響往往跟不上時代；必須要靠著學校老師前瞻性地改變教導方式和內容，現在的學生，亦即未來的家長，才有可能改變。值此男女平等社會來臨之際，不論在婚前、婚後，以及教養子女的過程中，養成學生剛柔並濟的彈性角色，家庭、學校傳授性教育，實占有非常重要的一席之地。

二、在異性交往和選擇配偶方面，應學習如何約會與做決定

「父母之命，媒妁之言」的婚配方式已不再可行，取而代之的是經由交友、約會、戀愛而擇偶。因此「保持距離，以策安全」、「男女授受不親」等傳統觀念，以及限制青少年與異性交往的舊式做法，已不再有效及可行。今天的社會是一個男女兩性經常接觸的社會，因此從小教導兩性如何相處，尤其是在社交生活環境上，青少年男女如何在團體中及私下進行一對一的邀約和交往，絕對是需要學習的。

約會的主要功能，在從不同的異性交往中認識自己、認識不同的異性，以及學習社交禮儀等。如果家庭和教師為了升學考試的理由，仍限制異性交往，或因社會開放的趨勢，而放任異性交往，然兩者均無法幫助青少年學習異性交往中的了解與尊重。過去單一的禁止已不再有效，但放任式的開放更不可取。如舞禁的開放，應輔導學校成立社交舞之社團，並頒布學生社團舉辦舞會的辦法；學校也應教導學生如何邀約舞伴、如何接受或拒絕邀約、如何穿著、如何談吐，和如何不把第一個邀約的對象當作論及婚嫁的對象等。

今天的性教育，首先應從小幫助男生、女生消除彼此間的芥蒂，使他們能夠很自然地一起學習、遊戲，進而在社交生活中和諧相處，學習到對彼此的尊重與了解，如此才能避免製造更多男孩與女孩的戰爭。

少數教育工作者認為男女同班、同組的學習型態會產生若干問題，便將男女生分班或分組。事實上，教育的最終目的是要教導學生能適應未來的社會，而且我們的社會是男女共存的，如果

男女生同班求學、同組討論會發生一些行為上的問題，老師正應予以機會教育，而不應以分開男女生來解決問題。

縮短距離，才能更清楚認識異性，以便更進一步選擇配偶。但事實上，在我們整個教育環境和內容上，都沒有提供青年朋友自由交往的環境與知識。如何澄清不同的價值觀並做漂亮的決定，在現代的人生過程中，是非常重要且必須學習的一環。

三、在夫妻調適方面應學習建立永久的知己朋友 關係

結了婚之後，男女之間不再像婚前一樣缺乏接觸，不過「男主外，女主內」之傳統，使得男不管家務事，女不出外工作而專心操持家務。如此，兩性之間仍然不需要共同商量以決定事情。造成以上情形的主要原因，係過去女性沒有「進學堂」接受教育的機會，直到民國初年仍如此。當然，女性「受教育權」被剝奪的原因之一，為避孕方法不進步，女性沒有子宮的自主權，通常不到 20 歲就結婚，結婚後就不斷地懷孕、生產、養育子女，以致無法求學和就業。歷史上的婚姻模式，似乎就是丈夫娶妻子回家生育及持家。試想，教育程度高的丈夫如何與一不識字的妻子成為知己朋友呢？

接下來，1920 年至 1970、1980 年這五、六十年間，夫妻婚配方式多為男尊女卑式的「婚姻斜坡」，即：丈夫的學歷比妻子高（女性開始受教育，但學歷仍普遍較男性低）；丈夫的身高比妻子高；丈夫的年齡比妻子大。因此，男尊女卑似乎天經地義，丈夫偶爾讓讓妻子（大讓小）也是應該的。

直到近 20 年，愈來愈多的夫妻彼此學歷相近（同學），社會地位、收入相近（同事），身高、年齡都接近，因此夫妻的調適

問題顯然不同於過去。性教育在現階段，必須強調夫妻之間親密和互相尊重的互動關係之學習，而這種學習應該從小由家人關係、朋友關係中逐漸學習，進而能與配偶建立永久的知己朋友關係，能一起分享快樂，分擔痛苦。

為了不使青年男女自己所選擇的婚姻失敗率偏高，夫妻之間的角色、權力和調適之道，必須以新的觀點來學習。

四、防範負面「性行為」之危害

現代國民應具有選擇及分辨有關「性」資訊的能力，不能再像過去威權社會時，希望單由政府單位來取締色情刊物、影片及網路等。若每位國民被教育成更有分辨的能力，其身心被危害的可能性就較小。

1. 每個人若能學習更多尊重自己和別人身體的知識，且對預防性侵和性騷擾有更多的了解，則發生不幸的機率自然可以減少。

2. 對於性傳染病有更多的認識，且採取保護的行為，將可有效避免愛滋病及其他性病的傳染。

3. 不預期的懷孕可因採用有效的避孕措施而避免，使每個小孩都在父母的期望之下誕生。

4. 性功能的障礙也可因我們對人類的性反應有更多的認識，而儘早預防，且在必要時儘早求醫治療。

第四節　性教育的意義與理念

一、性教育的意義

　　將性學研究的結果結合教育學應用在人身上稱為性教育。性教育不僅止包括解剖和生殖方面的知識，也不要把它只局限在青春期的教育，應該同時還強調有關兩性之間親密人際關係的發展和指引。一個人整個生命發展成健全並富有創造力的個體，是與性有著密切關係的，所以性教育應由出生開始，終其一生，是一個很大、很廣泛的計畫。它至少包括了性生理、性病理、性心理、性倫理和性法理等層面，目的是要產生社會和道德所接受的態度和行為，是學習如何成為一個男人或女人的教育，所以稱之為「人格教育」或「人性教育」亦不為過（晏涵文，1993；Burt & Meeks, 1989; SIECUS, 1991）。

二、性教育重要理念

(一) 性教育是發揚人性的教育

　　中國字的「性」，從象形文字來看，右為生，左為心，「生」字上為「屮」，下為土，草長在土中，代表有生命的東西。心在這裡指的不是心臟（heart），而是心思意念（mind），人的心思意念可節制行為，與低等動物之隨著生物體性慾的衝動而行事是完全不同的（見圖 1-3）。我們可常見兩條狗在馬路上有交媾行

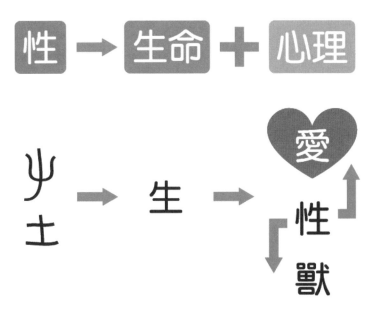

圖 1-3　象形文字「性」的分析

為，但人對親密行為的對象、時間和地點卻是絕對不隨便的。

(二) 性教育是支持美滿家庭生活的教育

其實，生理上「性」的激情，與心理上「愛」的親密，還有社會上「婚姻」的承諾，彼此有著密不可分的關係。愛使人生更有意義，性提供了吸引力，婚姻則加強了關係的穩定性，而使人的世界更加美麗（晏涵文，1993）。

同時，家庭生活與性是緊密相關的，合稱為「家庭生活與性教育」（family life and sexuality education），家庭是由一男一女因著愛而結合的最親密組織，男女兩性分別扮演著夫、妻，進而父、母的角色。不論是生理上合一的滿足性慾及延續生命，或是心理上合一的彼此互屬及分享快樂、分擔痛苦，社會上性別角色的剛柔並濟、分工合作，都與性有著密切的關係。所以，現代的

家庭生活教育,不能再像過去一樣不談「性」;而且負責任的性教育也必與婚姻相聯繫,性教育不能離開家庭生活單獨來談。

性教育是要幫助每一個人建立幸福美滿的家庭生活,進而使兩性社會更安寧和諧(晏涵文,2000)。

(三) 性教育是幫助每一個人對自己的性行為負責任的教育

過去權威社會的人際關係,重視角色定位,所謂「不在其位,不謀其政」。兩性關係的基本原則就是互不參與、不接觸,婚前「男女授受不親」、「保持距離,以策安全」,婚後「三從四德」、「男主外,女主內」。

現代民主社會的兩性關係不能再不接觸,而是強調平等「參與」的兩性關係。不過參與之後為避免衝突,必須學習互相「尊重」。其實,參與和尊重就是民主的兩大重要精神,性教育應協助建立民主社會的新倫理觀。

許多人很好奇地想知道性教育工作者的人生哲學觀,即他們對許多兩難困境問題,如:性與色情的分野、婚前性行為贊成與否等議題的答案。其實,性教育的重點就在「價值」和「觀念」的釐清,輔導當事人「做決定」,協助大家在民主、自由的氣氛下,無拘無束地表達自己的想法,並在清楚了所有可能的選擇途徑及其後果下,做漂亮且負責的選擇。有時,隨著時空的改變,人的價值觀也跟著改變,有些問題可能沒有絕對的答案,不過可以肯定的是,應透過教育的管道提出一些問題,以活動方式讓學習者去思考、討論;同時,透過團體輔導方式,進行價值澄清學習活動,培養學生自己做決定的能力,以便養成其對有關「性」的事物,做決定後不後悔且負責任的態度。

三、性教育的目的

性教育的目的很多，各家說法也不盡相同，針對不同對象、不同年齡層次的人，也有不同的目的。

美國性教育學者 Kirkendall 對性教育目的之看法（晏涵文，1977），是被引用較多的，有以下九點：

1. 使每一位受教育者，了解有關自己在性生理、心理和情緒等方面成熟過程的知識。

2. 消除個人因性別差異和適應不同，所產生的焦慮與不安。

3. 發展個體在各種不同的行為表現中，對「性」的了解。

4. 對同性和異性朋友有較深刻的認識，並幫助其了解自己對不同關係的他人，所應有的責任與義務。

5. 協助個人建立健全的人際關係，俾能在個人與家庭生活中，獲得較正向、積極的滿足感。

6. 對有關「性行為」的道德價值能有所了解，俾作為決策時的重要參考依據。

7. 提供有關「性濫用與誤用」的知識，使個體能保護自己，免受生理和心理方面的傷害。

8. 提供一種為社會服務的動機，以減少因「性」而產生的種種社會問題，如：性交易、私生子、對性所抱持的不合理態度，以及性氾濫等偏差行為。

9. 使每一個人能有效且具創造性地應用自己的「性」，俾能充分發揮自己身為伴侶、父母、社區公民等各種角色之功能。

晏涵文（1993）歸納國內外學者的說法，根據健康教育課程發展之「觀念教學法」的三個主要概念──生長發育、人際互動

和做決定等，來分別說明性教育的目的為：

1. 幫助每一個人正確地認識自己在性生理、心理和社會各方面成熟的過程，以避免因錯誤知識或態度所導致的損害。

2. 幫助個人對於人際關係有較深的認識，並發展自己的性別角色，如：伴侶、父母親、子女等，學習去愛、尊敬和對他人負責。

3. 培養正確的觀念和建立對道德所需的了解，它是在「做決定」時很重要的根據。

 關鍵詞彙

性（sex）

全人的性（sexuality）

性學（sexology）

性哲學（sexosophy）

性道德（sexual morality）

正向性觀（sex-positive）

負向性觀（sex-negative）

性權利（sexual right）

性醫學（sexual medicine）

兩性關係（gender relationship）

團體約會（double dating）

社交約會（casual dating）

固定對象（engaged to be engaged）

訂婚（engagement）

家庭生活與性教育（family life and sexuality education）

自我評量

1. 說出 sex 與 sexuality 之不同。

2. 何謂 sexology？

3. 試論述婚前兩性交往的過程。

4. 說明如何防範負面性行為之危害。

5. 解釋性教育的重要理念。

6. 請說出家庭生活教育與性教育間的關係。

參考文獻

一、中文部分

阮芳賦（2000）。**性情怡人——阮芳賦性學雜論**。深圳：海天。

晏涵文（1993）。**生命與心理的結合**。臺北：張老師文化。

晏涵文（1977）。健康教育教師對性教育應有的認識。**健康教育，40**，50-52。

晏涵文（2000）。性教育導論。載於江漢聲、晏涵文主編，**性教育**（頁 1-14）。臺北：性林文化。

二、西文部分

Burt, J. J., & Meeks, L. B. (1989). *Education for sexuality.* IA: Wm. C. Brown Publishers.

SIECUS (Sexuality Information and Education Council of the U.S.), National Guidelines Task FORCE (1991). *Guidelines for comprehensive sexuality education: Kindergarten-12th grade.* SIECUS.

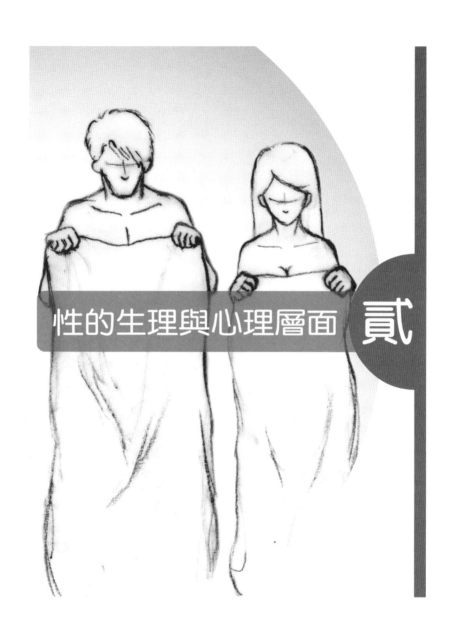

性的生理與心理層面　貳

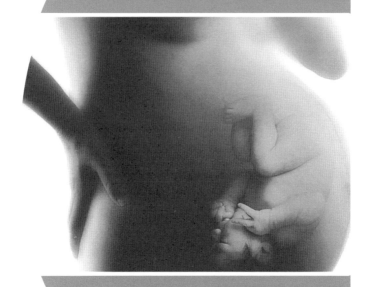

第二章

男、女性生理與懷孕、避孕

學習目標

1. 認識男性、女性的性生理
2. 了解青春期男性、女性常見的性問題
3. 知道懷孕的生理變化與分娩過程
4. 認識男女性不孕的問題
5. 了解男女性的避孕方法

摘要

　　男女性進入青春期後，性生理有明顯的發育及變化，了解性器官的生理及第二性徵的發育是性教育不可或缺的一環。本章內容可以幫助青春期的男生與女生對自己的生長發育有正確的認識，健康坦然地面對生理問題及兩性關係，並了解重要的保健知識，避免以訛傳訛的性觀念。

　　生命的孕育是一件奇妙而偉大的事情，認識懷孕與分娩的過程可以幫助學習尊重生命，並了解母親懷孕分娩的辛勞。然而非預期的懷孕卻會帶來許多生理、心理及社會問題。鑑於性行為的日趨開放及未婚懷孕案例的增加，避孕方法的教導有其必要性與實用性。

第一節　男性性生理

一、男性性器官

　　男性的性器官（sex organ）包括外生殖器和內生殖器，外生殖器有陰莖（penis）及陰囊（scrotum），內生殖器則由睪丸（testes）、副睪丸（epididymis）、生殖器腺體及管道組成。

(一) 陰莖

　　陰莖的主要構造包含背部的兩個海綿體及腹面的尿道海綿體，海綿體內充滿了許多微細的靜脈血管和動脈血管，當性興奮時，微細動脈血管會很快地充滿血液，而微細靜脈血管閉塞，不使之排出，所以陰莖便因充血而勃起（見圖 2-1）。

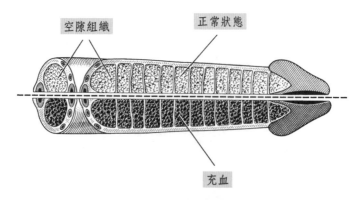

圖 2-1　勃起陰莖

(二) 陰囊

其主要功能在保護睪丸，調節睪丸的溫度。陰囊以兩種作用來調節睪丸的溫度，一個是汗腺，另一個是陰囊提睪肌的收縮，它可促使睪丸接近體腔以升高溫度；鬆弛時使睪丸下降，離開體腔以降低溫度。睪丸的溫度必須較體溫低攝氏 1.5 至 2 度，方能製造成熟的精子（sperm）（見圖 2-2）。

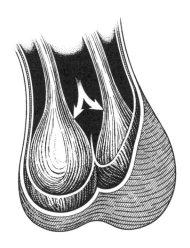

圖 2-2　提睪肌

(三) 睪丸

睪丸由許多曲細精管形成，這些曲細精管拉長約為三哩；睪丸是男性生殖器官最重要的部分，嬰兒在胚胎時期，約七至八個星期後開始生成，然後經由腹股溝管下降至陰囊。睪丸是精子生成的地方，也是製造荷爾蒙的所在（見圖 2-3）。睪丸若未下降至陰囊，稱作隱睪。若腸子也下降至陰囊，則稱為疝氣。

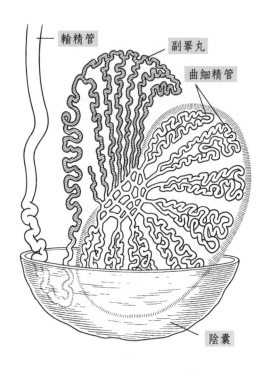

圖 2-3　睪丸、副睪丸與輸精管

(四) 精子

　　成熟的精子比卵子小很多，長度大約只有 0.06 公釐，體積則是卵子的幾千分之一，而和女性的最大不同點是，女性出生後就不再產生新卵子，但男性則從青春期開始產生精子，每年製造數十百億個精子。精子有頭、尾及身體，精子的尖端含有酵素（見圖 2-4），它的作用在突破卵子外面的殼，使精子進入卵子，與卵子結合成受精卵。唯有正常成熟的精子方能與卵子結合，如正常成熟的精子數量不夠，也會造成女性無法懷孕，而不正常精子之結構常有頭部或尾部的變化（見圖 2-5）。通常 1cc 的精液中，有一億二千萬個精子。一次射精約有 3cc 的精液，這些液體主要是精囊（seminal vesicle）和前列腺（prostate）的分泌物。

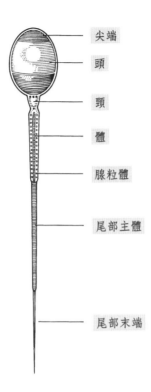

尖端

頭

頸

體

腺粒體

尾部主體

尾部末端

圖 2-4　正常精子結構

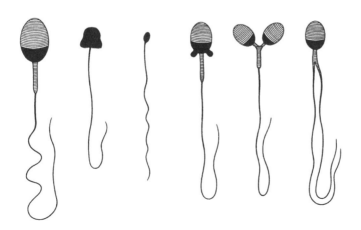

圖 2-5　不正常精子結構

(五) 副睪丸、輸精管、射精管

副睪丸是緊密盤在一起的網狀細小管路，連在睪丸的背後（見圖 2-3），睪丸製造出成熟的精子後，貯存在副睪丸之內，副睪丸的貯存量有限，剩餘的量會貯存在輸精管（vas deferens）內。精子從睪丸產生到射出，還要經過幾個器官：副睪、輸精管、射精管、尿道（urethra）。在射精過程中，會加入幾種液體，一是精囊中的液體，一是前列腺分泌的液體，一是尿球腺（bulbourethral glands）分泌的液體。假如輸精管結紮的話，只有精子不排出，被體細胞吸收，而所有的精液照樣排出。

(六) 精囊、前列腺及尿球腺

前列腺由肌肉部分和腺體部分構成，由男性生殖系統的正面圖（見圖 2-6）或側面圖（見圖 2-7）可看出，位於膀胱正下方。前列腺製造的清澈液體，約占精液的 30%，另 70% 的精液來自兩個精囊。射精所射出的成分，除了精子之外，大部分都是精液。而精液（這三個器官所分泌的精液）各有不同的作用。第一個是精囊，過去我們不了解，以為這裡是貯藏精子的地方，所以稱之為儲精囊，實際上它沒有貯存精子的作用，而是分泌果醣，供給精子營養。第二是前列腺，前列腺分泌的液體，主要在中和酸性，通常人體在生殖器官附近都會形成酸性，因酸性可殺死細菌。前列腺的主要目的在中和女性陰道內的酸性液，因為酸性的液體會殺死精子，所以若要懷孕，須靠前列腺液來中和。第三是尿球腺，主要功能在分泌液體，以中和男性自己尿道內的酸液。這兩種作用，都是分泌鹼性液體來中和。

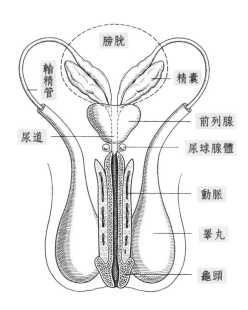

圖 2-6　男性生殖系統正面圖

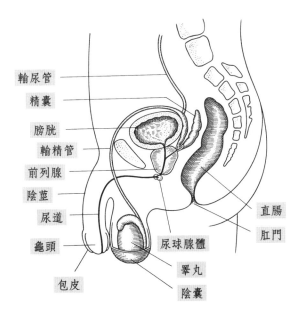

圖 2-7　男性生殖系統側面圖

二、男性第二性徵的發育

　　至青春期時男性荷爾蒙分泌激增，除了促進第一性徵，即性
器官的發育外，還能產生性慾、聲音低沉、體毛生長、男性體態、
肌肉發達等第二性徵（secondary sex characteristics）（見圖
2-8）。男性的發育約在 10 至 18 歲間完成，首先是睪丸開始增大
與喉結增大，接著出現陰毛，聲音變粗；至 15 歲左右，陰囊的色
素變深，長出腋毛，開始長鬍鬚，睪丸增長完成，可能出現遺精
現象；16 至 18 歲左右，面部及身體長毛，陰毛如成人男性濃密。

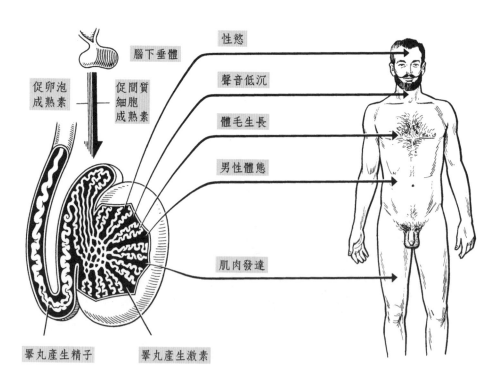

圖 2-8　男性第二性徵

三、青春期男性常見的性問題

(一) 夢遺問題

多數的男孩在踏入青春期後，曾在睡夢中夢到有關「性」方面的事物，或由於性器官在睡夢中受到摩擦，致使體內的精子及精液不由自主地排出體外，或在沒有上述兩種情況下也會產生夢遺（nocturnal emission）。一般的青少年在開始有夢遺的情形時，常羞於啟齒，甚至感到懊惱，突然變得神祕兮兮，不願把內衣褲及床單拿出來換洗，此時父母應該用了解的口吻鼓勵他自己洗內衣褲，促進和培養孩子有自主性活動的機會。父母可以抓住適當的談話機會，談自己年輕時的經驗和印象，製造與孩子談關於「性」問題的機會。不掩飾問題，以積極、正向的表現，不隱瞞地提出，則可使少年安心並有信賴感。

(二) 自慰問題

在傳統的觀念下，幾乎所有的人都認為自慰（masturbation）是一種罪惡、墮落的行為，過去稱為手淫。通常男女性都會有自慰的情形，但女性比男性少。有人認為自慰會導致身體虛弱或有腎虧的現象，其實自慰可紓解性方面的緊張，控制性衝動，對抗寂寞和一些壓力。但如果將大部分的精力和注意力用在自慰上，則表示心中存有某種感情的衝突和困擾，如果能從人際交往等活動來促進身心的成熟，則會使人生充滿更多的樂趣。故沒有自慰經驗的人並不需要去嘗試；但如果有也不是什麼罪惡，也不會引起疾病，但要注意衛生。

(三) 包皮問題

男嬰剛出生時，龜頭為包皮（foreskin）所包裹，一直到青春期，龜頭才會全部露出。父母親們為男嬰洗澡時，要注意清洗包皮垢。包皮環截術是將過長包皮切除的一種手術，猶太男子一出生即切除包皮，而以色列婦女幾無患子宮頸疾病的病例，因此男性包皮被疑為女性子宮頸疾病的原因之一。包皮如果處理得很乾淨，較不會使女性患有子宮頸疾病。有些男性陰莖長大後，包皮仍無法後退，但若是用手指撥開包皮即可露出龜頭的話，並不需要動手術將包皮切除。

(四) 陰莖長度問題

陰莖勃起後的尺寸要比平常增加將近一倍。勃起的尺寸，平均 11.5 公分，絕大多數的人，在 7 公分到 16 公分之間，都是正常的，極少部分才是所謂不正常。陰莖的長短與性能力強弱完全沒有關係，但有些青春期的男性經常惶恐這部分的發育，在種種懷疑情況下，又乏人教導，自然不容易產生信心。

第二節　女性性生理

一、女性性器官

女性的外生殖器官包括大陰唇（outer lip）、小陰唇（inner lip）、陰蒂（clitoris）、處女膜（hymen）及陰道（vaginal）、尿道等，內生殖器官則包括子宮頸、子宮（uterus）、輸卵管（ureter）及卵巢（ovary）。

(一) 大陰唇

位於陰道口兩側，上接陰阜，下連肛門，是提供尿道口與陰
道口保護的地方，內含大量的脂肪組織和一層薄而平滑的皺襞（見
圖 2-9）。

(二) 小陰唇

小陰唇的兩片肉摺，緊鄰大陰唇，位於內側，布有神經末梢，
相當敏感。小陰唇前接陰蒂，形成陰蒂包皮，其後形成陰道前庭
（見圖 2-9）。

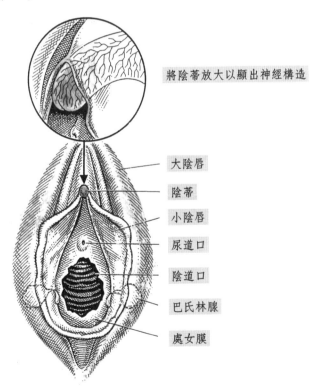

將陰蒂放大以顯出神經構造

大陰唇
陰蒂
小陰唇
尿道口
陰道口
巴氏林腺
處女膜

圖 2-9　女性外生殖器

(三) 陰蒂

位於兩側小陰唇前端交界處，一個長約兩、三公分，會勃起的器官。陰蒂在胚胎組織學上看，跟男性陰莖上的龜頭是相同的組織。在胚胎發育過程中，方轉換成男性或女性。陰蒂的神經末梢在內部，影響整個小陰唇。故陰蒂是女性生殖器官最敏感的地帶，也是集中與累積感覺及性感的地帶（見圖 2-10）。

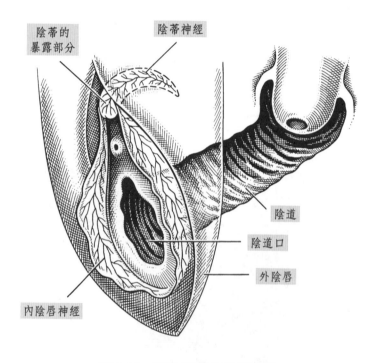

陰蒂的暴露部分　陰蒂神經

陰道

陰道口

外陰唇

內陰唇神經

圖 2-10　對性敏感的神經末梢

(四) 處女膜

位於陰道口的一層薄黏膜，其形狀有三種：環狀、篩狀和半月狀（見圖 2-11）。多數婦女的處女膜呈環狀。處女膜有開口，可讓月經通過，當大於開口的外物進入時，它就會破裂；其他如

劇烈運動,也會造成處女膜的破裂。處女膜破裂時,可能會有些
許疼痛。不過,處女膜沒有破裂仍然可能受孕(見圖 2-12)。

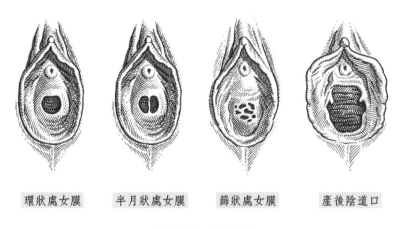

| 環狀處女膜 | 半月狀處女膜 | 篩狀處女膜 | 產後陰道口 |

圖 2-11　處女膜

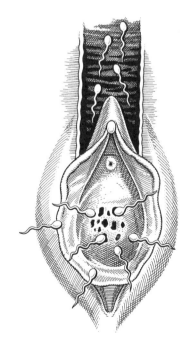

圖 2-12　處女受孕

(五) 陰道

是女性外生殖器官與內生殖器官的通道。位於尿道口下方，由於通常受到小陰唇的覆蓋，通常自己不易看到。是一個彈性組織，平常是完全封閉的管道，可以隨著進入的外物大小而調整，其擴大程度可以大到一個嬰兒頭部的大小，生產時又稱產道。通常陰道長度為五到七公分，性興奮時可伸長為十公分左右，與男性陰莖勃起時的長度接近（見圖 2-13）。

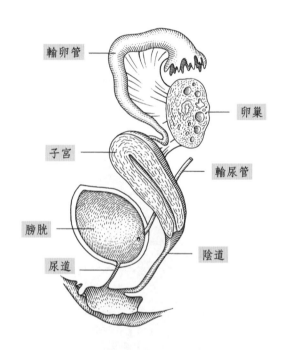

圖 2-13　女性生殖系統側面圖

(六) 尿道

女性的尿道口位於陰道口的上方，陰蒂下方二、三公分處（見圖 2-9、圖 2-13）。女性的尿道只有男性的三分之一長左右。新

婚蜜月期間，由於性的接觸和刺激，女性易患尿道炎或膀胱炎，其病菌種類不一，應立即就醫治療。避免此症的方法是在性行為的過程中保持清潔。

(七) 子宮頸

在陰道的子宮底部。精子從子宮頸進入子宮，經血亦從這裡流到陰道。在排卵時，子宮頸分泌液稀釋呈水狀，其他時候，就變得濃稠，並形成栓塞，隔絕子宮頸的入口。中年婦女應每年做子宮頸抹片檢查，以提早發現疾病。如果有了病變須用外科手術切除子宮頸時，不必擔心會影響性反應的能力，因子宮頸表面沒有神經末梢，所以在性方面不會有什麼妨礙。

(八) 子宮

是由肌肉構成的袋狀器官，像倒放的梨子。子宮內膜在月經週期中會有變化，於懷孕開始的時候，為受精卵著床的地方。而子宮的肌肉壁在生產時，有協助收縮和分娩的功能。子宮也是子宮內避孕器裝置的地方（見圖 2-13）。

(九) 輸卵管

子宮左右各有一條輸卵管連接子宮腔，開口呈喇叭狀。輸卵管承接卵巢所生產及釋出的卵子，靠近卵巢前三分之一處，也是卵子和精子相遇的地方（見圖 2-13）。

(十) 卵巢

是一對女性的性腺器官，由韌帶懸吊在骨盆壁上。女性的卵巢是在胚胎時期的第 10 至 11 週開始生成，早期卵巢的位置是在上腹部靠近腎臟的地方，至生產前才降至骨盆的邊緣。它和男性

的睪丸相同，是女性最主要的生殖器官，以及卵子生成和分泌荷爾蒙的地方。女性從出生之後，卵巢裡就擁有許多原始卵泡，到了青春期，這些原始卵泡會發育，成熟後，便從卵泡排出卵子，大約每隔一個月排出一個卵子。卵子從卵巢排出後，即從輸卵管的繖部吸入輸卵管（見圖 2-13）。

二、女性第二性徵的發育

經由腦下垂體分泌促卵泡成熟素及促黃體成熟素，刺激卵巢產生動情素和黃體素，促使女性第二性徵的發育，而產生性慾、體毛生長、乳房（breast）發育、女性體態及月經等（見圖 2-14）。

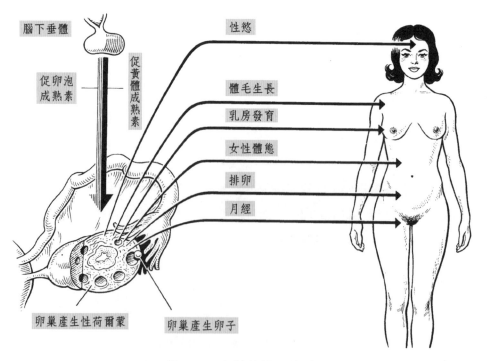

圖 2-14　女性的第二性徵

　　女性在青春期的變化，最主要的是月經出現，月經是女性特有的現象，與卵巢荷爾蒙有關。排卵時，卵泡會變化成為黃體，分泌黃體荷爾蒙，使子宮內膜開始積存營養和水分，變成更厚更柔軟的海綿體，做好迎接受精卵的準備。如果沒有受精，肥厚的子宮內膜便會剝離，產生月經。

　　月經週期（menstrual cycle）一般為 27 天至 32 天，但也因人而異，就是同一個人，每次多少也都有差異。一次月經的出血量為 50 至 60cc，月經並不是只有血液，還包含剝離的子宮內膜、子宮頸黏液和陰道腔分泌液，一次月經排出的總液體量約 90cc，歷時約四至六天。

三、青春期女性常見的性問題

(一) 乳房發育問題

　　乳房是由脂肪組織與乳腺所組成，在青春期脂肪組織與乳腺都明顯發育。乳房大小的不同主要為乳腺周圍分布的脂肪組織量的不同。分娩後乳汁的產量與乳房大小無關。每個月的乳房檢查是女性自我照護的重要部分，因為乳房組織的週期變化，因此最佳的檢查時機在月經過後。乳房檢查可以幫助女性知道自己的乳房是否正常。女性一旦對自己的乳房熟悉後，便可以注意到是否有改變；若發現異常就應請教醫師，必要時再做進一步的檢查與診斷。

(二) 經痛問題

　　月經來潮時最常見的是下腹部疼痛、腰痛、便祕、下痢和下肢浮腫等。這是因為子宮位於骨盤的中心，當然會影響到四周。

只要不妨礙日常生活，即使須躺在床上休息的程度，也算正常。
生理期間應注意下列各項保健：

1. 雖然是生理期間，也無須刻意避免平常所做的事，工作、
   讀書也沒有必要特別休息。

2. 藉輕微的運動、看書、和朋友聊天等，驅散鬱悶的心情。
   努力製造愉悅的環境，切勿過分勉強做自己不喜歡的事，
   盡量把精神集中於自己的興趣上。

3. 每天要有充分的睡眠。因內分泌的緣故，生理期間容易產
   生睏意。

4. 多注意身體的清潔。可以淋浴的方式，避免髒物及經血倒
   流入陰道內，造成感染。

5. 經血的出血程度應該不致引起貧血，但務必要攝取營養均
   衡的飲食。刺激物和酒精飲料，嚴禁過量。

第三節　懷孕與分娩

一、受孕與懷孕（pregnancy）的生理變化

(一) 受孕

性行為射精時（即男性勃起的陰莖進入女性陰道中），精子
混合在男性所射出的精液當中，進入女性的陰道內，精子和卵子
在輸卵管靠近卵巢的前三分之一處結合（見圖 2-15）。受精卵須
經三、四天時間從輸卵管下段到達子宮。受精卵獲得養分及排除
廢物的地方是在胎盤，胎盤中有許多小室，貯藏許多不同的物質，

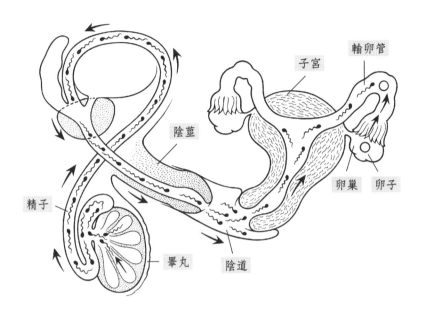

圖 2-15　男女性器官與受精過程

同時它也是製造荷爾蒙維持懷孕的所在。

　　人體細胞的 23 對染色體中，有一對形狀特別且負有決定性別任務的染色體，稱之為性染色體。它是人體發育成男性或女性的基因，性染色體又分為 X 染色體與 Y 染色體，X 與 X 結合成為女性，X 與 Y 結合成為男性。Y 的染色體非常脆弱，遇到酸性液體比 X 染色體更容易死亡。我們從胚胎和成人來看，男性的平均壽命也較女性為短。

(二) 懷孕的生理變化

1.月經過期

　　是第一個象徵，特別是平常月經都很規則的婦女，過期十天就應該考慮是懷孕了。少數婦女在受孕後，在該來月經時，也會

有少許陰道出血，時間也較短，常被誤為正常的月經，而事實上早已受孕。

2.噁心和嘔吐

有一半以上的懷孕婦女在第二個月，也就是月經過期後一、二週，開始有噁心、嘔吐的害喜現象。通常在第四個月以後就會慢慢消失。為減輕此種不適，可在早晨醒來未下床前，吃蘇打餅乾或喝熱牛奶，然後靜躺一會，平常飲食以少量多餐為宜。

3.乳房的改變

早期懷孕6至8週，由於女性荷爾蒙的增加，刺激乳房，使孕婦感到乳脹，有時有壓痛感。8週後乳房脹大，乳泡肥大，乳暈加深，乳房周圍有小結節。16週初乳出現，除選用合適的胸罩外，疼痛厲害時可用冰敷。

4.小便頻繁

懷孕8至12週，由於子宮長大壓迫膀胱，而引起小便次數增加。在生產前幾週，胎兒進入骨盆又會壓迫膀胱，再次出現頻尿。

5.暈厥昏倒及易疲倦

大約有30%的懷孕婦女在初期或末期會有這種症狀，站立時會發生明顯的血壓下降和暈眩，甚至昏倒。預防的方法是避免站立過久，及變更姿勢時動作要緩慢。

6.胎動的感覺

經產婦在懷孕16週左右，初產婦在懷孕18週左右開始感覺胎動。

7.腹部膨大

隨懷孕週數增加，子宮愈來愈大，孕婦開始感覺腹部逐漸增大，四個月以後就愈來愈明顯。後期腹部常發現有粉紅色或青色的條紋，稱為妊娠紋，稍覺痛癢。

8.分泌物增多

懷孕初期因子宮頸陰道腺體分泌旺盛，中期較少，至末期又增多。處理方式是入廁後，擦乾或沖洗陰部。若有潰爛時，不可用肥皂洗，劇癢時應盡快就醫。

二、分娩過程

妊娠的開始，是從受精卵著床那天開始算起，但實際的排卵日並不能很清楚地算出，為了方便起見，由上個月月經（懷孕前最後一次月經）的第一天，到生產為止，以 280 天來計算，作為分娩預定日。故想知道分娩日期的算法：可以從最後一次經期的月數加九（或減三），日子加七，則是所謂的預產期。

陣痛是生產的前兆，剛開始時較輕微，間隔較長，但間隔會愈來愈短。隨著分娩的接近，陣痛也愈強烈，從陣痛到子宮口全開可分三個階段（見圖 2-16）：

(一) 第一階段（開口期）

陣痛至相當程度時，胎兒下降至產道，羊膜破裂，羊水流出。

(二) 第二階段（娩出期）

子宮口全開，胎兒朝向母體的臀部，頭部大部分已出現，生產的最主要部分完成。

(三) 第三階段（後產期）

胎盤開始由子宮壁分離，胎盤完全離開子宮。

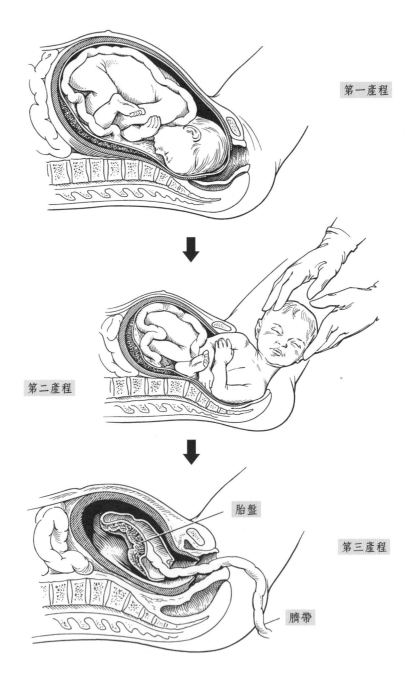

第一產程

第二產程

第三產程

胎盤

臍帶

圖 2-16　分娩過程

三、男女不孕的問題

近年來不孕症夫婦有增加的趨勢，根據世界衛生組織的估計，約有 8～10%的夫婦經歷過不孕（infertility）的問題，在臺灣則約每七至八對夫婦有一對有不孕的問題。不孕症是指一對夫婦經過一年或更長的時間的性生活，且未實施任何避孕（contraception）措施，但卻未懷孕或不能懷孕足月。

在不孕症的因素中，女方問題約占 30～40%，男方問題約占 10～30%，因為雙方的問題約占 15～30%，原因不明則約有 5～10%。不孕症常見的原因如下：

1. 女性排卵障礙和內生殖器官的損傷，有些婦女在停用口服避孕藥後，其卵巢排卵機能受影響而不易受孕；細菌感染引起輸卵管內腔發炎造成阻塞或沾黏；使用子宮內避孕器或墮胎手術後造成骨盆腔發炎或子宮頸受傷。
2. 子宮內膜異位症、子宮肌瘤和高泌乳激素血症，而高齡婦女罹患這些症狀的機率則會增加。
3. 男性精子生成不足、精子數量缺乏或輸精管損傷阻塞等。
4. 男性性器畸形、不能勃起、極度的遲洩或早洩等原因使性交無法順利進行。
5. 酗酒、吸菸、藥物濫用及環境污染等因素也會影響男女性的受孕能力。

減少不孕的發生，應避免性行為開放以減少感染性病的機會，若不幸感染也應儘早治療；女性有子宮內膜異位症家族史者應及早注意；選擇適當的避孕方法，尚未生育的女性勿裝子宮內避孕器；男性應避免睪丸受傷及在處於高溫環境下。

不孕症的治療須夫妻雙方均接受檢查，經過有條理、有系統

的檢查才能找出癥結所在，而對症下藥做必要的治療。不少夫婦只要調整一下暫時性的功能失調或內分泌不平衡，就可以生育，當然也有非手術不可的案例。因此不孕夫婦應能信賴醫師並與其密切配合，有耐心地接受檢查與治療。

第四節　避孕方法

一、男女性避孕方法

選擇避孕方法，除了考慮有效性和安全性之外，只能依個人狀況和需要的不同，而做不同的選擇。但大體上說來，理想的節育方法必須具備下列條件：

1. 可靠有效：使用的節育方法必須讓使用者有信心，才不致在使用時惶恐不安。
2. 容易使用：使用節育方法並非只是一朝一夕而已，如過分複雜難行，使用者將不勝其煩。
3. 不影響性慾及滿足：節育方法的使用應顧慮到夫婦在性生活上不致因擔憂懷孕而受到影響。
4. 安全而無副作用：注意使用者的身心健康，避免較大的副作用。
5. 經濟實惠：耗費較大的避孕方法不實惠，也不為民眾所歡迎，更不能大眾化。
6. 沒有持續性：即是在使用時能有令人滿意的避孕效果，而停止使用後最好能很快就恢復生育能力。

男女性常使用的避孕方法有下列幾種：

(一) 口服避孕藥（見圖 2-17）

　　除了少數婦女因生理上有特殊疾病，如血栓等，不宜服用外，大多數的婦女皆可服用，避孕率近乎百分之百，主要作用在抑制排卵。服用方法是月經來潮後第五天開始服用，每日一顆，服用時間最好是晚餐後。若中途停止服用，則停服的第三天便有月經來潮，自來潮後第五天再開始繼續服用新的一包。口服避孕藥有調節女性經期的作用。新婚女性，最好則在結婚前一個月開始服用。口服避孕藥對部分的婦女有一些副作用，如易造成噁心、體重增加、月經量減少、水腫等現象。

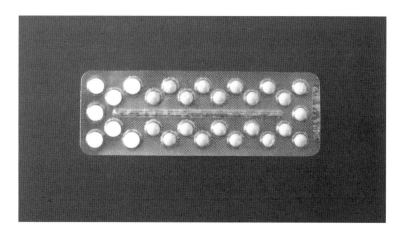

圖 2-17　口服避孕藥

(二) 注射避孕法

　　是以高單位長效的黃體素注射，可長達三個月的避孕。但最初三個月陰道會有不定期的點狀出血。此外，也有新型注射避孕藥，採每月注射一劑，是長效動情素和黃體素混合劑，安全性較高，且停藥後下個月就可準備懷孕。

(三) 子宮內避孕器（見圖 2-18）

　　適合已生產過之婦女實施間隔生育使用。除樂普外，尚有 T 字型、7 字型含銅避孕器等子宮內裝置物。臺灣目前使用此法的人數最多。因為方法簡便，不會忘記，不受時間限制，且效果良好，又不影響停用後的生育力。但有時可能脫落，且有些人可能會發生流血、小腹痛及月經不正常等現象，須與醫師聯繫。

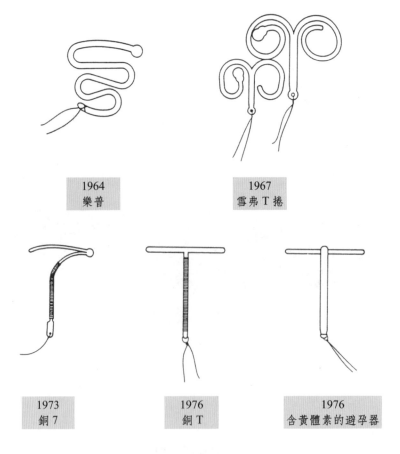

1964 樂普	1967 雪弗 T 捲

1973 銅 7	1976 銅 T	1976 含黃體素的避孕器

圖 2-18　子宮內避孕器

(四) 保險套（見圖 2-19）

男性使用，這是目前所有避孕方法中最沒有副作用、最理想的避孕方法，同時還可以避免性病的傳染。

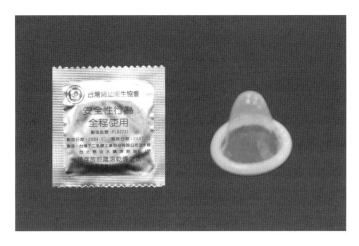

圖 2-19　保險套

(五) 避孕貼片

避孕貼片的主要避孕原理就是將低劑量的黃體素和動情素藉由穿皮傳遞系統，透過皮膚直接吸收至血液當中，以抑制腦下垂體抑制排卵，正確使用避孕率可達 99%以上。

(六) 男女性結紮

係一種絕育法，即絕對不再生育。目前女性結紮（見圖 2-20）比例仍較男性高出許多，事實上男性結紮（見圖 2-21）較女性簡便許多，且無不良影響。男女進行結紮前，夫妻應做良好溝通，彼此都有很好的心理準備，始可進行。

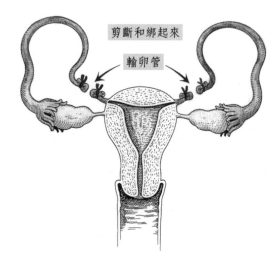

剪斷和綁起來

輸卵管

圖 2-20 女性結紮

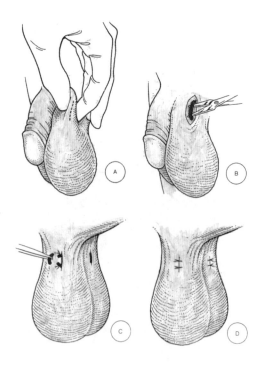

圖 2-21 男性結紮

二、高失敗率的避孕方法

(一) 安全期推算法（見圖 2-22）

　　通常女性排卵後，若未受精，須經 12 天至 16 天月經才會來潮，換言之，在下次月經前第 12 天至 16 天內是屬排卵期，加上精子可在女性的生殖器官內生存 3 天，卵子在體內可生存 1 天，所以在下次月經前之第 11 天至 19 天屬「危險期」，其他的日子為「安全期」。但有些人月經週期並不是很規則，應在計算安全期前，有六個月以上的月經紀錄，再配合基礎體溫法來避孕較準確。

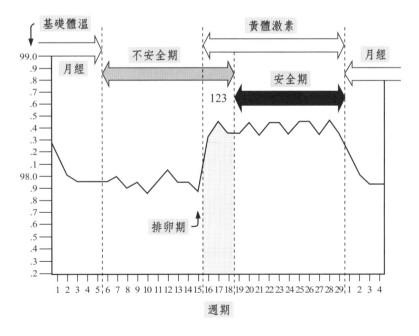

圖 2-22　安全期推算法

(二) 陰道沖洗法

至於靠沖洗來「避孕」，專家從來不認為那是一種避孕方法。因為一射精後，精子會立即經由陰道進入子宮，再怎麼快沖洗也來不及了。

三、墮胎

人們對於非自己期望而懷孕之受精卵或胎兒，以人為的方式中止其繼續成長，通常稱之為「墮胎」（abortion）或「人工流產」。所使用的人工流產，通常分為早期（懷孕 12 週內）的人工流產方法（如月經規則術、真空吸引搔扒術）及中期（懷孕第 13 週至第 26 週）的人工流產方法（如藥物催生、子宮頸擴大術及子宮內容物清除術）。

近年來 RU486（見圖 2-23）成為熱門的墮胎藥物，其作用原理是藉由抗黃體激素的分泌，使子宮內膜無法增生、受精卵無法著床，即使著床也無法順利生長而流產。根據世界衛生組織及美、法等國的研究發現，在子宮內懷孕九週前，RU486 配合前列腺素可以成功的流產率為 95%，但超過 35 歲、一天吸菸超過 20 支、心肺疾病、子宮內懷孕超過九週大小或子宮外孕者，不適合以 RU486 處理。

然而，即使是合法的墮胎，對婦女的身心損傷仍很大，若非不得已，婦女們絕不會樂意經常使用。墮胎不應該作為生育控制的主要手段。應藉著性教育的教導，使男女雙方都更能對自己的性行為負責任，並對避孕方法有清楚的認識，更明智的選擇，使意外懷孕的機會也相形減少。而對人工流產設備的要求，對偏遠地區、貧窮婦女的服務，尤其是合乎條件、欲墮胎者之手術前輔

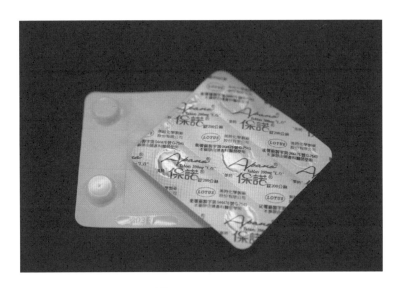

圖 2-23　RU486

導工作極為重要，由教育、輔導專業人員從事輔導，可能使許多的婦女改變主意，願意接納而生下這一個小孩，也可使決心墮胎者有更多的心理準備。為避免濫用墮胎或不得已的墮胎，家庭、學校和社會都應負起「性教育」的責任，從根本來解決墮胎的問題。

🔑 關鍵詞彙

性器官（sex organ）

陰莖（penis）

陰囊（scrotum）

睪丸（testes）

副睪丸（epididymis）

精子（sperm）

精囊（seminal vesicle）

前列腺（prostate）

輸精管（vas deferens）

尿道（urethra）

尿球腺（bulbourethral glands）

第二性徵（secondary sex characteristics）

夢遺（nocturnal emission）

自慰（masturbation）

包皮（foreskin）

大陰唇（outer lip）

小陰唇（inner lip）

陰蒂（clitoris）

處女膜（hymen）

陰道（vaginal）

子宮（uterus）

輸卵管（ureter）

卵巢（ovary）

乳房（breast）

月經週期（menstrual cycle）

懷孕（pregnancy）

不孕（infertility）

避孕（contraception）

墮胎（abortion）

自我評量

1. 男女性的性生理及第二性徵有何差異？

2. 說出自己性器官的保健方法。

3. 哪些避孕方法是屬於高失敗率的方法？應如何選擇安全有效的
   避孕方法？

參考文獻

江漢聲、晏涵文主編（2000）。**性教育（四版）**。臺北：性林文
　　化。

江漢聲（編）（1993）。**我們的性**。臺北：藝軒。

晏涵文（2000）。**生命與心理的結合（初版二十二刷）**。臺北：
　　張老師文化。

陳佳惠（1999）。現代夫婦的夢魘——不孕症。**藥學雜誌，15**
　　（2），62-66。

張明揚（1999）。如何預防不孕症。**中華民國子宮內膜異位症婦
　　女協會會刊，6**（3），10-12。

張天均（譯）（1999）。Etienne-Emile 著。RU486：**女性的選
　　擇，美服錠的歷史**。臺北：大塊文化。

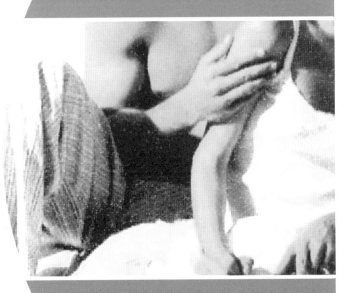

第三章

人類性反應與性功能障礙

學習目標

1. 描述人類性反應週期四階段之變化
2. 分辨男性、女性性反應之異同
3. 說出導致性功能障礙之因素
4. 解釋常見女性性功能障礙之種類及其相關因素
5. 解釋常見男性性功能障礙之種類及其相關因素
6. 對性功能障礙提出合適的因應方法與態度
7. 討論人們對性反應常見的迷思與錯誤認知

摘要

　　雖然人類的性反應不只包含了性生理反應，但性生理反應卻是性反應中相當值得探討與了解的部分。這些有關人類性生理反應的探索與了解，迄今仍以 Masters 與 Johnson 在1960 年代所進行人類性反應的生理實徵性研究最為重要，他們藉由觀察及臨床實徵研究為基礎，提供了人類性生理反應的詳細資料，並確認出四階段的性反應週期。要注意的是，性生理反應並非只是生殖器官的反應而已，它也牽動了身體各系統與器官的參與以及心理、社會層面的互動，其中，血流的改變產生了身體某些部位充血的反應，特別是男女性生殖器官的部分。而神經傳遞的訊息更產生了全身高度肌肉緊縮，神經系統並居間負責協調各系統間之改變，而帶動整個性反應的進行（Masters, Johnson, & Kolodny, 1994）。也因著完整的性反應需要多層面與各系統的配合，影響性功能的因素便相當多元而複雜，本章節將簡介人類性反應週期，以及男女性在性反應之差異性，也將性功能障礙之種類、因素及其因應策略做一描述。

　　人類過去對於性生活的種種，是靠著部分經驗的累積，和許多的猜測、推理而得，但始終沒有正確認識過。而現今由於許多科學家的研究，已逐漸揭開了這個謎底，同時夫妻們也不再願意依循「嘗試錯誤」的方法去自行摸索，因為其結果不一定能帶給他們滿意的答案。

第一節　人類性反應週期

　　1954 年美國生理學家 Masters 博士和社會工作者 Johnson 太太共同展開研究，經過十年工作，這期間有 382 位女性、313 位男性志願參與這項實驗。他們中間有不少對是夫妻，有各種不同的學歷、職業、背景，一共做了一萬次完整性交週期紀錄，於 1966 年（也就是工作十年後的兩年），出版了一本書，即《人類的性反應》（*Human Sexual Response*）。

　　人類性反應週期（human sexual response cycle）包含四個階段，也就是興奮期、高原期、高潮期與消褪期。

　　所謂的興奮期（excitement phase），乃是始於性興奮的開始，而性興奮的刺激可以是生理的或心理的。藉由各種感官刺激——觸覺、嗅覺、味覺、思考或幻想，可挑起性興奮感。在此期可以見到兩種生理反應，第一是血管充血反應，這是人們對性刺激的最初反應，這種充血反應可以直接由生理的刺激引發，也可以由視覺上的性刺激或一連串色情幻想刺激產生。第二種反應是肌肉的收縮反應，這可以從手、腳、臉部的抽搐，以及高潮時四肢或身體各部的肌肉緊張度看出。此外，隨著性興奮程度的增高，心跳、呼吸速率與血壓也會隨之升高。興奮期可因性伴侶之欲求而延長，也可因一些事情分散了性刺激而使其中斷或結束。

性高原期（plateau phase）是一個人自慰或是與伴侶進行性行為時，對性刺激與性行為產生更進一步的性興奮反應階段。此時全身的反應處於愈趨緊張狀態並全力朝高潮（orgasm）頂點邁進，其性興奮程度較興奮期為高，而僅次於性高潮的程度。

性高潮期（orgasm phase）乃是性刺激達到性興奮反應的最頂點反應，隨即放鬆下來，個體於此時感受到最大的快感。在男性的身體外顯反應較女性明顯，血管的充血反應使陰莖勃起組織發生勃起反應，並產生射精（ejaculation）。

消褪期（resolution phase）乃是生殖器官及身體各部的反應又回復到未興奮前的平靜狀態。高潮促使的肌肉強直現象放鬆，並釋出充血部位積存的血液。消褪期時間長短通常為15至30分鐘，但若個體並未產生高潮反應，則消褪期就需要花更長的時間來回復先前性生理反應所遺留下來的充血反應。這種性興奮延長的反應，使得充血反應無法獲得緩解，而會有疼痛等骨盆腔充血反應發生。

當然，性生理反應週期依每個人個別差異性與經驗的不同會有所出入，也就是週期間並非絕然劃清界限。性生理反應在兩性間亦有其特定的模式，因此，以下將依照前述性反應週期的四個階段，將男女性之性反應週期特色分述如下：

一、男性性反應週期

根據Masters與Johnson的研究發現，男性的性反應週期典型只有一種模式（見圖3-1），其特色是在消褪期的不反應階段（refractory period）中，即使再接受更強的性刺激，也不會再有性興奮的反應，必須過了不反應階段之後，才能對性刺激有所反應。而不同的人之間的差異性只是在四階段時間長短之不同，而不在

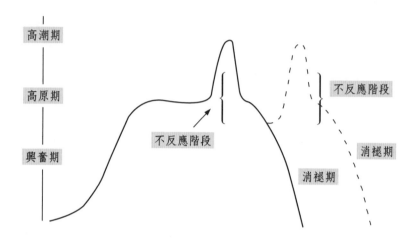

圖 3-1　男性性反應週期

強度的不同。此外，在男性的高潮期，外生殖器有射精的外顯行為，因而可以明確地判定個體達到高潮。

(一) 興奮期

陰莖勃起是性興奮時最初的反應，乃是性興奮最初幾分鐘後陰莖產生充血反應所致。隨著血管充血的增加，陰囊皮膚會變厚，睪丸會增大，提睪肌收縮使得睪丸上提而貼近身體，陰囊上提、變厚而使皺褶消失（變光滑）。胸腹部之性潮紅（sex flush）反應也可能見到，至於乳頭的勃起則反應不一，有些男性會出現乳房腫脹或乳頭勃起，有些則不會。

(二) 高原期

進入高原期時，陰莖的龜頭冠更加腫大，陰莖的顏色加深變成紫紅色。睪丸增大 50%，陰囊上提至接近會陰的位置，這表示不久即要到達高潮。考伯氏腺（Cowper's gland）於此階段會分泌

液體稱為射精前液（preejaculatory），由尿道口流出，液體中含有活的精子。這也說明了性交中斷法（在射精前抽出陰莖於陰道外的避孕方法）有精子遺留在陰道內而致意外懷孕的原因。

(三) 高潮期

男性的高潮可分為兩個階段：洩精期與射精期。洩精期（emission）從前列腺、精囊、輸精管分泌含精子的精液，在一序列高潮收縮的反應中，將精液排出到前列腺的尿道段，此時可以感覺到射精是無法避免的反應了。進入第二階段射精期時，尿球腺產生節律性收縮，陰莖約每隔 0.8 秒將精液射出體外，此時，膀胱內括約肌是收縮緊閉的，因此不會排出尿液。肛門括約肌收縮反應高潮時，肛門括約肌會每隔約 0.8 秒收縮一次。男性第一次高潮與下一次高潮相距時間較女性為長，其間距時間端視其不反應階段的長短而定。

(四) 消褪期

在消褪期主要變化是勃起反應的消失，可分為兩階段，在第一階段時，陰莖海綿體中血液的排空，使勃起的陰莖在體積及角度上快速縮小（有 50%的勃起反應迅速消褪），但陰莖仍有微脹情形。第二階段則是尿道海綿體及龜頭內的血液緩緩排空，使陰莖體積持續而緩慢地恢復原來的大小。而睪丸也回復原來大小，並下降到原來位置。在不反應階段時，無論接受任何刺激，都不再產生性反應，男性可能感受到性興奮或仍有些陰莖勃起反應，但是內生殖器官需要一段時間的恢復才能重新產生性反應週期，有些男性可以在十分鐘內再度開始性反應週期。

二、女性性反應週期

　　女性性反應週期不同於男性性反應週期的單一模式，而有不同的反應模式，常見有三種模式（見圖 3-2）。

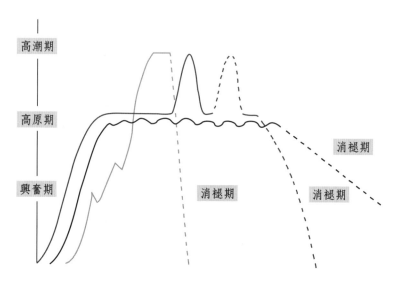

高潮期

高原期

興奮期

消褪期

消褪期

消褪期

圖 3-2　女性性反應週期

(一) 興奮期

　　初始的骨盆腔充血反應，使得陰道壁充血，液體經由可穿透性組織滲出而分泌潤滑液，濕潤的程度則從少量到多量不等。接著，陰道壁可見深紫色反應，陰道管腔內三分之二會擴大與延長，而使得陰道內呈現漏斗狀，寬約 3.75-4.25 公分，長約 2.3-3.5 公分。隨著陰道上段這種漏斗狀反應，子宮與子宮頸也會離開原有解剖位置而上提。陰蒂會增大，其增大的程度與性反應或達到高潮與否無關。兩片大陰唇變薄而分離，小陰唇則充血而腫脹。在

乳房的部分，由於乳房組織內血液積聚，以及乳頭周圍肌肉纖維收縮的結果，使得乳房變大，乳暈腫大與乳頭勃起，乳房表面的靜脈明顯可見。此外，像斑丘疹一般的性潮紅皮膚反應可在腹部、胸部出現。

(二) 高原期

進入高原期時，血管充血與肌肉緊縮度更為增加，最初的反應是陰道外三分之一的充血與腫脹，形成了所謂的高潮平臺（orgasmic platform），這種充血反應最後使陰道開口縮窄（若此時陰莖已在陰道內，則有握住陰莖根部的作用），這是快進入高潮階段的反應（見圖 3-3）。陰道內三分之二完全擴張，陰道內已完全形成一個漏斗狀，子宮與子宮頸完全上提。由於陰蒂幹的縮短使陰蒂頭也縮短，陰蒂幹似乎已消失不見，但仍能對性刺激產生反應，大陰唇持續腫脹至完全張開，性潮紅更加明顯，在高原期末了時，小陰唇也呈現「性皮膚」（sex skin）反應，而呈現深紅的顏色，這是即將進入性高潮的反應。乳暈則完全腫脹。此時，不論隨意或不隨意肌皆達到了肌肉緊張度最高狀態。

(三) 高潮期

進入高潮期時，陰道外三分之一的高潮平臺產生一連串不自主的節律性肌肉，約 0.8 秒收縮一次，愈接近高潮頂點，收縮的頻率愈快。在子宮也有節律收縮的反應，從子宮底往子宮頸產生節律收縮，若是產生的高潮相當強烈，則子宮收縮也會愈趨強烈，而子宮頸外口則會擴張開來，以助於精子進入子宮腔。在全身的的外顯反應上，可見肌肉完全繃緊，臉部肌肉扭曲，頸部、手臂以及腿部肌肉處會不自主痙攣收縮，腹肌、臀肌皆收縮，甚至手腕、足部都會痙攣。此時，心跳可加速至每分鐘 100 至 180 次，

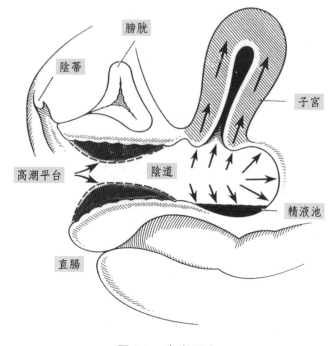

膀胱

陰蒂

子宮

高潮平台

陰道

精液池

直腸

圖 3-3　高潮平台

收縮壓可增加 30～80mmHg，舒張壓可增加 20～40mmHg，並有
換氣過度現象，呼吸速率可增加至 40 次。

(四) 消褪期

高潮後，血液逐漸回到全身各處。此時全身肌肉逐漸放鬆，
不緊張。呼吸、心跳、血壓逐漸恢復平常狀態，全身有汗濕的現
象。性紅潮、勃起反應及高潮平臺也快速消失，陰蒂迅速恢復原
來的位置（約5至10秒），陰道壁逐漸鬆弛（約10至15分鐘），
子宮與子宮頸回到原來的位置，子宮頸則有些微的凹陷，形成一
個貯精池，有助於受精。子宮頸外口在高潮後 20 至 30 分鐘皆維
持張開狀態，有助於受精。脹大的乳房及勃起的乳頭將緩慢地回
復原來的樣子，大、小陰唇回復原來的顏色與位置。若個體未能

獲致高潮，則充血反應將可持續幾個小時之久，這使得女性骨盆腔因充血而有沉重甚至不適的感覺。

男女性生理反應之差異就「性反應的一致性」而言，男性的性反應較具一致性，而女性的反應週期則可見不同型態之變化（見圖3-2）。首先，在「性反應的速度」上，一般來說，男性比女性容易進入性興奮階段，女性則反應較慢。而在「高潮獲致的外顯行為」上，男性較女性容易辨識，這是由於男性外生殖器有射精的外顯行為，而女性的性高潮的生理表現以子宮、陰道等內生殖器官收縮為主要表現，因此較難辨識。此外，女性高潮是一種全身性的反應，其強度與時間長短不僅因人而異，即使同一個人也未必每次都相同（鄭丞傑，1998）。另外，在「性刺激敏感度」上，女性的陰蒂較陰道敏感得多，其敏感度大致與男性的龜頭相當，因此，在陰莖插入陰道的性交過程中，陰蒂只是接受到間接的刺激，而男性卻可獲得直接的刺激，這也說明了何以女性藉由自慰直接摩擦陰蒂比藉由性交還要容易達到高潮的原因（Masters, Johnson, & Kolodny, 1994）。

在「消褪期的反應上」，相對於男性在消褪期的不反應階段特色以及週期各階段之差異方面，男性於消褪期的不反應階段中，即使接受更強的性刺激，也不會再有性興奮的反應，必須過了不反應階段之後，才能對性刺激有所反應。而女性則不同，女性會有多重高潮或無高潮情形發生，女性的不反應階段較不明顯，有些女性在經歷第一次高潮之後，若接收足夠的性刺激，則可發生再一次或連續幾次的高潮現象，也因此，男性第一次高潮與下一次高潮相距時間較女性為長，期間距時間端視其「不反應階段」的長短而定。雖然男女性在性生理反應有其差異性，但是只要能彼此了解性反應的特色，並相互尊重與體貼，則一樣能經驗到性的愉悅與圓融的性生活。

三、對性愛應有的認識

人類性反應週期有四個階段，而男女性在性反應上有其差異性，夫妻間若能了解彼此生理方面的不同，將有助於認識和享受他們身體和意念的結合，達成美好的性愛。茲依人類性反應週期說明如下：

(一) 興奮期

由接受性刺激開始，隨著刺激的增加而使興奮的強度跟著增大。男性的生理功能可經由很簡單的內在慾望或外在刺激，很快地進入興奮期。在夫妻生活當中，可以由於丈夫對妻子的感謝心意，比如太太很體貼、遭受挫折時給予安慰等，他在這種感謝中，會有一種願意接近妻子的慾望，而產生興奮。更直接的，當丈夫看到妻子在洗澡、更衣時美麗的胴體，這些經由視覺、肉體的觸摸，或其他性愛的聯想，都足以使男性進入興奮狀況——最明顯的表徵就是陰莖勃起。許多人認為興奮的時候，男性的表現應該粗魯以顯示男性的氣概，實際上，丈夫應該用愛逐漸接近妻子，態度應該體貼、溫柔，行動上的表示應充滿著戀愛或新婚時期渴慕或追求的心態，不管老夫老妻與否，都不該出現猴急、不耐煩、刻板的「例行公事」現象。

而女性由於生理上在進入興奮期的時間會較男性慢，通常需要較長時間的心態調整、較多的愛撫，才能使她進入興奮的狀況——陰道濕潤是其較明顯的表徵。這一段愛撫的階段通常稱為「前戲」，若夫妻彼此充滿著濃情蜜意，將是一段美妙的時刻。由於男女生理在這方面不同，很自然的，丈夫要能夠體諒妻子，妻子也應該體諒丈夫，彼此在了解中做到互相體諒——調整興奮

快慢的速度。雙方都有個心願：願意完全以「全人」來付出，不僅僅是肉體，還包括自己的心思意念，以整體的行為去討好對方、滿足對方，並表示對對方的愛意。

互相愛撫時，往往雙方都不會急促，只有在自私的狀況下，男方可能會倉促行事，結合只不過是發洩了性慾，雙方都不能全然進入。婚姻中的結合，夫妻能坦然、毫無保留以任何最愉悅的方式，去「認識」和享受他們的身體。而婚外的結合，由於雙方無心去取悅對方，如此的結合自然會降到生物的層次。

興奮期的時間可以維持幾分鐘到幾小時，同時也會因生理、心理或其他分心的事延長或中斷，所以夫妻性生活中應該學習逐漸增強情緒及感官的反應，一旦進入情況之後，就切忌中斷或減弱，而應繼續不斷加強刺激，以進入第二個階段（晏涵文，2000）。

(二) 高原期

隨著性刺激的持續強化，夫妻兩人慢慢進入高原期，不過與興奮期難以做清楚的界定。

丈夫在對妻子的全身愛撫之後，應逐漸縮小範圍，集中在乳房，尤其是乳頭和外生殖器的愛撫。陰蒂和小陰唇的腫脹是妻子在這個階段較明顯的表徵，另外的反應有：肌肉緊張度增加，呼吸、心跳、脈搏均加快，皮膚出現紅斑等。同時，陰道前三分之一部分的內壁充血、膨脹，使得管徑縮小，和充血的小陰唇形成一個高潮平臺，為一高度敏感區域，這時表示妻子已準備好讓丈夫的陰莖進入她的體內，但仍以愈輕柔愈好，最好由妻子引導進入。此時妻子的姿勢，若採男上女下，應注意腿部的彎曲，因會影響陰道的位置（見圖 3-4）。

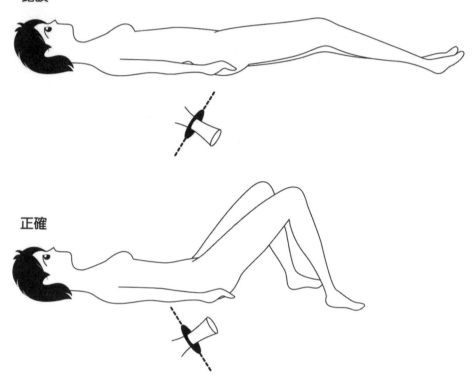

錯誤

正確

圖 3-4　女性性交姿勢

　　在丈夫方面，高原期要學習使興奮盡量經由意志力的控制，使它能夠緩慢下來，不要馬上進入高潮期、消褪期，因為這時妻子可能還在高原期，甚或興奮期。這樣的配合往往是夫妻性生活中最大的問題。而妻子則要學習完全把自己豁出去，引導丈夫恰到好處地刺激適當的部位，信任自己的身體、信任丈夫，盡情放任自己，集中注意力去體會肉體的感受（晏涵文，2000）。

(三) 高潮期

　　性高潮是性緊張增強到最高峰時，不能自主的反應。這時血

管充血和肌肉的緊張狀態在幾秒鐘內得到紓解，高潮時全身都會被牽動，尤以骨盆腔為主要感受區域。男性的感覺特別集中在陰莖、前列腺和精囊，等射精之後，高潮才算完畢。女性的感覺特別集中在陰蒂體部、陰道和子宮，這時骨盆腔的器官、全身的肌肉會不由自主地收縮，甚至自覺有股暖流由下體湧現，漸漸遍及全身；或有先是興奮，隨之覺得平靜、舒暢的感覺，都是高潮的明證。

女性最敏感的地帶是陰蒂和小陰唇周圍地帶，丈夫應給予妻子適當的刺激（不可過分強烈，以致疼痛），這時陰道所分泌的潤滑液會很自然地流到外面。潤滑得很好的陰蒂和小陰唇外圍，在丈夫的撫摸之下，會更加性感。即使丈夫已將陰莖插入，仍應繼續輕揉妻子的陰蒂，以刺激她達到高潮。據統計，有 20% 的女人需要丈夫以手刺激其陰蒂，才能達到高潮。一旦丈夫完成射精之後，還應該繼續以手刺激妻子的陰蒂，好讓她經驗多次的高潮。

不過，希望妻子的期望不要太高，不要以為每一次都必須達到高潮，事實上沒有任何一對夫妻在性交時都讓太太達到高潮的。但是做丈夫的，要有這樣的期望來滿足太太。雙方面都應該退一步，為對方進一步想，如此會比較容易達到婚姻的滿意度（晏涵文，2000）。

(四) 消褪期

當高潮過後，身體會逐漸回復到興奮前的狀態。丈夫會有一段不反應階段，對任何刺激都不會有興奮反應；妻子則不同，如果刺激足夠，她仍可達到另一次高潮。通常消褪期和興奮期的長短平行，如果無高潮出現，則消褪期會長至 12 小時或一天。

丈夫切忌在這時倒頭即睡，這時夫妻依偎在對方的懷裡，若能再以擁抱、輕吻、輕拍來表示溫情（俗稱後戲），自然的互相

傾訴各人的愛意和滿足，這種溫馨與柔情將是夫妻生活最美的時刻（晏涵文，2000）。

第二節　性功能障礙

由於全人的性包含了生理、心理、社會等多個面向，因此任何一個層面的因素皆會對性造成影響，也因此造成性功能障礙的原因，可能是身體疾病或心理因素所帶來個體性慾減少或性活動減少，也可能是缺乏性交技巧知識或家庭、社會成長背景形成性壓抑、焦慮或罪惡感所導致，然而導致性功能障礙的因素，總括地說可分為：生理因素以及心因性因素（其中包括錯誤的認知或迷思）。

一、器質、生理性

(一) 性器官完整性的改變

由於性器官代表著個體身為男性或女性的象徵，因此當男性的前列腺切除或女性的乳房、子宮、卵巢切除，直接會影響個體對性別角色認同或身體心象受威脅而影響性行為或性生活滿意度。

(二) 疾病的因素

疾病影響性功能的層面可從疾病病理變化對性功能的影響治療對性功能之影響，以及對角色、自我概念之衝擊來看。在疾病病理對性功能之影響方面，可以視疾病是否影響血管系統、荷爾蒙、神經功能來看。由於性生理反應主要是充血反應與神經肌肉

收縮的機制，因此需要健全血管構造和脊髓、腦神經的協調。因此，一旦病人罹患影響血管系統的疾病（例如糖尿病、高血壓等），則生殖器官無法充血，引起勃起困難、性慾降低等問題，或是發生在任何腦部、脊髓、會陰部神經之損傷，均可能導致性功能障礙。此外，又如血中動情激素濃度的減少也會導致性慾降低的現象。

(三) 藥物之影響

　　某些藥物會對性功能造成不等的障礙，其主要影響是造成性慾降低、射精障礙，與勃起障礙等。目前已知會影響性功能的藥物包括抗高血壓藥物（例如 Aldoment、Propanolol）、抗精神病藥物（例如 Monoamine Oxidase、Lithium）、抗組織胺藥物（例如 Benadryl、Chlorpheniramine）、治療消化性潰瘍藥物（例如 Zantac、Tagamet）、利尿劑（例如 Thiazide Diuretics）、成癮藥物（例如酒精、海洛因、大麻）與荷爾蒙制劑等。

(四) 其他

　　其他影響性功能之生理因素還包括了吸菸、疲憊、疼痛等生理不適，皆有可能影響性功能之正常運作。

二、心因性

　　也有許多的性功能障礙是心理因素所導致，在臨床診斷上，須先排除器質性與生理性因素，才能考慮心因性障礙，因此經由生殖泌尿醫學鑑別診斷個體在器質、生理功能上正常，或可能兼具多重因素時，便可進一步藉由心理認知與行為因素來評估與心因性功能障礙有關的因素。而性治療前的認知行為評估，一方面

能為個案營造一個開放而正面的討論空間，一方面也可以共同理
出問題的來龍去脈，以及評估性治療的必要性與可行性。其評估
的面向可包含成長背景的「前置因素」、情境上的「誘發因素」
以及「持續因素」（見表3-1）（張尚文，1998）。要注意的是，
不是所有心因性性功能障礙者都需要接受正式的性治療，有些人
只是身體心象需要被肯定或缺乏親密與愛的問題，例如產後的女
性自認缺乏性吸引力或被愛的能力，而對性活動缺乏參與動機，

表3-1　與性功能障礙可能有關的心理因素

前置因素
　　保守壓抑的成長過程及父母對性的態度
　　家庭關係破壞，如雙親不睦、成員不融洽
　　早期的性創傷，如亂倫或性虐待
　　缺乏性教育

誘發因素
　　伴侶失和
　　懷孕生產及育兒
　　年齡因素
　　生活壓力
　　失敗及創傷的性經驗
　　伴侶的性障礙
　　身體疾病的心理反應

持續因素
　　操作壓力，害怕失敗
　　伴侶的期待，對伴侶的罪惡感
　　溝通不良，伴侶失和
　　缺乏吸引力或調情不足
　　焦慮、憂鬱、憤怒等情緒
　　知識不足

資料來源：張尚文（1998）。

或者是有些人接受到錯誤的性觀念或是性迷思，往往只需要加以解釋、澄清或進一步教育即可。而一些對性常見的錯誤認知或迷思，包括：

(一) 性高潮的迷思

或許是男性的性反應以高潮、射精為終極表現，這使得人們常以獲致高潮與否來衡量女性的性滿意程度。而 Freud 認為女性能經驗兩種高潮，一種是陰蒂高潮，一種是陰道高潮，並認為成熟女性應具有陰道高潮的能力；其實女性性高潮之反應相當複雜，是一種結合生理、心理的性反應極致，據研究，女性性滿意的終極並非只有性生理高潮一途，有些女性在乎經驗的過程，只要過程令她滿意，她並不會以獲致性生理高潮為評估滿意的唯一標準。雖然達到性高潮不是女性性滿意的唯一終極標準，但如果女性長期無法獲致性高潮紓解其骨盆腔充血情形，容易有骨盆腔充血徵候的問題。因此，高潮的獲致與否應是女性可以選擇的自由意志，而非在能力上無法達成的藉口。

(二) 陰莖大小的迷思（phallic myths）

有些人以為陰莖的長短、大小與性滿意度成止比，這種不當的迷思也容易讓男性對其陰莖大小產生擔心或焦慮。然而事實上，相對其他因素，陰莖大小、長短對性伴侶的性生活滿意度的影響極小，因為即使體積、長度較小的陰莖當其經過性刺激而產生陰莖脹大反應時，其大小也已經足夠使女性陰道產生正常的性反應過程（Hogan, 1985）。更何況女性性刺激的獲致，對陰蒂刺激所帶來的快感可能要比陰道來得大，而引起性伴侶性興奮與高潮的方式並不只是在陰莖的抽送動作，它更可以用手、口等其他肢體來引發伴侶的性興奮，甚而有更滿意的效果。

三、女性常見之功能障礙

　　在臺灣，一般人常泛稱女性性功能障礙為性冷感（sexual frigidity），然而這個名詞不但有輕蔑的味道，而且無法指明是缺乏性慾或是不易興奮，或是達不到高潮（鄭丞傑，1996）。因此，有需要對女性性功能障礙作進一步定義與描述。一般來說，女性性功能障礙仍以心因性居多，其種類與因素，見表 3-2。

表 3-2　常見女性性功能障礙種類與導因

種類	導因
原發性高潮障礙（primary orgasmic dysfunction）： 　失去經歷高潮的能力	─宗教壓抑或禁忌 ─嚴格而封閉的學習環境 ─害怕失去自控力 ─與伴侶的溝通障礙 ─不當的陰蒂刺激 ─藥物濫用或酒癮 ─過去不好的性經驗
續發性高潮障礙（secondary orgasmic dysfunction）： 　曾有過高潮，但現今無法再經歷高潮	─對性的興趣低落 ─對性伴侶的態度 ─上述有關原發性高潮障礙的因素，皆有關
陰道痙攣（vaginismus）： 　陰道外三分之一的窄縮，而導致陰莖插入困難	─宗教壓抑或禁忌 ─性壓抑 ─早年性創傷經驗 ─曾被性侵犯 ─性交疼痛經驗 ─曾有疼痛的婦科檢查經驗 ─酒癮 ─疾病因素

（下頁續）

（續上頁）

性交疼痛（dyspareunis）： 　於性交期間的任何插入性疼痛	─不適當的性刺激 ─荷爾蒙因素：例如動情激素缺乏 ─陰道感染 ─特殊避孕方法造成的不適（例如保險套、殺精子藥膏）
性慾障礙（lack of desire）： 　包括低性慾、性慾壓抑，與性嫌惡 　（sexual aversion）	─嚴重的負面情緒問題，例如憤怒、害怕、憂傷 ─疾病 ─疲憊 ─藥物濫用或酒癮 ─對性交感到有壓力 ─有被性虐待的經驗 ─性交疼痛 ─神經系統疾病 ─糖尿病
分泌潤滑液障礙（diminished lubrication）： 　指性反應過程中，陰道分泌潤滑液不足或缺乏	─神經系統疾病 ─老年因素 ─特定時期之荷爾蒙改變，例如懷孕、產後或更年期

資料來源：Breckkinridge, P. (2001).

四、男性常見之性功能障礙

　　相關研究發現勃起障礙（erectile dysfunction）有日趨增多的趨勢，而早洩的發生率則有減少的現象（Spector & Michael, 1990）。常見的男性性功能障礙（表 3-3）。

表 3-3　常見男性性功能障礙種類與導因

種類	導因
原發性勃起障礙（primary erectile dysfunction）： 　性交時無法將陰莖插入陰道或稱為原發性陽痿（primary impotence）	—宗教壓抑 —創傷 —性交焦慮或害怕
續發性勃起障礙（secondary erectile dysfunction）： 　或稱為續發性陽痿（secondary impotence）	—因藥物、酒精、疾病或手術等因素引起中樞神經系統障礙 —性交焦慮 —與伴侶溝通不良 —憂鬱 —糖尿病
射精障礙 　—早洩（premature ejaculation） 　—遲滯射精（delayed ejaculation）	—青春期時發生過早射精 —性交焦慮 —神經系統疾病 —宗教壓抑 —害怕懷孕 —缺乏性慾 —對伴侶厭惡 —有受性侵犯的經驗 —不貞 —小時候曾因自慰而受罰 —藥物或酒精濫用

資料來源：Breckkinridge, P. (2001).

第三節　性功能障礙之因應

夫妻之間發生性功能障礙時，往往是暫時性的、可逆性的一種現象，如果能做生活的改善和調整，則大部分的人並不需要尋找醫師做進一步的診療（江漢聲，1998）。例如男性在一段長時間（幾星期或更長）沒有性活動之後，第一次與伴侶性交，過速射精是常見的現象，又或是女性經歷了懷孕生產或子宮切除，影響了其對身體心象的看法，而有黃臉婆或自認缺乏吸引力等想法時，也會有低性慾、高潮障礙等問題出現。這些都是短暫而可以由伴侶兩人經由專家提供正確資訊、教育、解釋或澄清，在家中自行調適便可以克服的問題。因此，當夫妻面臨性功能障礙時，宜透過下列方式加以因應：

一、性功能障礙之評估

在造成男性勃起障礙的夫妻關係中，大多數問題，是出在夫妻間強烈的衝突與憤怒（Masters, Johnson, & Kolodny, 1994），不論是因為嫉妒、外遇，或孩子教育問題所導致的衝突，在衝突的關係中，很難建立良好的性愛關係。因此，在發生性功能障礙時，不要效法廣告去購買那些所謂神速奇效的壯陽藥物，反而應該先找出性功能障礙的癥結為何，再對症下藥。在女性方面，雖然女性性功能障礙仍以心因性居多，但仍得先排除疾病因素，可以先至婦產科門診做生殖器官的檢查，例如有無先天畸形（如處女膜閉鎖、陰道畸形）、發炎感染（如陰道炎、子宮頸炎），或更年期常見的潤滑液不足、陰道萎縮等問題。若發現有婦科器質性問

題，則應先治療該問題。

二、排除性功能障礙因素

評估性功能障礙，若是肇因於生理器質層面，則盡快加以診治，以免影響性功能正常運作，或進一步影響個體性心理與社會健康，若是沒有器質性或生理性問題，則再進一步做行為認知與性生活史評估以及進一步心理諮商或行為認知治療，也就是性治療。在順序上，應先確立性功能障礙是否肇因於器質性因素，若非，則排除器質性因素，轉而進一步評估心因性因素，因為性治療對於器質性引起的勃起障礙、高潮或射精障礙問題並沒有療效。當然，也有混合心因性與生理性因素所造成的性功能障礙，則需要雙管齊下排除障礙。此外，也有些性功能障礙無法找出其原因，這可能因為個體忽略或遺忘當時引發性功能障礙的情境或因素，時間一久之後，便很難再評估其肇因，因此，建議夫妻任何一方若遇有性功能障礙問題發生時，應儘早面對與診治。

三、摒除錯誤認識，建立夫妻良好親密關係

有許多夫妻之間性功能障礙之因素往往是起因於對自己或伴侶在性愛關係上的錯誤認識，或是溝通的不良與親密關係的問題。由於性包含了情愛的基礎，因此一對感情不睦的夫妻，很難有美好的性關係，甚至是造成性功能障礙的原因。此外，夫妻彼此對對方的錯誤認知，也是構成傷害彼此性關係的一環。例如，先生以為妻子沒有達到高潮是因他性能力不足，也因此，妻子會因擔心先生失望而偽裝高潮來滿足先生；或是妻子視先生自慰的行為是自己無法滿足先生欲求的失敗表現等。所以，建議夫妻雙方平

時宜培養溝通的習慣，常與另一半分享感覺，摒棄錯誤的觀念，並練習表達情感，針對性愛過程中喜好與厭惡的行為，可以在平時溝通出來，讓伴侶知道你的喜惡，Masters、Johnson 更提出一些技巧來幫助夫妻建立良好性愛的默契，例如「感覺集中練習」，學習放棄目標導向與表現的壓力，探索身體性敏感帶與歡愉，有助於解決心因性勃起障礙的問題。此外「不要把性當作生活必需品，而應視為親密感與相互交流的結果」（Masters, Johnson, & Kolodny, 1994），更是建立夫妻美好性愛關係的重要祕訣。若是夫妻雙方已有嚴重的溝通障礙、性關係失調的問題，則應尋求專業的婚姻諮商，或接受性治療師的治療。

🔖 關鍵詞彙

人類性反應週期（human sexual response cycle）

興奮期（excitement phase）

性高原期（plateau phase）

高潮（orgasm）

性高潮期（orgasm phase）

射精（ejaculation）

消褪期（resolution phase）

不反應階段（refractory period）

性潮紅（sex flush）

高潮平臺（orgasmic platform）

高潮障礙（orgasmic dysfunction）

陰道痙攣（vaginismus）

性交疼痛（dyspareunis）

性慾障礙（lack of desire）

分泌潤滑液障礙（diminished lubrication）

勃起障礙（erectile dysfunction）

陽痿（impotence）

早洩（premature ejaculation）

遲滯射精（delayed ejaculation）

 自我評量

1. 以曲線圖描繪出典型之性反應週期曲線，並說明性反應週期四階段之變化與特色。

2. 舉出三點男女性反應週期之不同。

3. 女性性冷感一詞是否能涵蓋女性性功能障礙？若不能，則請說出常見女性性功能障礙之種類為何？

4. 何謂男性勃起障礙？並舉出相關導因。

5. 一位性功能障礙的男士詢問你有關壯陽的藥物，你建議他應該如何面對這個問題？

 參考文獻

一、中文部分

江漢聲（1998）。男性性功能障礙病人治療的最新趨勢。**護理雜誌，45**（5），15-21。

晏涵文（2000）。**生命與心理的結合（初版二十二刷）**。臺北：張老師文化。

張尚文（1998）。心因性性功能障礙的性治療。載於江漢聲、黃一勝主編，**性功能障礙之諮詢與治療**。臺北：中華民國性教育協會。

鄭丞傑（1996）。女性性功能診療現況。**北市醫誌，40**（10），44-51。

鄭丞傑（1998）。人類的性反應。載於江漢聲、晏涵文主編，**性**

教育（頁 229-252）。臺北：性林文化。

二、西文部分

Breckkinridge, P. (2001). Sexuality. In P. A., Potter, & A. G. Perry, (eds.), *Foundamentals of nursing* (5th ed.). St Louis: Mosby.

Hogan, R. (1985). *Human sexuality: A nursing perspective.* Norwalk: Appleton-Century-Crofts.

Masters, W. H., Johnson, V. E., & Kolodny, R. C. (1994). *Heterosexuality.* New York: Gramercy Books.

Spector, H. P., & Michael, P. (1990). Incidence and prevalence of sexual dysfunctions: A Critical review of the emperical literature. *Archives of Sexual Behavior, 19*(4), 389-408.

第四章

愛滋病及其他性病

學習目標

1. 了解性病的種類與特性
2. 認識愛滋病的傳染途徑及症狀
3. 分辨愛滋病感染者與患者的差異
4. 建立性病防治的正向態度
5. 說出愛滋病和其他性傳染病的防治方法
6. 了解目前臺灣地區性病防治教育的現況
7. 認識衛生教育在性病防治上的策略

摘要

　　人際之間最親密的關係莫過於肌膚之親，而隨著兩性關係的開放，社交生活的頻繁，應酬文化的充斥，使得性病的社會問題逐漸受到各界的重視。尤其在 20 世紀末愛滋病被發現後，其對人類社會的威脅，曾經一度造成全球性的恐慌，如今在各個領域的努力之下，雖然愛滋病的疫苗和治癒的藥物尚未開發出來，但是「預防」策略在愛滋病和其他性病防治上的重要性是無庸置疑的，而衛生教育則是最有效的防治策略。

　　在愛滋病及其他性病防治教育上，衛生教育主要目的在於促使健康的人免於受到病毒的感染，減低感染的發生；另一方面，對於已受感染的帶原者，也要教導保護性的措施，避免將病毒傳給其他的人，並且藉由各種方法提高生活的品質。

　　本章係就教育工作者的立場，從衛生教育的觀點，來探討愛滋病和其他性病的流行現況、種類、特性，及防治方法。

「性」為表達愛的一種方式，但若採取不安全的性行為，隨之而來的即有可能是「性病」的問題。現代的年輕男女在兩性關係上，除了應該學會如何與異性交往、適當的表達愛意之外，也要學會保護自己，因此性病的防治正是現代社會男女學習的重要課題之一。

第一節　認識性病

一、性傳染病

「性病」主要是指由性接觸或性交而得到的傳染性疾病。1975年世界衛生組織（WHO）為了提高人類對性病（venereal disease）危害的警惕性，特建議將性病（VD）易名「性接觸傳染病」（sexually transmitted diseases），英文縮寫為 STD。一般來說，性病具有以下的特性（樓震平、陳宏一，1993）：

1. 性病侵害人類不分人種、階級、年齡、性別及貧富。但性活動頻繁及性能力較強之年齡層（一般統計為 18 至 38 歲）得性病的機率最大。

2. 性伴侶愈多，得性病的機會愈多。

3. 性病不是遺傳性疾病，但性病會經由胎盤、臍帶或產道感染胎兒或新生兒。如先天性梅毒、新生兒淋病、化膿性結膜炎等，就是最好的實例。所以婚前男女雙方體檢及孕婦產前檢查一定要包括性病檢驗。

4. 一個人有可能同時感染兩種或兩種以上之性病，尤其是性關係複雜的人機率更大。

5. 性病治癒後並無終生免疫力，得過一次性病，也會有第二
　次、第三次得到的可能，因此不但要治癒性病，還要預防
　性病。

6. 正常的社交活動，如握手、擁抱及禮貌性親吻不至於感染
　性病。

　　由以上所述，可知性病（或稱為性傳染病），主要是藉著性
接觸或性交所傳染，且隨著性關係的複雜，感染性病的機會也隨
之升高。由醫師的臨床經驗與公共衛生學者的流行病學調查發現，
性病的患者數與罹患率逐年增加，且在罹患性病的分段年齡層方
面，青少年染患性病的比例日漸增加，這是令人憂心的事實。

　　由於所有性病的病原體有一共同的特徵，需要生存在潮濕、
黏膜的環境下，而生殖器官正好符合這些條件，因此性傳染病的
主要傳染途徑是因為性行為接觸而來，一般的皮膚接觸，如握手、
擁抱等都不會受到感染。

二、一般常見的性病

　　目前性病的病原體可分為細菌、病毒、原蟲、黴菌及體外寄
生蟲等，共計五大類（見表 4-1）。

　　根據性病方面的流行病學調查，性病中最常出現的種類包括：
梅毒（syphilis）、愛滋病、*淋病*（gonorrhea）、非淋菌性尿道
炎、疱疹、*愛滋病*（acquired immuno deficiency syndrome, AIDS）、
尖型濕疣（見圖 4-1）、滴蟲感染（見表 4-2）。以下就針對梅
毒、淋病、非淋菌性尿道炎、疱疹做一詳細的介紹，而愛滋病之
相關資料詳見第二節。

表 4-1　常見的性病與病原體

病原體	致病原	疾病或綜合症狀
細菌	奈瑟氏淋病雙球菌	尿道炎、副睪丸炎、子宮頸炎、子宮內膜炎、輸卵管炎、巴氏腺炎、早產或流產、不孕症、結膜炎、咽喉炎、直腸炎、播散性淋菌感染及相關後遺症
	沙眼衣原菌	尿道炎、副睪丸炎、子宮頸炎、巴氏腺炎、輸卵管炎、子宮頸發育障礙、產後子宮內膜炎、自發性流產，或可造成胎兒及新生兒死亡、嬰兒肺炎、中耳炎、花柳性淋巴肉芽腫、沙眼及萊特氏症候群主要包括腹瀉、多處關節炎、包涵體結膜炎及尿道炎等
	雅司螺旋體	開始時典型的母瘡發生在臉部或肢體，後長成盆子腫瘤，發疹、接骨膜炎、指炎，未治療可能性引起皮膚或骨骼潰爛
	人型黴漿菌	產褥熱、輸卵管炎
細菌	尿溶原漿菌	尿道炎、絨毛羊膜炎、未成熟出生之新生兒體重不足
	梅毒螺旋體	梅毒
	陰道嗜血桿菌	陰道炎
	杜克萊氏嗜血桿菌	軟性下疳
	克萊勒士肉芽腫桿菌	杜諾凡氏病（腹股溝肉芽腫）
	志賀氏桿菌	志賀氏病（可在男性同性戀者藉性行為而傳播之）
	乙型鏈球菌	新生兒敗血症及腦膜炎
病毒	單純性疱疹性病毒	初期及再發生殖器疱疹，可引起病毒腦膜炎新生兒感染疱疹、常伴隨神經的後遺症、子宮及子宮頸癌自發流產及早產等

（下頁續）

（續上頁）

	人類免疫缺乏病毒	初期免疫力降低，有些人會引起隆凸肺囊腫肺炎、卡波西氏肉瘤、口腔念珠菌感染、單純疱疹、隱球菌腦膜炎等嚴重感染
病毒	B 型肝炎病毒	急性、慢性及暴發性肝炎、伴隨免疫綜合現象
	巨細胞病毒	先天性感染，顯著的出生缺陷，或可導致嬰兒死亡，認知能力受損（精神及神經感覺遲鈍、耳聾）、子宮頸炎、單核白血球增多症等
	生殖器贅疣病毒	尖圭濕疣、嬰兒咽喉部孔突出贅疣
	接觸性軟疣病毒	接觸性生殖器軟疣
原蟲	陰道滴蟲	陰道炎、尿道炎、龜頭炎
	溶組織性內阿米巴蟲	阿米巴病（特別在男性同性戀者藉性行為而傳播之）
	梨形鞭毛蟲	梨形蟲病（特別在男性同性戀者藉性行為而傳播之）
黴菌	白色念珠菌	陰道炎、龜頭炎及包皮炎
體外寄生蟲	陰蝨	陰蝨症
	疥蟲	疥瘡

資料來源：譯自世界衛生組織 1981 年專門報告叢書 660，8-9（引自婦女醫學，2003）。

（一）梅毒

　　梅毒是性病史上最早記載，且最具有代表性的。傳說於哥倫布探險發現新大陸為歐洲帶來希望，但在返回西班牙之後的五年，梅毒也因船員與西印度群島的土著發生性行為而傳遍全歐洲，為歐洲帶來梅毒的災禍，可見梅毒的歷史流傳已久。梅毒一般分為三期：

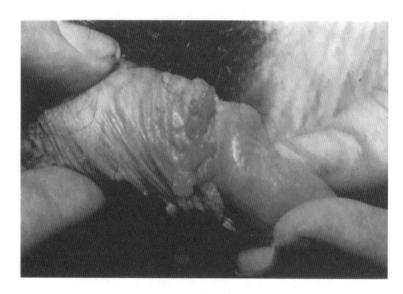

圖 4-1　尖型濕疣（俗稱菜花）

　　第一期梅毒：感染之後三週，細菌侵入與患者有過性接觸的部位，如陰莖、肛門或口腔附近出現不痛不癢的硬性下疳，先呈現一種小糜爛，接著表皮潰瘍、局部淋巴腺腫大，大部分的下疳會在兩星期內自行消失。

　　第二期梅毒：硬性下疳消失，但在皮膚及黏膜上出現紅斑，或生殖器官附近也出現潮紅的瘡口，身上的淋巴腺也會腫大。這個時期的傳染性最高，而且傷害部位也最多。

　　末期梅毒：又稱為神經性梅毒，此時梅毒細菌已遍布全身，嚴重地侵害到中樞神經系統和心臟部分，末期的梅毒可使病人變成殘廢或精神錯亂。孕婦若感染上梅毒未經治療，則細菌會通過胎盤，侵犯胎兒，甚至造成胎兒死亡。

表4-2　14種常見性病之臨床表徵

病名	臨床表徵
梅毒	分為三期： 初期梅毒：感染部位潰瘍，亦稱為硬性下疳。 二期梅毒：硬性下疳消失。生殖部位或全身其他部位起疹、神經炎、淋巴腫等。全身症狀包括發燒、倦怠、虛弱、咽喉痛等。 三期梅毒：嚴重地侵害到中樞神經系統和心臟部分。
淋病	男性尿道流膿、小便疼痛、灼熱感。女性陰道分泌物增加、異色惡臭、子宮頸發炎，但多數的女性無明顯症狀。
非淋菌性尿道炎	尿道口有黏液狀或透明狀分泌物，且有灼熱感、發癢、會陰部脹痛。
疱疹	男性的龜頭和陰莖出現水泡、有疼痛感；女性則出現在陰唇、會陰、臀部、陰道和子宮頸。
愛滋病	消瘦、不明原因的發燒、持續下痢、倦怠感及其他伺機性感染（如：卡波西式肉瘤）。
腹股溝肉芽腫	開始是在侵入部位形成一個或無數個無痛的丘疹，以後形成肉芽潰瘍，外陰散布，可在鼠蹊部皮下形成肉芽腫瘤。
花柳性淋巴肉芽腫	開始的陰部病變不痛不癢，多數人均不予以理會，但最後均出現鼠蹊部淋巴腫大、化膿。
軟性下疳	陰部潰瘍、多發性、有疼痛感、分泌物或淋巴腫。
尖型濕疣（菜花）	陰部長出許多小突起物，不痛、不癢、不潰爛、不分泌，只是愈長愈大，愈長愈多。
滴蟲感染	陰部劇癢，尤其是女性，分泌物使陰道、陰唇紅腫，小便困難，性接觸疼痛。男性的症狀則類似非淋菌性尿道炎。
陰蝨症	陰部搔癢，會抓破皮而有續發感染。
疥瘡	劇癢，使人整夜難安睡。感染部位有不規則水泡，水泡中間有黑點狀，全為疥蟲的卵和糞便。感染部位常因患者抓破而有續發性感染。
白色念珠菌感染	女性症狀明顯，白帶多、陰道陰唇癢痛、小便疼痛、性交疼痛；男性症狀則為包皮發炎、尿道炎。
膀胱炎	頻尿、尿急、小便疼痛、灼熱感，甚至血尿、小腹觸痛、不適。

資料來源：樓震平、陳宏一（1993）。

(二) 淋病

淋病也是一種很古老的疾病,罹患淋病主要是因為性接觸而感染了淋病雙球菌。男性感染後一週內,80%的患者陰莖會排出白色濃狀分泌物,漸漸形成黃綠色濃液,尤其早上睡醒時最為明顯,且有尿急、排尿次數增多情形,尿道口紅腫,且排尿時會疼痛,淋病所引起的疼痛通常是促使病人去看醫師的主要原因;女性有 80%的人沒有明顯症狀,所以女性常成了淋病的慢性貯藏所,因女性淋病在診斷上的困難,成了控制此疾病的最大困難。20%的女性可看見外陰部紅腫,如果繼續往上感染到達陰道,會引起淋菌性陰道炎、子宮體內膜炎等,影響骨盆腔內的任何器官,下腹部就會產生劇痛、壓痛及發燒,甚至會穿過骨盆影響到身體的其他部分。淋病所造成的後遺症,對女性較為嚴重,男性是副睪丸炎,女性是輸卵管炎。依據統計,這是造成女性不孕的主要原因之一,千萬不可以掉以輕心。另外,女性若懷孕生產時,淋菌在產道生存下來,當嬰兒經過產道時,眼睛會罹患新生兒濃漏眼,有失明之虞。

(三) 非淋菌性尿道炎

尿道炎可能是由好幾種病原體所引起,其中一種即是淋病雙球菌;而當尿道炎並非由淋病雙球菌所引起時,通常稱為「非淋菌性尿道炎」。目前已知的非淋菌性尿道炎有兩大類:一是由性交所引起的,另一則非由性交所引起的。非淋菌性尿道炎的病例已凌駕於淋病,典型的症狀包括,尿道有分泌物、搔癢,並且排尿時會疼痛,和淋病比較起來,非淋菌性尿道炎的症狀沒有那麼強烈。

(四) 疱疹

　　單純疱疹，簡稱為疱疹。疱疹是經由濾過性病毒所引起，分為兩型：第一型感染在口腔周圍；第二型多半在生殖器官及附近部位（如肛門），而且幾乎都是經由性接觸感染。患者感染後，受感染的部位會出現細小且癢、疼痛的水泡，一、兩日內水泡破裂，形成小瘡，雖然小瘡會逐漸痊癒而消失，但病毒卻會潛伏於神經系統內，隨時可能復發，它是一種終生潛伏在人體體內的病毒。到目前為止，單純疱疹雖然沒有藥物可以完全治癒，但是疱疹不是絕症，且可預防。

　　另外，值得我們注意的是，懷孕的婦女若感染上疱疹，在臨盆時新生兒通過產道，就會感染給新生兒使其腦部受損，造成神經方面的障礙，甚至死亡。因此，若孕婦在臨盆時若疱疹正在發病，最好進行剖腹生產，避免新生兒感染。

第二節　愛滋病

一、何謂愛滋病

　　愛滋病是一種性傳染病，全文是由英文 AIDS（acquired im-muno deficiency syndrome）直接翻譯而來，即「後天免疫缺乏症候群」。若探究愛滋病全名中所代表的涵義，「後天」表示此病並非是先天或遺傳所得到，而是出生長大後才得；「免疫缺乏」所代表的是當感染上此病時，愛滋病毒會攻擊人體的免疫系統，使得免疫系統遭到愛滋病毒的破壞，造成免疫能力下降，無法抵抗

體內或外來的微生物，最後各種的疾病都有可能發生在愛滋病的患者身上（也就是伺機性感染），就像是各種疾病的綜合體一樣，所以稱作「症候群」。

愛滋病的傳染途徑主要可分為以下幾種：

1. 血液接觸：包括輸血、注射凝血因子、共用針頭注射靜脈毒品、針灸、紋身、接觸到被愛滋病患血液污染的器械等。

2. 性交接觸：包括同性、異性間之肛交、口交、陰交等各種性行為，造成黏膜損傷，使病毒、體液有所接觸而進入體內。

3. 母子垂直感染：經由胎盤或產道造成胎兒或新生兒的感染。

血液及體液交換之所以會造成愛滋病毒的感染，其可能的原因是由於體液中愛滋病毒的含量以血液及精液為最多，而其他像眼淚、口水等則愛滋病毒含量較少，所以不會造成有意義的感染。

一般剛感染愛滋病毒時，並沒有明顯的症狀，有些人則只有輕微症狀，因此不易被察覺，此時因血液中濃度不夠，無法檢驗出正確結果，必須等到一段時間之後，才檢驗得出來，這一段時間就是「空窗期」；對絕大多數人而言，空窗期約長達為三個月。通常愛滋病病人是在感染了不尋常的伺機性感染疾病或發生卡波西肉瘤才被診斷出，這時才被稱為得了「愛滋病」。其症狀會有不明原因的體重減輕、食慾減退、腹瀉、全身淋巴腺腫脹、鵝口瘡等（見表4-3）。由此可見，感染到愛滋病毒後，並不一定會馬上發病，在這一段尚未發病的期間，即稱為「潛伏期」；而感染到愛滋病毒的人，稱為「愛滋病毒（HIV）帶原者」或「愛滋病毒感染者」。

在這裡所要強調的是，有許多人認為感染了愛滋病毒就會馬上發病，出現各種症狀，這是錯誤的觀念。在愛滋病感染後、未發病前是沒有症狀的，在這段沒有症狀的潛伏期中，若未接受檢

表 4-3　「世界衛生組織」愛滋病臨床診斷要項

主症狀	消瘦（原體重減少 10% 以上） 慢性下痢（一個月以上） 發熱（一個月以上）
副症狀	持續性乾咳（一個月以上） 廣泛性皮膚炎 反覆性帶狀疱疹 口腔、咽頭白色念珠菌症 慢性進行性廣泛之單純疱疹 全身性淋巴腺腫
小兒	上述事項加上： 發育不良（主症狀） 母體之愛滋病感染（副症狀） 反覆之感染症（副症狀）

資料來源：莊哲彥（1998）。

驗，由於感染者自己也不知道自己已經受到感染，故有可能到處去散布疾病，造成愛滋病防治上的困難。

二、愛滋病的流行趨勢

(一) 世界愛滋病的流行趨勢

自從 1981 年 6 月後天免疫缺乏症候群（AIDS）第一次正式於美國疾病管制中心（Centers for Disease Control, CDC）發表後，病例數直線上升。到西元 2018 年底為止，世界衛生組織（World Health Organization, WHO）最新公布的數字顯示，全球可能有 3,790 萬（3,270 至 4,400 萬愛滋病患與愛滋病帶原者）。事實上，目前現有的報案資料僅為冰山的一角，尚有很多未被報告或診斷

出的病例，預估實際感染人數可能是通報人數的五至十倍，且由於至今尚未出現治癒藥方，所以已成為世界各國公共衛生上的難題，因此被稱為「世紀黑死病」。

在全球遭受愛滋病侵襲的國家中，愛滋病感染者增加的數目以南撒哈拉沙漠一帶的國家最明顯，其中又以南部非洲最為嚴重。另亞洲和太平洋國家、東歐和中亞的感染人數也不斷上升。曾經有科學家於西元 1995 年時估計，所有感染上愛滋病毒的人當中，有 61%左右是在撒哈拉沙漠以南的非洲地區，而亞洲地區，特別是東南亞則是感染人數增加最快的地區，且直至 1999 年為止，愛滋病感染當中，有 95%是屬於開發中國家的人民（中華民國預防醫學學會，1995），這個資料頗值得國人注意警惕，顯示出愛滋病對於大眾的威脅。

(二) 我國的流行現況

至於亞洲的情形，在 1980 年代歐美及非洲愛滋病患數快速增加時，亞洲地區只有零星報告，甚至到了 1992 年中，全亞洲的愛滋病患人數尚不到全球愛滋病人數的 0.5%（莊徵華，1992），此現象曾造成亞洲不是疫情區的錯覺，其實這是暴風雨前的寧靜。雖然，愛滋病的問題來到亞洲的時間相對晚一些，但已愈來愈嚴重，特別是南亞及東南亞地區，為亞洲最主要的疫情區。由於亞洲占全球人口的六成，並且從感染愛滋病毒人士的行為來看，我們不應對現時的情況過分樂觀。

臺灣地區自 1984 年 12 月報告第一例美國籍病患後，於 1986年首次出現本國籍愛滋病毒感染的病患，往後開始逐年的增加。根據衛生福利部疾病管制署統計資料顯示，臺灣地區自 1984 年到2019 年 10 月，本國愛滋病感染人數共有 39,422 人，其中發病者有 18,789 人，從臺灣地區愛滋病毒感染情形圖（見圖 4-2），明

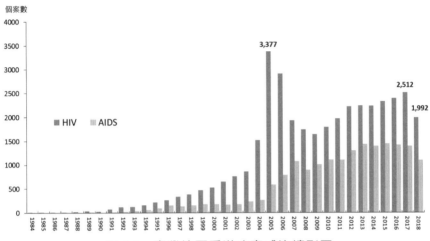

圖 4-2　臺灣地區愛滋病毒感染情形圖

資料來源：衛生福利部疾病管制署（2019）。

顯可見感染初期，感染幅度呈現急速上揚，每年以將近 20%的速度在增加中。然在政府結合國內醫藥衛生專家及民間團體投入愛滋病的防治工作，並以中央跨部會之層級，展開各項防治事宜的努力下，於 2006 年，我國新通報的愛滋病毒感染人數首度出現負成長，顯示相關衛教及防疫政策已見成效。

　　根據疾病管制署 2019 年 11 月初發布的統計資料顯示：截至 2019 年 10 月臺灣地區愛滋病毒感染者的各種途徑中，以男男間不安全性行為傳染最多，約占 64.84%，其次是注射藥癮者約占 17.98%，再者異性間的不安全性行為約占 15.8%，接受輸血感染約占 0.2%（包含血友病患）；而母子垂直傳染占 0.09%，但約有 1.1%的感染者傳染途徑不明。不過，如果就近看 2011 年之後的傳染途徑，主要都是不安全性行為感染，約佔九成五（見表4-4），尤其是男男間性行為約在八成五，而有一成異性間性行為感染。

表 4-4　2012-2018 年本國籍愛滋病感染途徑

危險因子	2012 N	2012 %	2013 N	2013 %	2014 N	2014 %	2015 N	2015 %	2016 N	2016 %	2017 N	2017 %	2018 N	2018 %
不安全性行為	2,108	94.9%	2,158	96.2%	2,149	96.2%	2,212	95.09%	2,285	95.45%	2,426	96.58%	1,834	92.03%
異性間性行為	317	14.3%	282	12.6%	252	11.3%	262	11.26%	219	9.15%	262	10.43%	204	10.24%
男男間性行為	1,791	80.6%	1,876	83.6%	1,897	84.9%	1,950	83.83%	2,066	86.30%	2,164	86.15%	1,630	81.79%
注射藥癮	85	3.8%	48	2.1%	55	2.5%	82	3.53%	74	3.09%	44	1.75%	42	2.11%
其他	28	1.3%	38	1.6%	31	1.4%	32	1.38%	35	1.46%	42	1.67%	117	5.87%
總計	2,221	100%	2,244	100%	2,235	100%	2,326	100%	2,397	100%	2,512	100%	1,993	100%

資料來源：衛生福利部疾病管制署（2019）。

　　至於在性別的分布上，依據目前的調查，男性多於女性，占
94.72%。年齡的分布上，25～34 歲的占感染者的最大宗，其次是
15～24 歲（見表 4-5），都是屬於性行為較為頻繁的年齡層，也
是屬於生產力最高的年齡層，可見愛滋病對社會之威脅。

表 4-5　本國籍感染人類免疫缺乏病毒者年齡別統計表

AIDS 診斷年齡	感染者數 累積個案數	感染者數 百分率	發病者數 累積個案數	發病者數 百分率	死亡數 累積個案數	死亡數 百分率
0～4	29	0.07%	4	0.02%	2	0.03%
5～14	30	0.08%	12	0.06%	3	0.05%
15～24	9,396	23.83%	2,129	11.33%	204	3.03%
25～34	17,109	43.40%	7,373	39.24%	1,444	21.48%
35～49	10,219	25.92%	6,992	37.21%	3,086	45.91%
50～64	2,180	5.53%	1,877	9.99%	1,473	21.91%
65 以上	459	1.16%	402	2.14%	510	7.59%
總計	39,422	100.00%	18,789	100.00%	6,722	100.00%

資料來源：衛生福利部疾病管制署（2019.11）。

三、關懷愛滋

(一) 紅絲帶與世界愛滋日

有許多人都知道，「紅絲帶」意指支持對愛滋病毒感染者或病患的關懷、接納及投身愛滋病預防教育的努力。它當初起源於紐約的一群視覺藝術家，為提醒世人所設計的絲帶識別標誌，他們希望能用他們的才能和資源，為這全球流行的疾病貢獻一份心力。紅絲帶的產生使許多對關心愛滋防治和宣導者有了統一的象徵符號，它象徵著希望，希望愛滋肆虐在將來有結束的一天，希望受難的朋友能痊癒，希望整個社會的壓力得以紓解。對於愛滋病毒感染者及病患，還有許多不眠不休、為發展有效治療愛滋病的研究工作者而言，紅絲帶象徵一個持續的提醒符號。

世界衛生組織也響應愛滋病相關活動，明定每年 12 月 1 日為國際愛滋日，鼓勵全球各國透過各種不同管道及方式，對愛滋政策發展、愛滋疫苗研究、社區愛滋預防教育、感染者及病患之醫療照顧與支持等多盡心力。

而於世界愛滋日的當日，世界各地也都會舉辦各種活動來關懷愛滋病患者，同時防範愛滋病的流行，如邀請社會福利機構、民間相關團體、醫療人員、大專院校社團等擴大舉辦，共襄盛舉，以聖潔燭火的點燃、追念逝世的病患、為感染還生存者祈福、爭取感染者的尊嚴與人權、宣誓致力免於愛滋病蔓延的威脅；與所有的感染者、相關團體機構站在同一陣線、團結一致，以各種方式宣導、教育，讓愛滋病的流行完全消失。

除了讓社會大眾能體會到感染者背後的痛楚，以及不再歧視這些生病的患者外，更重要的是希望：藉由活動的進行，能讓參

與者有多一份有效防止愛滋病的機會。

(二) 愛滋病患的故事

這是一則愛滋病患者的真實故事，只要你能敞開胸懷，他的人生將從此不再黑暗、無助。

敞開你的胸懷——不要再排斥愛滋病病人

作者：愛玲

阿保，是個人緣極佳、工作能力強的有為青年。前年因公司體檢，得知感染愛滋病。這對努力工作急於開創事業一片天的阿保，簡直是晴天霹靂！再怎麼不幸的遭遇，也從沒想過自己會有感染愛滋病的可能。不過是偶爾上上 pub，認識一些朋友，幾年來前後曾有過三個女朋友，交往的對象都單純而固定。要說不單純，也不過是有過兩次一夜情的豔遇罷了，怎麼也沒想到過，自己會感染這恐怖的病。公司裡紅得發紫的阿保得到「愛滋病」，這最勁爆的消息，很快傳遍公司的每個角落。那天開始，同事沒有再跟阿保說過一句話，老闆也不再找他開會、討論重要案子，只見桌上一張人事令，即日起調到臺南分公司上班。老闆明知阿保是臺北人，故意將他調職到南部，意圖十分明白。隔天，阿保自動遞上辭呈，辛苦經營幾年的工作成就一下子完全化為烏有。想跳槽？這下連跳槽的機會都沒有，消息很快就會傳遍同業，幾年累積的人脈也完全斷了，頓時，阿保猶如被判下地獄的無主鬼，不知自己未來的路要如何走下去？

醫院的醫師護士都鼓勵阿保，好好照顧自己的健康，按時服用醫師開的藥物，以目前醫療的進步，愛滋

病的解藥很快就會出來了，雖然阿保的健康狀況十分好，完全看不出有任何健康問題。但是，眼前一片漆黑不知明天的黎明在哪裡？怎麼談未來計畫呢？

阿保辭職後再也找不到工作，也不敢再出去找工作。只怕別人在面前指指點點，根本無法抬起頭來，以前的自信心、企圖心完全被毀。沒多久經濟就出現問題，阿保只好找 7-11 的兼職人員或送報等以勞力換取微薄的收入。心中只有怨恨、無奈！愛滋病毒根本不會從說話、同坐辦公桌、上廁所、吃飯而傳染，但為何人人見他如見鬼神、敬而遠之！公司裡上上下下人人都一邊為阿保惋惜，一邊談論著阿保可能是同性戀的可怕謠言。

什麼時候大家對愛滋病人可怕的印象才能改過來呢？事實上，愛滋病人並不可怕！只要你謹守安全的性行為，慎選性伴侶，避免共用空針、針頭，即不會受愛滋病毒感染。

愛滋病人不應永遠躲在人群黑暗處！

愛滋病人應勇敢地面對體內病毒對生命的挑戰！

愛滋病人應心中充滿希望、快樂過日子！

請每個人都能敞開胸懷，接受愛滋病病人，關懷鼓勵他們，愛滋病病人就不會隱瞞實情而能勇敢就醫，他的未來就會更平順。

請大家敞開胸懷，你將會更認識愛滋病，且杜絕愛滋病毒的入侵。

資料來源：http://ntuh.mc.ntu.edu.tw/edu/network/2-14.htm

看完了這一則的故事，不禁讓我們對於感染愛滋病的病人深

感同情。的確，在社會上，愛滋病的感染者就像被宣判死刑一樣，人人視之為毒蛇猛獸，敬而遠之！其實，愛滋病並不可怕，一般的握手、擁抱不會造成愛滋病病毒的感染，只要我們小心防範，就能避免受到愛滋病的侵襲。

愛滋病的感染者所面對的，不僅是疾病本身而已，還包括個人心理、人際、家庭和社會等多方面的壓力，只要我們肯敞開胸懷，接納愛滋病感染者，他們的人生將不再黑暗，不再是社會的孤立分子。在這裡要強調的是，其實，關懷愛滋病病人，就等於是關懷我們自己一樣，當我們接納愛滋感染者的同時，有高危險行為的人將不害怕接受愛滋檢驗、了解真相，也不致傳染給他人；同時愛滋病感染者能夠勇敢地站出來接受醫師的治療，而不再躲在社會的角落，形成反社會性的行為（如：針扎事件），相對的也是對一般社會大眾的關懷與保護。

四、預防愛滋病與其他性病

雖然現代科技如此發達，截至目前為止，卻仍然沒有疫苗可以預防愛滋病和其他的性病，下列為幾種最佳的預防方法：首先，愛滋病和其他性病是由病原體（如：愛滋病毒、淋病雙球菌和梅毒螺旋菌等）所傳染，因此避免受到感染的第一要訣就是了解性傳染病的傳染途徑，避免和感染者發生性交、肛交，或共用針頭、針筒的行為；另外，維持單一固定性伴侶，並且從事安全性行為，全程正確地使用保險套，都是保護自己免於感染的好方法。

娼妓等性服務業也是性傳染病的高危險群，應避免性交易及性服務之消費。性伴侶的人數愈多，感染機率愈大，因此，千萬不要與「個人交往史」不清楚、不了解者發生性行為。

性病防治最重要的部分就是從性教育著手，教導男女發展健

全的人際關係，以及性病的常識和預防的要點，俾使性病感染率減到最低的程度。

第三節　性病防治衛生教育

一、目前臺灣地區性病教育的現況與文獻回顧

　　目前臺灣地區針對性病方面的努力，除了在疫苗及藥物上的開發、調查與實驗性的研究不斷地在進行外，和愛滋病有關之行為研究也不少。在這些研究當中，大都是以青少年為對象進行調查，結果發現國內高中生、五專學生和大學生對於愛滋病的相關知識來源可說是相當缺乏，知道保險套可預防愛滋病傳染的學生不到 50%（邱志彥，1990；林顯茂，1986；林秀娟，1999；廖彩言，1991），且在愛滋病相關訊息來源上，也大都是來自同儕，其次為書報雜誌（朱啟蓉、周承瑤，1993）。透過這些管道所能得到的愛滋病知識，其正確性有待商榷，顯示出國內在學校的正規愛滋病教育仍要加強。在愛滋病預防的態度上，受調查的學生大都認為他們的生活環境、行為舉止及交友情形，絕不可能或不太可能感染愛滋病（邱志彥，1990），可見目前青少年對愛滋病的警覺性仍不高，此外，對愛滋病感染者普遍的態度也偏向於不接納（邱志彥，1990；林顯茂，1986；晏涵文等，2003）。在預防愛滋病的行為上，王秀媞（1998）探討有性經驗五專生之安全性行為，結果指出：有性經驗五專生採取安全性行為者僅約為五成，陳德馨與晏涵文（2004）針對大四學生進行之調查，也發現近半年有性經驗的學生，持續使用保險套者僅占 29.3%，且大都

是單純以避孕為目的，以預防懷孕與愛滋病等性病者，僅 36.5%；而在未發生過性行為者的保險套使用行為意向方面，楊金裡與晏涵文（2003）針對某夜間部二專學生進行調查，發現僅 43.8%對主要性伴侶願意每次使用保險套。此外，研究也發現愛滋病的知識與安全性行為有明顯的關係，對愛滋病有愈高的認知者，其採取安全性行為的可能性愈高（王秀媞，1998）。因此，學校應配合學生需要施以健康教育，同時，除了性知識的教導外，更應注意良好態度的培養，使學生具備維護健康之能力（廖彩言，1991）。

在針對一般民眾的調查方面，丁志音與陳欣欣（2000）發現民眾對於愛滋病的傳染特性並未有普遍了解，但多認為愛滋病的「可預防性」極高，而且個人的行為控制（自我約束）是最受重視的防治途徑。可見民眾目前正處於「準備就緒」的狀態，既有利於知識的宣導與教育，也有助於態度與行為的形成與改變。

行政院衛生署疾病管制局委託臺大公衛學院調查「保險套的使用、宣導及行銷與愛滋病及性病的預防」計畫，發現僅六成的民眾知道保險套能預防性病及愛滋病，顯示出對保險套可預防性病及愛滋病的認識不足，須再加強宣導（衛生署疾病管制局，2001）。

根據行政院衛生署人口與健康調查研究中心，於 2000 年針對臺灣地區所有高中、高職及五專在校學生進行的抽樣調查中顯示，自述已有性交經驗者男性為 13.9%，女性為 10.4%；初次性經驗的發生年齡男生平均為 15.97 歲，女生為 16.15 歲，然與異性發生性行為時，仍有 27%男性與 34%女性自述沒有避孕。但在初次性交時未採取避孕行為者，則有 61.8%男性與 58%女性，而沒有採取避孕措施最主要的原因是因為「臨時發生，沒有預備」（林惠生，2001），以上發現值得我們進一步思考，面對青少年在從事

危險性行為的同時，卻不知如何保護自己，這樣的問題，實在讓我們擔憂。

除此之外，青少年對於性病課程的實施有殷切的需求，且確實能增進學生對愛滋病的正確認識和自我保護行為。高松景與晏涵文（1995）應用行為改變理論，探討高職三年級學生經過愛滋病教育之後的效果，結果發現學生在「愛滋病及其他性病知識」的得分上有顯著的進步，且更願意接納愛滋病帶原者；在行為方面，表示更有可能採取不從事「婚前性行為」、「交易性性行為」來預防愛滋病及其他性病；而在有「婚前性行為」、「交易性性行為」時，學生表示更有可能使用保險套來預防愛滋病及其他性病。晏涵文、劉潔心、丁介陶與劉捷文（2001）針對青少年進行愛滋病預防電腦軟體的設計和效果的評價，能培養正向的愛滋預防態度，且更有決心做到預防愛滋。李淑儀與晏涵文（1999）針對國中生進行愛滋病教育，也發現愛滋病教育的推行確實能夠有效增進學生的愛滋病正確認知。此外，陳曉佩與晏涵文（2003）對大專生進行性教育的教學，介入的重點包括性知識教導、澄清價值與重建規範，也加強技能練習與精熟，介入結果發現大專生的性知識、性態度、性教育相關自我效能及同儕社會支持都能有所提升。以上結果顯示出，在學校教導有關愛滋病及其他性病的性教育不但是學生的需求，且也證實有很好的效果。經由這些實證資料，負責校園防治愛滋病及性病的教育行政機關，可更有信心來積極推動在學校實施有關愛滋病及其他性病的性教育教學活動。

國內有關性病教育的課程，在正規的學校教學課程中，所占比例仍然不高，且單元的教學目標多著重於疾病的認知部分，對於如何去預防受到疾病感染卻未提及，而老師在教導上也較少具體教導保護自己的技能。吳瑞文（1998）針對臺北縣國中做性教

育現況調查時發現，國中性教育上課方式以一般講授方式居多，有半數不到的學生表示曾於校園內取得相關資料，內容多數為青春期生理變化與人際關係，而性病與懷孕的資料則較少。

另外，教師在進行教導時有困難和障礙。其主要的困難在缺乏教材、專業訓練，及相關的知識。其中護理教師所面臨的困難比健康教育及輔導教師低，而未接受研習的教師在教學困難上比接受研習的教師高；但曾接受有關愛滋病防治教學研習的教師不到半數，其中以護理教師居多，其他如健康教育和輔導老師均不到三分之一（晏涵文、林燕卿、白瑞聰，1996）。晏涵文等人在2001和2002年分別針對國民中學及國民小學教師進行調查，發現教師的性教育專業知能表現中等，而在性教育評量運用能力和性教育教具及媒體使用能力表現方面，教師皆自覺為最差（晏涵文等，2001；晏涵文等，2002）。因此，如要克服教師在教學上的困難，也需要教育、衛生機構及有關的民間團體合作及規劃，逐年對國中、高中職及大專相關科目的教師進行在職進修，尤其是高中、大專的男生無護理課，如何調訓輔導老師或以其他方式實施，值得關心。

二、對抗性病的良策——衛生教育

愛滋病剛出現的時候，很少人能預見這個疫症的蔓延趨勢，知道如何有效對抗它的人當然就更少了。如今，隨著新世紀的開始，我們知道愛滋病可以破壞整個地區，拖垮國家的發展，使國家與國家之間的貧富差距程度擴大，更將這批已被標籤化的人群推向社會的更邊緣。從過去的經驗知道，如能及時運用一套正確的方法，就可以有效減低感染率及減少因之而受害的人數。

「愛滋病正在不斷蔓延」，這個事實似乎無可避免，除非實

行有效的措施對抗此疫症，否則將來的結果會比過去更加嚴重。

世界衛生組織對如何防治愛滋病提出七大策略：(1)健康促進；(2)預防危險行為；(3)改變危險行為；(4)減少危險行為所造成的暴露；(5)預防及治療性病患者；(6)去除外來的障礙；(7)對感染者的支持（引自許須美，1994）。由此可見，愛滋病雖是危險行為所造成，其預防方法仍不脫離初級預防、次級預防與三級預防的模式。由此七大策略來看，可知每一項均須藉由衛生教育（health education）方能盡其功，以下就由公共衛生教育和學校衛生教育在愛滋病防治上的做法做一詳細的介紹。

(一) 公共衛生教育策略

愛滋病是全球共同的健康問題，因此世界各國均將愛滋病的防治視為公共衛生上的重要議題。茲將愛滋病在公共衛生教育上的做法做以下的介紹。

1.針對高危險群優先從事衛生教育

目前已知的高危險群有：性關係複雜的異性戀和雙性戀、同性戀、血友病人和吸毒者。應幫助他們了解自身的危險性，採取行動，保護自己，預防疾病。當然，社會制度也應保護他們，讓他們知所感謝，全力配合。

2.加強一般民眾公共衛生教育

雖然醫學技術一日千里，但至今仍然沒有愛滋病疫苗和愛滋病特效藥問世。因此，愛滋病的主要防治還是在於全民衛生教育的普及，包括工作場所、醫院、社區及一般民眾有關預防愛滋病衛生教育的實施，並且發起社會運動，喚起社會的危機意識，進而支持防治愛滋病的相關工作。利用各種宣導方式，指導民眾採取保護性措施，例如固定性伴侶、使用保險套、不共用針筒、牙刷或刮鬍刀等，以阻斷愛滋病毒的傳播。

3.藉由大眾傳播傳遞愛滋病的正確觀念和訊息

設計良好的衛生教育媒體宣導是目前愛滋病傳播最可行的公共衛生策略（Brown, 1991）。國內多數研究結果顯示，一般民眾的愛滋病主要資訊來源為大眾傳播媒體（邱志彥，1990；黃淑貞、徐美苓，1990）。經由設計完善的大眾傳播媒體報導，可提高民眾對愛滋病的警覺，更能帶動其他團體發起愛滋病防治計畫，發揮媒體的倡導作用（Simkins, 1994）；但大眾傳播媒體也可能使民眾產生恐懼與不安。宣導短片等製作水準若能提高，可有效達成某些特定目標，例如：告知愛滋病的服務電話、勸導高危險群接受篩檢等。

4.透過有組織的社會力量來從事愛滋病衛生教育

公共衛生工作須透過有組織的社會力量，才能事半功倍，除了軍隊、學校之外，一般民間團體也應多加利用，共同合作。

此外，工作場所也是推行愛滋病衛生教育的一個不錯的地方。工作場所組織有系統，向心力較強，教育時間可彈性運用，而且員工受教育的過程中比較容易掌控，因此工作場所的衛生教育是有效率的。工作場所員工大都年輕力壯，社交活動頻繁，性的需求亦高，若對愛滋病認識不夠，感染愛滋病的機會便相對的提高，故推動工作場所愛滋病防治衛生教育，可增加員工對愛滋病的認知，使員工了解預防愛滋病的方法，減少員工罹患愛滋病的機會，避免企業生產力降低。

5.給予醫院中醫事人員在職訓練

醫院中醫事人員在職訓練的推行，一方面協助他們做好面對病人的準備，同時也能促使他們有效教導一般民眾。雖然醫護人員由工作上感染愛滋病的機會不多，但因為美國曾經發生過醫護人員被感染的例子，所以醫護人員亦須接受在職教育，使其學習如何保護自己，避免自己被傳染愛滋病，也是當前重要的課題之

一。

6.推行拒絕愛滋全民運動

推行的重點，主要在倡導愛的家庭，包括尊重配偶、關心子女、加強夫妻的溝通、避免婚前與婚外性行為。同時，加強安全性行為，包括單一固定性伴侶和正確全程使用保險套，作為未來愛滋病防治宣導教育的主要方向。

7.說服決策者，增加經費從事必要的愛滋病篩檢與治療工作

實施大規模的篩檢，對象包括：從事特種行業者、役男、毒癮患者、血友病患者、孕婦及外籍勞工，以發現潛在的愛滋病感染者，篩檢結果將陽性病例及感染者列為治療及追蹤管理的對象。在醫療院所設立愛滋病治療中心，使愛滋病患獲得應有的醫療照顧。

8.做好愛滋病感染者的管理、輔導與追蹤

個案經檢驗確定為愛滋病感染者，即列冊加強管理，並予以輔導與追蹤，進一步掌握個案的狀況，避免感染者個案或病患從事危險性的行為，散播愛滋病毒，減少社會成本付出，確保大眾健康。並成立諮詢單位協助病患及家人、朋友和性伴侶，面對問題和解決問題。

(二) 學校衛生教育策略

所謂「預防勝於治療」，愛滋病的防治必須由根本做起，因此學校在愛滋病防治上也扮演著重要的角色。學校的愛滋病教育可分為健康教學、健康服務，和健康環境三大方面，茲將愛滋病在學校衛生教育上的做法來加以討論之。

1.健康教學方面

(1) 將愛滋病教材編入中學與健康教育相關課本成為正式課程

目前有關愛滋病及其他性病的教學，在國小高年級、國中至

高中的健康教育課綱及教科書中，無論是介紹相關疾病及其傳染途徑，或是預防、保健方法與關懷行動，都有涵蓋其中。其教學目標不僅單單是強調知識的吸收而已，同時也在教學的方法上建立學生正確的態度，採取正確的預防措施，而獲得相關的資料來源也是教學的重點之一。

美國疾病防治中心曾經發布對性傳染病的教育指導政策：「性傳染病的教育政策是要教導學生預防性傳染病的正確方法，認識性傳染的診療措施，協助其和性伴侶接受診療。」而且還進一步提及，愛滋病的教育課程應以生活行為作為考慮，以下所列的行為可視為愛滋的課程基礎（陳美伶、黃厚華譯，1994）：

- 避免暴露於愛滋病毒下的性生活；不與人共用針頭、注射器。
- 如果有人有愛滋高危險行為，則注意其有關愛滋病徵的狀況。
- 當處在非常有機會感染愛滋的情況時，應尋求醫學上的指導。
- 若一個人被診斷出有愛滋病毒，則應安排其性伴侶或使用注射器的同伴去尋求醫學上的診療。
- 若一個人被診斷出有愛滋病毒或症狀時，則須遵照醫師的診療。
- 支持愛滋教育、研究、診療及愛滋患者的權力。
- 提供正確的愛滋知識和勸告。

(2) 設計製作及蒐集愛滋病預防的補充教材教具

設計、製作適合各級學校學生的單張、摺疊卡、小冊、視聽教材如投影片、影片、DVD等，可增加課程的活潑度、增加學生的學習興趣，同時，也可成為學生的課外補充教材。

(3) 舉辦愛滋病預防的衛生教育活動（見圖4-3）

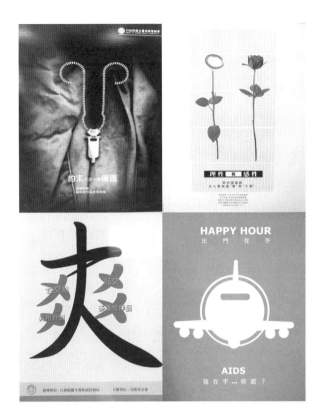

圖 4-3　愛滋宣傳海報

註：衛生署疾病管制局與杏陵基金會，於 2001 年舉辦「全國預防愛滋衛生
　　教育宣導品創作比賽」，圖為得獎海報。

　　如徵文、壁報、演講等比賽、座談及放映影片。國內已有相
關的研究證明衛生教育活動的舉辦有助於目標群體的健康促進（陳
九五、蕭介宏，1997），且國內也有許多研究結果顯示，青少年
的資訊來源多為大眾傳播工具（邱志彥，1990；朱啟蓉、周承瑤，
1993；陳九五、蕭介宏，1997），因此建議衛生署或相關機構，
在推出宣導活動之前，考慮將大眾傳播與學校教育結合的可行性。
而學校亦應掌握時機，運用現成的大眾傳播教育計畫，告知學生

並督促學生去收看或收聽,使學生達到有效的學習(鄭其嘉、晏涵文,1996)。

(4) 舉辦愛滋病預防的教師在職訓練及設計愛滋病課程模組(module)

教師是教學計畫成敗的關鍵,在進行學校愛滋病衛生教育之前,必須辦理此一活動。其目的除了增進教師教學上的能力之外,也教導老師當面對愛滋病時應如何因應。

我國已有兒童愛滋病患,為減少家長恐慌及增加教師處理及對待愛滋病童、其他學童與家長的能力,教育界實有必要加強教師有關愛滋病的知識,以及有效引導並教育、諮詢學生及家長的能力。國外曾經有研究指出,教師對罹患愛滋病的孩童多半沒有足夠的知識及心理上的準備(Brucker & Hall, 1991)。也有研究指出,愛滋病不會經由孩子的團體活動,包括接觸、擁抱或使用浴室設備感染,照顧罹患愛滋病的成人和其家庭成員亦未受到感染(Black, 1986)。Lifson 與 Hwang(1988)指出托兒中心的照顧人員及其他中心的小孩尚未有因愛滋帶原孩童而感染的病例。Hirsch 與 Kaplan(1985)認為教育專業人員應知道健康照顧人員雖有高度接觸愛滋病患的頻率,但因而感染的病例卻微乎其微。由此可見,教導教師如何處理班上有愛滋病童的情況,也是研習活動中的重點之一。同時,也應該讓教師了解到,在適當的保護下照顧愛滋病童,並不會受到感染。

美國小兒科醫學會(American Academy of Pediatrics, AAP)建議教師及保育人員:(1)當接觸病童體液後都須洗手,必要時戴手套以免接觸體液;(2)當教育或保育人員害怕愛滋感染者參與其班上活動時,學校行政人員應有責任發展教育專案及提供支持的活動,同時提供家長及教師最新有關愛滋感染的資訊,並聲明學校有應對感染愛滋病童的對策(顧豔秋,1997)。教師除了不恐

懼愛滋病童，同時具備教育孩童的能力外，也要具有自我保護的能力。

為能有效培育愛滋病防治教育師資，財團法人杏陵基金會歷年來辦理多次「校園愛滋病防治教育種子師資培訓」研習會，欲藉此培育學校愛滋病防治師資，使之協助推廣各縣市政府及各級學校或相關單位之愛滋病防治教育活動。該研習課程有別於其他的教師研習，在研習課程的安排上，不僅止強調知識、態度層面的課程，更特別的是，還安排有強調技能學習與實際回饋的「愛滋教育／性教育教學教案模擬演練」、「專業演講訓練」及「五分鐘個人演說試講」等課程，以求真正能培養教師的教學技巧，以及演講、教學等能力。杏陵基金會進一步針對與會的種子教師們進行成效評量，結果顯示該研習活動對研習教師在愛滋病防治的知識、態度和教學自我效能上都有所提升。而學員也被要求必須在課程結訓之後半年內，在校園和社區進行愛滋防治教育推廣，方可成為正式愛滋種子師資，以確切落實種子師資的培育計畫。這樣的師資培訓計畫透過完整的教導，提供有系統的知識、態度和教材教法，甚至資源單位資料等，給從事相關教育宣導工作的政府及民間單位作為參考，以期防治工作能向下扎根。

2.健康服務方面

(1) 安排師生血液篩檢活動

針對高危險學生進行血液篩檢與輔導，尤其對於有藥癮及偏差性行為的孩童應予以監測。此外，愛滋的血液篩檢將牽扯到道德問題，因此篩檢的工作必須包括諮商的計畫、足夠的保密與不被歧視等原則。篩檢的計畫必須包含篩檢前、後的諮商，諮商的內容包括結果的說明，加強身心行為的調適能力，教育並鼓勵已感染者或疑似感染者改變危險行為。任何的篩檢行為必須注意到保密與不被歧視的問題，篩檢名單的曝光，將會對感染者造成傷

害。

(2) 對愛滋病的學生提供諮詢服務

提供愛滋病感染學生相關妥善的輔導和諮詢服務，並且尊重個人的隱私權，做到絕對的保密。

(3) 學校愛滋病的疫情監控及個案的追蹤

對於校園內的疫情能夠加以掌握監控，充分了解校園中帶原者有哪些、高危險群有哪些，並且能加以建檔與追蹤，作為校園內愛滋防治的重要一環。

3.健康環境方面

學校有責任提供一個「安全」的學習環境，讓健康學生可以專心地學習，免於愛滋的恐懼；對於感染的學童來說，也能在該環境中自由地學習，免於被嘲笑；以上所提要點，都需要健康教學和健康服務的密切配合才能達成。同時，學校也應該以一種不限制的態度，來允許感染愛滋病毒的學生就學。

另外，要有健康的學校環境也需要政府的政策來配合，加強落實愛滋的預防教育及與學校結合的政策宣導，來建立學生正確的知識、態度和自我保護的行為。

(三) 不同階段宜有不同的衛教內容

愛滋的宣導或教育的推行，應該確保學生能接受到有關於愛滋病的必要資訊，針對不同階段的接受者應有不同的教導目標和內容。學校同時也應提供機會讓學生去學習有關影響預防愛滋感染行為的情緒與社會因素。

小學低、中年級的愛滋病教育，主要以減少學生對愛滋病流行和被感染的過度恐懼外，也可滿足他們對周遭世界的好奇，以及避免萬一社區、學校和鄰居有人感染愛滋病時的負面反應。

小學高年級的愛滋病教育，主要是教導學生認識愛滋病為一

種經由病毒感染的傳染病，了解臺灣的流行現狀，愛滋病毒不會經由接觸、呼吸或食物而傳染，不要對愛滋病感染者產生不必要的排斥行為。

國中的愛滋病教育，主要是教導學生了解免疫及人類後天免疫缺乏病毒（HIV）、愛滋病的傳染途徑、愛滋病感染者與患者的不同、避免危險行為和性病的檢驗與追蹤等。

高中以上階段的愛滋教育，除了愛滋病世界流行趨勢、我國流行現狀及趨勢、伺機感染及症狀等知識外，應針對感染愛滋病毒的危險行為進行價值澄清及模擬情境做決定的過程。

學校應爭取足夠的時間和資源，以使得學校愛滋教育計畫能有適當的社區配合，有設計完善的課程，有經過良好訓練的老師來實施，如此才能確保學生都達到該年級所定的教學目標。

以學生為中心的多樣教學法，讓學生能充分參與、討論、發問，尤其是經歷不同情境的行為抉擇與改變，加上具體有效的評價。如此實施的學校衛生教育計畫，對防止愛滋病的蔓延必然有極大的成效。

教育與衛生主管機關若能合作，從現在開始正視愛滋病教育在學校實施的重要性，立即採取行動，對我國防止愛滋病蔓延必能發揮立竿見影的效果（Tolsma, 1988）。

「預防勝於治療」，愛滋病是整個社會的問題，要根絕愛滋病對社會的侵害，唯有透過衛生教育從根本做起，方能達成。由學校衛生教育著手，建立新一代主人翁正確的預防愛滋病之觀念和技能，作為基本的策略，再加上公共衛生教育的實施，即能有效遏止愛滋病患個案的產生，以降低感染的機會。

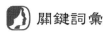 **關鍵詞彙**

性傳染病（sexual transmitted disease, STD）

梅毒（syphilis）

淋病（gonorrhea）

愛滋病（acquired immuno deficiency syndrome, AIDS）

衛生教育（health education）

自我評量

1. 說明如何預防性傳染病。

2. 仔細想想，如果我有一位好朋友得了愛滋病，我會如何做呢？

3. 如果我是學校中的衛生組長，我要如何來推動校園中的性傳染病預防教育。

4. 如果我是疾病管制署長，我要如何來推動國家的性傳染病防治？

參考文獻

一、中文部分

丁志音、陳欣欣（2000）。預防為最上策——民眾的愛滋病性病防治信念與對保險套的看法。**中華衛誌**，**19**（3），180-191。

中華民國預防醫學學會（1995）。**愛滋病面面觀**。取自 http://www.aids.org.tw/aids/aid01.htm

王秀媞（1998）。以 precede 模式探討有性經驗五專生之安全性行為。**護理研究**，**8**（3），349-361。

行政院衛生署疾病管制局（2001）。**後天免疫缺乏症候群第三期五年計畫（草案）**。臺北：衛生福利部。

朱啟蓉、周承瑤（1993）。暑訓大專新生對愛滋病之認知程度的調查研究。**護理雜誌**，**12**，25-35。

李淑儀、晏涵文（1999）。國中愛滋病教育介入效果研究。**台灣性學學刊**，**5**（1），8-18。

吳瑞文（1998）。**臺北縣國中性教育現況調查**。國立陽明大學護理所碩士論文。

邱志彥（1990）。臺灣地區高中學生對預防後天免疫缺乏徵候群的健康信念與行為調查。**公共衛生**，**3**，256-272。

林顯茂（1986）。**臺灣高屏地區青少年性心理之研究**。高雄市海青高級工商職業學校研究報告。

林秀娟（1999）。**南區大學生依附類型與其性知識、性態度、性行為之關係研究**。國立高雄師範大學輔導研究所碩士論文。

林惠生（2001）。**臺灣地區高中、高職及五專在校學生之性知識、性態度及危害健康行為與網路之使用**。亞洲青年之社會與健康風險──問題與政策國際研討會。

晏涵文、林燕卿、白瑞聰（1996）。教師愛滋病教學現況、態度及需求研究。**台灣性學學刊**，**2**（2），1-17。

晏涵文、劉潔心、丁介陶、劉捷文（2001）。青少年愛滋預防電腦軟體設計及其效果評估。**台灣性學學刊**，**7**（1），1-12。

晏涵文、劉潔心、劉捷文（2001）。國民中學健康教育教師性教育專業知能與進修需求研究。**衛生教育學報**，**16**，203-230。

晏涵文、劉潔心、林怡君（2002）。國民小學教師性教育專業知能與進修需求研究。**台灣性學學刊**，**8**（2），28-50。

晏涵文、劉潔心、廖梨伶（2003）。臺灣地區國中生愛滋病衛生教育實施成效之現況調查與評價。**台灣性學學刊**，**9**（1），66-85。

高松景、晏涵文（1995）。愛滋病及其他性病教學實驗研究。**台灣性學學刊**，**1**（1），47-63。

陳九五、蕭介宏（1997）。愛滋病圖版展覽對愛滋病認知及態度改變之評估研究──以高雄市中學為例。**衛生教育論文集刊**，**10**，179-191。

陳美伶、黃厚華（譯）（1994）。美國愛滋病教育：課程與政策。
　　環境科學技術教育專刊，**8**，33-54。

陳曉佩、晏涵文（2003）。大專生性教育介入效果研究。**台灣性
　　學學刊**，**9**（2），77-93。

陳德馨、晏涵文（2004）。大四學生持續使用保險套之影響。**台
　　灣性學學刊**，**10**（1），55-72。

莊哲彥（1998）。**愛滋病新知**。臺北：臺灣醫學會。

莊徵華（1992）。目前愛滋病在亞洲的情況。**愛滋病防治季刊**，
　　12，20-21。

許須美（1994）。從臺灣地區愛滋病的流行病學探討預防措施。
　　醫學繼續教育，**4**（2），147-152。

黃淑貞、徐美苓（1990）。大臺北地區愛滋病媒體宣導與民眾知
　　識、信念與預防行為意向研究。**衛生教育學報**，**13**，143-
　　164。

楊金裡、晏涵文（2003）。某夜間部二專學生使用保險套行為意
　　向之研究。**台灣性學學刊**，**9**（2），1-18。

廖彩言（1991）。中部五專學生對愛滋病之知識、態度、求知意
　　願的調查研究。**中臺醫專學報**，**6**，229-254。

衛生福利部疾病管制署（2019.08）。**愛滋病統計資料**。取自 https:
　　//www.cdc.gov.tw/File/Get/OOag1DQKPTHDR6vLfWkLSQ

鄭其嘉、晏涵文（1996）。高職生對愛滋病知識、態度和行為意
　　向受教師介入及宣傳媒體影響之研究。**台灣性學學刊**，**2**
　　（2），26-39。

樓震平、陳宏一（1993）。性病（含愛滋病）防制措施之探討。
　　臺灣醫界，**36**（5），39-42。

顧豔秋（1997）。衛生教育與愛滋病之預防。**醫院**，**4**，47-57。

二、西文部分

Black, J. L. (1986). AIDS: Preschool and school issues. *Journal of School Health, 56*(3), 93-95.

Brown, W. J. (1991). An AIDS prevention campaign: Effects on attitudes, beliefs, and communication behavior. *American Behavioral Scientist, 34,* 666-678.

Brucker, B. W., & Hall, W. H. (1991). AIDS in the classroom: Are teacher attitudes changing? *Early Child Development and Care, 77,* 137-147.

Hirsch, M.S., & Kaplan, J. C. (1985). Prospects of therapy for infections with human T-Lymphotropic virus type III. *Annals of Internal Medicine, 103*(5), 750-755.

Lifson, J. D., & Hwang, K. M. (1988). Synthetic CD4 peptide derivatives that inhibit HIV infection and cytopathicity. *Science, 240* (4870), 710-714.

Simkins, L. D. (1994). Update on AIDS and sexual behavior of college Students: Sevenyears later. *Psychological Reports, 74,* 208-210.

Tolsma, D. D., et al. (1988). Guidelines for effective school health education to prevent the spread of AIDS. *Journal of School Health, 58* (4), 142-148.

第五章

性心理、同性戀與性偏差行為

學習目標

1. 了解性心理發展的各種理論
2. 認識同性戀，並接納同性戀者
3. 了解性偏差的種類、發生原因
4. 認識性侵害事件對女性的傷害及預防之道
5. 發現性侵害事件的個人及社會文化因素

摘要

　　人類的性行為從嬰兒期即開始出現，例如撫弄生殖器官，而一直到青春期因性器官的發展及內分泌的因素，性行為才更受到重視。性的心理隨性行為的發展，也受到學者及眾人的關注。有關性心理的學說及理論很多，但最廣為人所知，也最被引用的是 Freud 的性原慾論。性原慾論的主要概念為：性的慾念是人類一切動力的來源，從出生即開始，而非青春期。性慾念終人類一生都是存在的，性心理的發展也有其大同小異的階段。Freud 理論中也強調童年期的性心理發展對後來的成人行為有重要的影響。

　　同性戀是性傾向的不同。我們對同性戀的判斷指標應有更清楚的了解，同性戀已不再被認為是一種精神疾病。同性戀的成因，科學上仍未有答案，但同性戀者因屬社會中的少數，生活中有許多困擾，社會應協助他們生活得更健康。

　　性心理一如人類的其他行為一樣，正常與偏差之間有時很難界定，端視一個社會的規範和態度而定，而且也因時代變遷有不同的解釋和看待。已被確定且案例較多的性偏差行為包括了：暴露狂、窺伺症、易裝癖、性虐待狂……這些性偏差者絕大多數是男性，女性極少。這在解釋性偏差行為中性別的差異時，男性在性心理及性行為上的發展較為坎坷。性偏差行為中最嚴重的一種就是性侵害（強暴）。性侵害對女性的傷害，不僅是身體的，也是心理的。然而強暴不同於其他暴力傷害，性侵害的受害者經常受限於社會對強暴案的錯誤想法，因而受到二次傷害，這也使得性侵害案件遠低於其他刑案的報案率。性侵害事件的發生除了施暴者個人因素外，社會環境也有著推波助瀾的作用，值得大家省思。

　　探討性心理和性行為，都是在了解人類行為的一種方法，用心理學的角度去探索了解人類行為的多樣性。所有人成長的過程雖然大同小異，然而各人都擁有自己個別的生命經驗和行為的表達，因此每個人仍是一獨特的個體。本章的撰寫主要在呈現有關性的一些真實面目，俾能有益對自己和他人的了解。

第一節　性心理

　　人的性行為在嬰兒時就已開始發展，很多小孩有意無意之間發現摩擦性器官會得到特殊的快感，特別是在男孩身上可見到類似自慰的性行為。伴隨這些行為，性心理的發展也一直在內在運作。性心理是指個人對與性有關的認知、感覺與行為反應。**性心理發展**（psychosexual development）的學說包括下面較常被討論的幾種。

一、生物論

　　此理論重點在強調性心理發展主要受到生物學上男、女兩性不同的影響。在生物論中，有人更強調基因選擇的影響，稱為「基因學派」，如：XYY 染色體的人有較暴力的傾向等。

二、行為論

　　此理論的學者以 Skinner 為代表，強調可以測量的行為才能具體呈現人內在的心理運作，對情緒、感覺和潛意識等抽象思考，就不在研究的範圍中，因為人的行為顯現他們內在的心理反應。

理論的重點在表明環境中的增強和處罰決定了我們的行為，這個過程稱為操作制約學習。

對於大多數有關性的行為中，愉快的刺激增強了一個人繼續他的行為方式，例如一個人想發生婚外情或辦公室戀情，一定是有個他喜歡而且有趣的「增強物」存在——例如和異性同事談笑十分融洽自得，或有機會和異性同事共處時，有意想不到的刺激，和日常平淡的生活大不相同，這些正向的增強會引起不妨試試的念頭。另一方面說來，如果一個人在他的第一次婚外性行為時就發生勃起障礙的話，這麼糟糕的經驗會使他不願再嘗試婚外性行為。因此，行為論發展出了「嫌惡治療」的方法。

三、社會學習論

此理論重點在於說明，人的行為會因為受到獎勵而增強，受到處罰而削弱。學習理論也強調模仿和認同在性心理發展上的重要。Bandura 認為家庭中的性別角色是我們重要的學習來源，我們認同同性別的父親或母親，我們模仿他們的言行舉止，這些有助於對自己性別的認同，同時也因為父母的獎勵更增強了這種性別的行為。如果情況不是這樣，而是一個男孩子認同他的媽媽，學媽媽的穿著和動作，許多人就會嘲笑或處罰他這樣的舉動。在這種狀況下，男孩子學會避免模仿媽媽，而轉向認同爸爸。不可忽視的是，同儕間的壓力也影響性心理的發展，同性別的同儕傾向鼓勵某種行為，大家就會去模仿。如有些男校學生流行玩「阿魯巴」，女生喜歡串珠珠手鍊，如果有男生串珠珠或女生來玩「阿魯巴」，結果應該可想而知。至於其他的學習，還包括了模仿電視媒體中的人物態度，和社會中蔚為風潮的性別價值觀，這些都會影響我們對性的態度。

四、社會心理論

　　此理論在研究社會文化如何影響人們的性行為。雖然說性是一種本能，但不同社會有其特殊對兩性角色的看法，和對「性」的觀點。例如在南太平洋某些小島的女性很早就能充分享受性活動，年長一點的女性也會教年輕的女孩們達到性高潮的方法。而在歐洲某些地區，「性」備受壓抑，而且性只為生育而來，性行為時，雙方穿著衣服，只有性器官露出來。

　　社會制度中的家庭、宗教、經濟、醫學、法律和大眾傳播媒體也都影響著人對於「性」的想法。例如家庭傳遞性的價值觀給下一代；天主教反對婚前性行為和墮胎；有些宗教對某些性議題有強烈的態度，如婚前或婚外的性行為、同性戀、性變異、墮胎、自慰、避孕和性教育，這些都是大家所熟知的。美國的經濟是建立在資本主義上，金錢的價值可以決定一切，賣淫、色情文學、情趣商品店、紅燈區和控制生育的方法都可以因買賣的需要而存在，但這些在別的社會中，可不一定被允許出現。

　　醫學對性的界定也影響人們的觀點。例如許多年前，醫學界認為手淫（自慰）和同性戀是一種心理疾病，需要矯治；中醫認為手淫（自慰）會造成腎虧，而現在這些觀點都改變了，人們對自慰的罪惡感、對同性戀的看法也隨之調整了。在這其中，大眾傳播媒體居間傳播了這所有的規範和訊息，也提出其他有關性的議題，如肛交、婚外情、同性戀（homosexuality）、雙性戀等，這些在在影響了人們對性的態度和想法。

五、性原慾論

現代心理學在討論人類的性行為時，最常被討論，也最常被提及的性行為發展理論是 Freud 的**性原慾**（libido）論。性原慾是一種內在的生命本能，其基本概念有三項：

1. 性是人類一切動力的來源。

2. 性始於出生，而非青春期，是終其一生存在的。

3. 性心理發展有一大同小異的階段，這些階段如下所述：

   (1) 口慾期（oral stage）（0～1 歲）：嬰兒藉口腔的吸吮動作獲得滿足及減輕焦慮，完全以自我享樂為中心，若受到挫折，如斷奶、被忽視，或受虐待，則易形成依賴、悲觀、飲食不正常、物質濫用，及其他精神病的根由。

   (2) 肛慾期（anal stage）（1～3 歲）：經由排泄獲得快感，也同時學習是非對錯的價值觀，使得個人從完全自我為中心向「超我」萌芽，但性格仍然固執而極端。如果遇到太多的約束，會發生反抗，及與一些慷慨、吝嗇、潔癖、拖延等個性，或與強迫性人格有關。

   (3) 性蕾期（phallic stage）（3～6 歲）：此時已有性別的觀念，而性器官成為快感的來源，有時會藉自慰來滿足或減輕焦慮。有弒父戀母情結、閹割恐懼、陽具羨慕、退化行為和矛盾情感等現象。如果沒有順利解決弒父戀母情結，很容易造成性別角色模糊、同性戀等問題。

   (4) 潛伏期（latent stage）（6～11 歲）：此時喜歡與同性夥伴相處，對異性父母肢體上的關愛動作，如擁抱、

親吻等顯得不自在。如在此期未得到支持和鼓勵,容易形成自卑、焦慮或反抗等偏差行為。

(5) 青春期(adolescent stage)(11～14歲):因性激素的影響,身體的第二性徵出現。愛打扮且重視外貌,與異性發展成熟和親密關係。若是發展異常,則容易和異性產生疏離感,或不正常的依附關係。

第二節　同性戀

人們對性伴侶的性別選擇,稱之為性傾向(sexual orientation)。異性戀者對異性有吸引力,性伴侶為異性,兩性關係可發展為親密關係;而同性戀者的性傾向不同,產生吸引力的對象為同性而非異性;另有雙性戀者,對異性、同性均可發展為性伴侶。

有人將性別認同(gender identity)與性傾向混淆,其實同性戀者很清楚自己的性別,並沒有變性的慾望。同時,同性戀者也沒有扮異性的喜好,大多數扮異性症者為男性異性戀者。

同性戀不僅在性愛取向上是同性,在心理、感情和社交上,有吸引力的主要對象也都是同性別的人(見圖 5-1)。

一、同性戀的判斷指標

同性戀的判斷指標如下(Gadpaille, 1989):

1. 有一種自己無法抑制,想要與同性有親密行為的想法,包括想與同性親吻、愛撫,甚而相互自慰、口交和肛交。
2. 情感和慾望的對象,只限於同性,對異性沒興趣。
3. 渴望與同性互動,包括書信與談話,甚至為之神魂顛倒。

圖 5-1　男同性戀者

　4.經常會感覺孤獨，有較強的抑鬱感，部分人尚有罪惡感、
　　羞恥心。

　　但不包括偶發性的，如情境性同性戀——在軍中、獄所等特
殊單一性別的情境下發生的；金錢交易同性戀等。

　　對同性戀的正式認定應以精神醫療的診斷為主。從美國精神
醫學會出版的《心理疾病診斷統計手冊》（DSM）各版本修定
時，對同性戀的認知改變，可了解同性戀的演化過程。1960 年初
DSM 第一版，將同性戀列為「社會病態人格中性異常」；DSM
第二版（1968），同性戀被改列為「人格失常與其他非精神性心
理疾病」；DSM第三版（1980），不再視同性戀為精神病，只有
「自我認同困難同性戀」，簡稱自厭型同性戀，也就是對自己同

性戀取向不滿意的人，仍列在疾病項目中。

　　DSM第四版於 1994 年出版，包括 297 種病症，在 1994 年第四版（DSM-IV），也是目前使用的精神醫學的診斷統計手冊中已經看不到同性戀的字眼了，只有當患者對自己的性傾向感到持續而顯著的痛苦時，才列為性疾患的分類下。DSM第五版則於 2013 年出版。

二、同性戀者的困擾

　　由於社會上絕大多數的人為異性戀者，同性戀者係少數，估計約在 3～6%，加上民眾對同性戀的了解有限，心存歧視，造成同性戀者不少困擾。

1. 性傾向不明。雖然自己知道喜歡與同性交往，對異性沒有「性」趣，但別人不知道，所以無法拒絕異性的追求，或被指責不追求異性，容易造成性別衝突。

2. 找對象不易。由於人數少，相較於異性戀者更難找合適的對象。

3. 社會的歧視。不同的社會對同性戀的接受程度不一，但都有或多或少的歧視。因此同性戀者在工作選擇上較傾向自由業，如作家、藝術家等。家人的接納度也不夠，很多同性戀者不易得到家人的諒解。

4. 性生活不協調。同性戀者的性行為，不易達到性的滿足，也成為經常更換對象的原因（晏涵文，1993）。

三、同性戀成因

　　為什麼有些人的性傾向不同於多數的異性戀者？到底形成同

性戀的原因為何？學者一直在研究這些問題的解答。

(一) 先天生理因素

有人認為是先天的生理因素：男性大腦中負責性傾向的中樞神經系統，如未能與身體其他部分同時男性化，男性荷爾蒙的分泌出了問題，則成為男同性戀的機率增加；而女性如有過多的男性荷爾蒙和較低的動情激素，也較易成為女同性戀者。

(二) 後天家庭因素

通常都與家庭環境及成長經驗有關。尤其是在四到六歲的性別認同期，和由青少年進入成年期前的階段，也就是 Freud 所說的同性戀期。特別是一個強勢、過度保護的母親配上一個軟弱、無力而又有敵意的父親，會使得男孩缺乏男性形象的適當認同（彭懷真，2000）。

雖然，先天生理因素和後天家庭因素都能提出一部分解釋，但直到目前為止，科學上仍未有明確而肯定的答案，也欠缺驗證嚴謹的完整理論。

科學將會繼續研究同性戀，而我們個人不能因別人的性傾向與我們不同而排斥之，讓同性戀者更健康地生活在社會中，這個社會也會更健康。

四、接納並尊重同性戀者

同性戀者雖然和我們生活在同一個時空，但因為社會上多數人的歧視與蔑視，使得他們飽受苦楚與困擾，往往無法坦然走出那個他們自以為安全，但卻狹窄、陰暗的情境之中，健康快樂地生活。

　　我們應該要怎麼幫助他們呢？尊重他們的性向與生活方式，以了解和關懷取代偏見與歧視，才能讓他們擺脫不安與痛楚，喜歡自己所選擇的生活方式，充分發展個人的能力，做健康快樂的人。也希望同性戀的父母親友們能不去強求他們改變，因為此時體恤和協助才是他們最需要的。

　　同性戀者雖是社會的少數群體，我們卻不能讓充滿蔑視、「以多欺少」的不公平現象，理所當然繼續存在。懷著尊重、關懷與接納的態度，接受異性戀者、同性戀者只是性傾向的不同。幫助同性戀者自我了解、自我成長，為社會貢獻自我才能，才是整個社會的明智做法（晏涵文，1993）。

第三節　性偏差行為

　　性偏差行為（sexual disorder）又稱性心理變態，乃指變態的性活動，其發展的形式對一般人而言是不尋常的。這些行為出現的程度不一，由輕微、不常表現的傾向，到嚴重且規則表現的行為皆有。而事實上我們常可發現自己也或多或少有過這些行為或感覺，只是程度和頻率上的差異，也沒有因此而傷害到他人。但是這些偏差的舉動，儘管大多數沒有和他人做性的接觸，但強迫別人接受這種偏差的行為，造成別人心理的傷害，仍是社會所不容的。

　　在接下來的內容中，要討論幾種常見的性偏差行為，皆假定為男性。為何男性性偏差的比例遠高於女性？學者指出：男性的情慾分化過程較女性複雜，男性除非有足夠的男性荷爾蒙，否則男性化過程無法開始，故人的原始發展狀態為女性。因而男性產生性行為偏差的機會也就相對增加，也影響了他們的生存、性別

分化或情慾分化。

一、暴露狂

這類患者（僅限於男性）的性快感來自於在女性（女孩子或成年女性）面前暴露性器官。將暴露的舉動和其性興奮及性高潮做幻想而聯想在一起，而非性行為本身帶來的性高潮，所以有暴露狂（exhibitionism）行為者，通常只要達到暴露目的，並不想騷擾或用暴力攻擊。他們會盡可能選擇容易溜走的地點，所以捷運、電影院、暗巷，甚至於你家大門口，都有可能出現。他們有時是藉此短暫快速的性表現，減低被女性拒絕的可能，在女性的注意和錯愕驚嚇的表情中，自覺有能力控制女性，而內心充滿男性氣概的滿足。

雖然大多數暴露狂是無害的，而且他們多數是已婚且害羞、沒有安全感的人，但是一般的女性在未預期的情況下「經歷」了男性的性器官暴露，難免有驚嚇和情緒上的傷害，所以這種行為還是令人十分討厭的。而且這種驚嚇、厭惡或害怕的情緒反應，正是暴露狂所期待的，因此對付這種人最好的方法就是視若無睹，冷靜地不理不睬，就足以削弱他們的行為。不過要如此冷靜也不是件容易事，尤其是對年輕的女孩而言，所以報警或交由社區自治會來處理杜絕，仍有其必要。

與暴露狂特性類似的是猥褻電話。最常見的過程為：藉由接到電話的女性表現出驚嚇、害怕的反應，而引起性興奮。這種行為者仍大都是缺乏安全感的男性，在電話中對女性的表現也更加焦慮和有敵意（Nadler, 1968）。處理的方式一如暴露狂，就是不要有太強烈的情緒反應。只要輕輕放下電話即可，不要掛掉，他們就會另外尋找會有強烈反應的女性，來達到他們的目的。

二、窺伺狂

　　此類患者也多為男性，其性快感來自偷窺陌生女性的裸體或他人性行為，而得到性的愉悅，而且只是偷看而已，與偷窺對象保持身體的距離，不會進一步侵犯。而且偷窺的方式行徑，是愈有被發現的危險，則愈能引起強烈的性興奮，特別是在對方不知情的情況下。看色情電影、雜誌或天體營的一般性裸露，他們反而沒興趣，但在別人不知情也不允許的情況下窺人隱私，就令人尷尬而憤怒了，因此才被視為病態。

　　窺伺狂（voyeurism）多是年輕男性，青春期的男孩有時會表現出這種行徑，因為此時對「性」十分好奇，也對「性」充滿不確定性。在心理學的分析中，窺伺狂（被動—偷看）與暴露狂（主動—作秀）為一體的兩面。有時也藉著窺伺他人，提高個人的優越感，自覺經歷了別人的隱私，看見他人的祕密，足以控制他人，尤其是陌生的女性。

三、戀物癖

　　此癖好仍多為男性。當個人在性行為中，將全部注意力集中在女性物品或身體的某一部分，而引起性興奮。一般的戀物癖（fetishism），高跟鞋、皮靴、女性內衣或黑色網狀絲襪，最常被當作愛戀的物品。由精神分析的角度看，Freud認為戀物癖者在孩童時期一直相信母親有陰莖，一直到長大後，仍然相信母親身上有象徵陰莖的取代部位，來安撫自己的閹割焦慮。於是戀物癖者以追求代表陰莖的物體，加以擁有，來安撫自己怕失去陰莖的憂慮。

　　戀物癖最常見的犯罪行為是偷竊女性的貼身衣物，僅少數人會去傷害他人。女性宿舍，或社區中家庭晾曬的衣物如果常不翼而飛，通常會使人聯想到戀物癖，而在生活上感覺不安。畢竟私人貼身用物成為陌生男人的蒐集品，心理上被侵犯之感是不言可喻的。

四、扮異性症

　　指一個人在穿上異性服裝時，特別得到性興奮和性滿足。穿著異性服裝不代表他們是同性戀或是變性慾者，一般說來，他們只是暫時穿著異性服飾，並藉著自慰或真正的性行為來達到滿足。而且只有私下自己在家中穿著，很少人會如此穿著到街上去。但這種行為仍可看出很強的戀物癖的成分，被稱為扮異性症（transvestism）者的最明顯特徵是，對異性的服飾不只是看、撫摸或蒐集，而是要真正穿在自己身上。

　　大部分扮異性症者為異性戀、已婚的男性（Stoller, 1971; Wise & Meyer, 1980），通常他們在小時候正常地被當男孩教養，他們的父親也是男性的家庭角色，所以他們有良好的男性自我形象，在工作或大眾場合，都是雄偉男子。但在另一個私人世界，他希望卸下武裝，呈現人格中溫柔、女性化且不用競爭的一面。因此在文化人類學的研究中發現：在男性須負擔較多經濟壓力的社會中，扮異性症出現頻率較高，這是否暗示著，他們藉由女性化的服飾來扮演既有吸引力又不用負擔壓力的女性角色（Munroe & Munroe, 1980）？

　　有研究顯示，扮異性症者在青春期左右，就開始有穿異性服飾的舉動，一直持續到成年及結婚後，因此他們的女朋友、妻子及其他家人的反應，尤其是反感、嫌惡的態度，對他們的生活會

有很大的影響，但即使求助於治療，效果也不佳，對其行為的改變影響很有限。

五、戀童症

這是成人與小孩子之間的性行為。有此性癖者常選擇同性或異性的兒童，暴露自己的生殖器官給兒童看，或玩弄兒童的性器官。侵犯的兒童可能是家中幼童或任何兒童。研究顯示這些戀童症（pedophilia）者的背景，大約在 35 歲以上，幼年家庭生活不快樂，個性依賴，沒有自信，是在正常婚姻關係上適應不良的人。主宰、控制或誘惑脆弱無助的兒童，可以滿足自己童年的缺憾，並掌握了權力，而自覺有用。

六、性被虐待狂

在性偏差的界定中，性虐待狂和性被虐待狂（sadomaso-chism）其實是一體的兩面，通常具有五個社會特徵：支配、服從、角色扮演、彼此同意和同一情慾場合，換言之，他們是彼此配合的。學者對此定義下得十分精準：藉著施予或接受生理上或心理上的疼痛，來獲得性興奮。弔詭的是，人類的性行為多數是為達到兩性間對愛與溫暖的滿足，但此種性行為表現出來的卻都與「疼痛」有關，要找到有同樣性癖的性伴侶，彼此配合並不容易。性行為的雙方心理的期待差異太大，才會被視為偏差。

並不是任何單純的被打所造成的疼痛，都會引起性被虐待狂的興奮。有性被虐待狂傾向的人，在有性的愉悅和渴望時，可能由被鞭打、切割、針刺、被綁縛而得到性興奮。但這種「疼痛」的心理尺度非常的不同，有時的確對生理有潛在的傷害，但有時

只是象徵性的疼痛就足以引起性興奮了，通常性伴侶間會達成共識，所以嚴重的傷害其實不多。如果一定需要別人給予極端的痛苦，才能得到性興奮，恐怕連花錢都難找到伴侶。

個案顯示，有性虐待傾向者比有性被虐待傾向者少。這種情況似乎暗示人們在道德良心上希望被別人處罰，而不願對別人攻擊，如一個犯罪的人。也可能是對性有很強的負面感覺，被虐待則提供了一個情緒的出口，被處罰而有了贖罪的機會。

在這些性偏差的原因中，除了學者的不斷努力以研究來支持或證實假設，大部分的性偏差行為仍以 Freud 學說為主要解釋。如皮膚也是激發性衝動的一重要器官，對身體皮膚的撫摸碰觸，溫度刺激，甚至於痛的刺激，都可能引起性衝動。個人如在兒童期不能適當處理源自撫摸而來的性慾望，或此種慾望因人格因素而受到壓抑，未能與人格其他部分和諧統一，而變為孤立存在，則個人的性行為會產生不正常現象。其中痛刺激若成為一個人主要性快感的來源，則他的性慾滿足將具有性被虐待傾向。另外由撫摸、聽、嗅、味及舔等行為得來的性快感，屬於口慾期性衝動行為，精神分析學家認為性虐待傾向，即導源於嬰兒期的貪婪口慾慾望；而被虐待的性衝動傾向則與皮膚觸摸有關。

另外對窺伺症的研究，精神分析學者主張：「看」的感覺有時會成為產生快感的重要因素，一般都在成長過程中和人格統合在一起。但如果看的快感過分強烈，而難以被人格統一和融合，即會如失去控制的野馬般，以不適當的型態出現，相反的，強烈的性快感也可能受到自己的壓抑和譴責，變成過分的害羞，成為「既想看別人的隱私部位，又不應看別人的隱私部位」，充滿強迫和壓抑的行為，很可以解釋相關暴露狂、電話騷擾、窺伺狂的出現。

除了上述較常見的性偏差外，其他如變性慾症、戀獸症、戀

屍症等，在此不多加描述。

第四節　性侵害

人類的性行為因兩人情感的交流，使得內在的安全、溫暖和受到照顧的需要得到滿足。對方不但是可信任而且是我們愛戀的人，在情感的渴望之下，想與對方更加接近，肉體的接觸因此受到人的歌頌和嚮往。但是在未經同意或強迫的狀況下，以暴力或其他方式迫使人和他發生性行為，是為性強暴，亦稱為性侵害。除了身體的傷害外，個人的尊嚴受到最可怕的傷害，自由的權利也受到嚴重的威脅。

不幸的是，女性往往是性侵害案中的主要受害者，而性侵害事件也有與日俱增的趨勢。我們將在後面討論有關性侵害加害者的特質、對強暴（rape）的錯誤看法，以及性侵害受害者的復健等議題，希望有助於對性侵害事件的了解，進而加強婦女人身安全的能力，和減少社會對性侵害受害者的二次傷害。

為何有些男性要強暴婦女，他們的動機和行為的真相是什麼？這是很多人試圖尋找的答案。研究中顯示，強暴犯在學歷、年齡或職業上並沒有太明顯的特徵，在人格及心理特質上的確異於常人，他們大部分有下列特質：他們約 60%來自單親家庭，家庭及環境因素使他們在青春期就有較多的性接觸；許多人有強烈的異性虐待妄想，通常他們有很強的暴力傾向，加上對兩性關係的誤解，因此強暴是一種性暴力和控制慾的行為。

一、性侵害加害者分類

一般將強暴犯分為三類，但任何性侵害行為都可能包含以下一型或混合更多類型的性攻擊，區分和歸類只是根據其較明顯的特徵和動機來判斷。

(一) 性慾型強暴犯

強暴的動機即是最原始的性慾。大部分約會強暴中的強暴犯多屬於此類，他們會強暴熟識的人或約會對象來表現其男子氣概，男子氣概包括炫耀強健壯碩的體格、野性及武力的魅力。他們不覺得強暴了對方，而辯稱「她一直在引誘我！」「她不是整晚和我喝酒聊天，這種暗示誰都了解！」

(二) 憤怒型強暴犯

性是表達和發洩憤怒的工具，也是作為用來傷害和羞辱女性的武器。他們以毆打、殘忍的暴力逼使人就範，受害者完全是陌生人。這型強暴犯在成長過程中充滿衝突矛盾和不滿的情緒，和身邊的女性（母親、女友或妻子）關係惡劣，當受到挫折時，就以轉向其他女性施暴為發洩。他們要得到的不是性本身，而是要解決自己的怒氣，所以無法預測他們何時會犯案。在他們眼中，女性天生就是賤，所以他們沒什麼錯。有時強暴犯是性虐待狂時，暴力的行為又被色情化了，他們享受被害者的痛苦來獲得快感。

(三) 權力型強暴犯

他們以武器、暴力或恐嚇使受害人屈服。目的在尋求權力和控制對方，這類強暴犯常是拙於社交，在日常生活和性能力上都

缺乏自信。強暴是他們證明自己性能力和自我價值的方式，因為他自卑，才以強暴證明自己不是弱者。有時他們也自認為「有權」霸王硬上弓，女性會喜歡他們的男子氣概。

除了強暴犯個人因素外，不可忽略的是強暴事件有其社會文化的因素：有些社會容忍甚至鼓勵男性的暴力，這種暴力常以鼓勵男孩要富有競爭力和攻擊性的面目出現，視身體暴力為男性特質和天性，也誇大男性的性能力和性需求，因此男性在性方面的壓力遠比女性為大，普遍來說這些社會中的女性相對之下較無經濟和政治上的權力。當暴力和性需求都成為一種男性必備的魅力，而女性又被輕視時，強暴的行為只會有增加的趨勢。

二、對強暴的迷思

一般人對強暴行為的了解不多，關於強暴犯和受害者的片面知識多得自於電影、小說和新聞媒體，因此對強暴事件有許多錯誤想法，在此我們對這些錯誤想法做一些討論。

(一) 迷思一：到底是強暴？還是自願？

這個懷疑是建立在假設：女性應該奮力維護她們的貞節，只要她們真心拒絕誰也無能強暴她們。這是錯誤的想法。首先，強暴犯會選擇時間和地點，有時使用武器或其他威脅手段，這些敵強我弱的局面，對任何被攻擊者都很不利，何況男女體能上又有懸殊的差距，勝負之間不是十分明顯嗎？全力抵抗也不合乎傳統上對女性角色中溫柔的期待，在極度驚嚇中要求女性智勇雙全的抗暴，如未全力反抗而導致被強暴，那就是她活該！這個錯誤的想法是很可怕的。

(二) 迷思二：其實女性喜歡被強暴

在許多小說、電影的場景中顯示出的強暴情節，開始時女性會抵抗攻擊她的人，但到最後都變成熱情地接受，而且性行為的結果雙方都很滿意。因此有些男性以為女性喜歡他們展現強大的體力，傳統上女性總是害羞，不願明白表示性的慾望，而有些女性有時的確也有被強暴的幻想，所以認為女性根本上就喜歡被強暴。

但性幻想是人的自由意志，自己跳脫真實世界的單調，選擇想像美好或較刺激而愉悅的性行為。這和真正強暴時，女性飽受驚嚇、脆弱無助、身心受到重創的情形是絕不相同的。女性喜歡被強暴的錯誤想法，最壞的影響就是，受害者相信被強暴是她們自找的，自責和持續的罪惡感都使受害者陷於痛苦的深淵。

(三) 迷思三：那不會發生在我身上

很多女性自認為她們「不是那種女孩」，或太老了、太胖了、已婚了、行事謹慎之類，而不會被強暴。這種錯誤的想法常使人疏忽了安全的防範，因為任何女性都可能是受害者。國內許春金（1992）的研究中訊問強暴犯，受害婦女的外貌身材、穿著、言行舉止等。結果發現，強暴犯覺得受害者相貌身材普通的占大多數（70.8%），穿著保守樸素的占大多數（42.5%）；言行舉止輕浮隨便的雖占 35.2%，但表示「不知道」的也達 31.1%，拘謹端莊的也有 12.2%。可見女性的人身安全隨時需要注意，更不應把受害的原因歸於受害者個人。

(四) 迷思四：強暴犯可以看得出來

性侵害行為在任何一個社會階層、居住地區、宗教或種族都

會發生，強暴犯也不一定都是社會低下階層的人，或是外貌骯髒、猥褻，神態詭異或明顯居心不良的人。他們有時是文質彬彬、道貌岸然擁有良好社會地位和家庭背景的人。對一般人的態度溫和有禮，使受害者疏於警戒，或礙於權威禮節，甚或難以分辨這些動作是出自對方的關心和安慰？

儘管許多性侵害事件是明顯的陌生人施暴，但早有研究證實，熟識者強暴占二分之一以上的比例，這些熟識者包括父母、兄弟、繼（養）父母、叔伯、長輩和男性朋友等。而熟識者強暴會令受害者更難以啟齒求救。

遭受性侵害絕不是像大部分的電影、小說中那般輕描淡寫，彷彿只是件女性不熱烈配合的性行為。強暴之所以稱為「強烈的暴力」，因為它的傷害遠超過了一般的暴力。女性在此突發的暴力下，極度的恐懼到達臨界點，身心的功能瀕臨崩潰。除了強暴過程中女性遭遇不人道的處境外，社會態度上使得女性除了強暴本身外還受到二度的傷害。

前面已談及對強暴行為的錯誤觀念，在此觀念的導引下，人們常將性侵害事件歸因於受害者，因此事件被揭露後，得到的往往不是幫助和同情，反而是責備、嘲笑和侮辱，甚至因此失去貞節，被視為殘花敗柳。如果強暴者又是認識的人，那更是啞巴吃黃蓮，有口說不清了，所以女性受性侵害的報案數遠較實際發生數為少，大約是十分之一的比例（Seligmann, 1984）。

三、性侵害受害者心理反應三階段

婦女遭遇強暴後，可能依序經歷三個階段，整個過程所需時間常因個人之個性和角色而異。

(一) 第一階段：震驚、悲痛和憤怒

此時有人會表現得歇斯底里，也有人會出奇的鎮定，但並非不在乎，而是心智被嚇昏了。一般強暴的受害者通常的身心狀態包括了：羞辱、沮喪、罪惡感、自責、自覺無用，其他包括身體受到攻擊後的瘀血、擦傷、陰道裂傷和因為情緒而引起的失眠、頭痛。這些都需要一些時間去平復，在大致解決了憂懼，回到正常生活型態時，第一階段才結束。在此階段時，要協助受害者立刻尋求婦產科醫師的醫療照顧和家人的支持。

(二) 第二階段：壓抑和否定

受害者會壓抑自己不去想它，否認自己受到身體遭受侵犯之外的其他傷害。此時會將外界的幫助視為「揭瘡疤」，希望朋友只要默默支持，讓她自己找尋出一條較明智的出路。

這個階段要幫助受害者面對自己內心所受的傷害，讓受害者知道錯不在她自己。

(三) 第三階段：沮喪與苦悶

沉涵於痛苦的回憶中，愈是意識到自己的遭遇就愈沮喪，但她會嘗試突破困境，企圖重新肯定自己，面對這些不完美的現實環境做一些決定和改變。

在這個階段要幫助她建立承擔人類醜惡的心靈能力，從世界的不完美中發展出防衛自己的力量。

以上三個階段並非所有受害者皆會經歷，有不少人會停留在某一階段無法超越，所以強暴受害者務必接受輔導諮商，對其復原有絕對的幫助（晏涵文，1993）。

要防止強暴案的發生，性侵害防治教育十分重要，特別是 18

歲以下的女性，較常受到熟人強暴。學習如何區分好和壞的身體
接觸、如何求救和避免環境中的危險因素有其必要。但這都是消
極的做法，根本上，社會應該更加尊重女性，從教育、法律，及
大眾傳播媒體上，宣導正確和合理的兩性關係，才能真正消弭性
侵害事件的增加。社會福利也應更致力於此議題的輔導和支援，
使性侵害事件造成的傷害減到最低，兩性間的關係才能更和諧。

關鍵詞彙

性心理發展（psychosexual development）

同性戀（homosexuality）

性原慾（libido）

口慾期（oral stage）

肛慾期（anal stage）

性蕾期（phallic stage）

潛伏期（latent stage）

青春期（adolescent stage）

性傾向（sexual orientation）

性別認同（gender identity）

性偏差行為（sexual disorder）

暴露狂（exhibitionism）

窺伺狂（voyeurism）

戀物癖（fetishism）

扮異性症（transvestism）

戀童症（pedophilia）

性被虐待狂（sadomasochism）

強暴（rape）

🐾 自我評量

1. 說出 Freud 之性原慾的三個基本概念。
2. 若你有一同性戀者的朋友，你將如何幫助他。
3. 參酌自己的生活經驗，如對陰暗巷道的暴露狂、廁所的偷窺者，及新聞中的強暴案，根據性心理發展的各種理論，如何加以解釋？
4. 承上題的狀況，一一討論，這些性偏差者如被警察查獲，你認為應該如何處理較適當？
5. 蒐集大眾傳播媒體中，對強暴案件的錯誤看法。並討論什麼才是度過強暴陰影的好方法。
6. 試討論當一個男人的女友被強暴後，為何會和她分手？

🐾 參考文獻

一、中文部分

許春金（1992）。**強暴犯罪型態與加害者人格特性之實證研究**。臺北市研考會專案研究報告。

彭懷真（2000）。從社會學上談同性戀。載於江漢聲、晏涵文主編，**性教育**（頁 253-270）。臺北：性林文化。

晏涵文（1993）。**生命與心理的結合**。臺北：張老師文化。

二、西文部分

Gadpaille, W. J. (1989). Homosexuality. In H. I. Kaplanand, & B. J. Sadock (eds.), *Comprehensive textbook of psychiatry, vol.V.* Baltimore, Md.: Williams & Wilkins.

Munroe, R. H., & Munroe, R. L. (1980). *The development of sex-gender constancy among children in four cultures.* Conference of the International Association for Cross-Cultural Psychology (Fifth, Bhubaneswar, India, December, 1980).

Nadler, R. (1968). Approach to psychodynamics of obscene telephone calls. *New York Journal of Medicine, 68,* 521-526.

Seligmann, J. (1984). The date who rapes. *Newsweek, April 9,* 91-92.

Stoller, R. (1971). The term "Transvestism". *Archives of General Psychiatry, 24,* 230-237.

Wise, T., & Meyer, J. (1980). Transvestism: Previous findings and new areas for inquiry. *Journal of Sex and Marital Therapy, 6,* 116-128.

兩性關係 參

第六章

性別角色

1. 藉由性別角色的相關理論分析，了解性別角色的發展
2. 認識性別刻板印象
3. 學習兩性尊重與性別平等的真諦

摘要

　　古今中外，男孩和女孩從小便透過遊戲及正式教育的文化陶冶，去學習扮演自己的角色。進入社會之後，男女在社會結構中亦有明顯的分工與表現，即所謂的「男女有別」，「男有分，女有歸」。

　　生理的性別差異沒有優劣之分，但是隱藏在性別背後的社會價值觀或文化因素，卻能影響兩性的社會角色、工作型態、行為規範，以及種種的人生期許。「性」與「性別」究竟有何不同？性別的概念如何發展而來？何謂「性別角色」與「性別刻板印象」？身為男性，是否就應當展現出「男性化」的特質？反之，身為女性，是否應依循社會固有的行為規範，才符合女性的特質？這些都是本章所欲討論的重點。

從一個嬰孩出生前到呱呱落地，大家就對他（她）的性別（gender）充滿高度的期待；在兒童還沒有顯著性別意識之前，父母或照顧者即對其穿著、玩具、言談舉止及未來期望上，賦予性別的差異；及至兒童進入青春期，性生理發展快速，男女性在性徵上截然不同，心理、情緒與社會角色的發展亦受到影響；往後進入異性交往、選擇配偶、組織家庭、生育教養等階段中，性別不但扮演重要的角色，兩性的和諧關係更是維繫健康人生的必備條件。因此，如何健康的處理性別的課題，並營造出互尊互重的兩性關係，不但需要好好學習，更需要努力經營。

第一節　性別與性別角色

一、性別的意義

性別是一個人最明顯的特徵，亦為人類認知系統中非常重要的一個概念。性別的不同，影響著我們對待別人的方式，更影響我們看待自己的態度。然而，一般我們所稱的男性或女性，除了有來自生理構造的差異外，往往隱含著社會文化的價值，因此當我們談論到性別時，基本上即包含了「性」與「性別」雙層的意義。

一般而言，「性」是生物學所使用的語彙，一個人是男性或是女性，可以根據他們的性器官與基因來加以判定，係先天所賦予的生物特徵。而「性別」則是屬於心理學和社會學的範疇，除了個體對自己或他人特質賦予男性化或女性化的主觀感受外，更呈現社會文化對於男性或女性行為的期望或評價，為後天建構下

所形成的角色。

　　因此，「性」為先天的生物性別，「性別」則為後天所形成的社會性別；如果一個男孩子從小被當成女孩子來撫養，他的生理性別雖然是男性，但是心裡卻認同女性才為其真正的性別，而且表現出來的行為特質也趨向女性化，則他的社會性別就被視為女性。「性」與「性別」最大的區分，即在於生理上的性別特徵，並不一定等於心理上的性別認同；社會中大多數的人，其生物與社會性別一致，僅有少數的人居於其間，呈現不同的性向表現。

二、性別角色的概念

　　「角色」（role）是指一個人在其所占社會位置上，所擔任的任務與從事的活動，其任務與活動包括兩種不同的層面：一種稱為「角色期待」，為社會所期待的活動；另一種則稱為「角色表現」，為個人所實際從事的活動。而角色亦決定了理想的行為，或至少是可以被接受的行為，因此社會文化根據性別，為其成員規劃許多行為範本，個人生存在社會中即依循此社會角色來行動，舉凡「男主外，女主內」、「男性剛強，女性柔弱」等，皆為社會對於男、女性別行為的評價，稱之為「性別角色」（gender role）。

　　對於性別角色的看法大致可分為兩類：一為將性別角色視為「在社會文化中，用以區隔男女差異的特性」，如男生理科較拿手，女生文科較強等，為性別角色表現之層面；另一則為「被社會文化所期待之適合於男性或女性的行為」，如男性化的人格特質多與工具性和主動性有關，女性化的人格特質則與人際關係、情感表達等有關，為性別角色期待之層面。

　　早期的性別角色量表，將男女性的性別特質視為直線上兩個獨立的端點，且個人的態度、行為與興趣，在男性化或女性化特

質上具有相當的一致性；個人若具有男性化特質，其女性化特質必然降低，反之，若個人具有女性化特質，則男性化特質必定相對減少。

自 1970 年代開始，學者開始改變以往對性別角色的看法，認為男性化與女性化特質應為兩個不同層面的人格特質，Bem（1974）首先提出「雙性化」（androgyny）的概念，並發展出新式的性別角色評量工具「貝姆性別角色調查表」（Bem Sex Role Inventory, BSRI），以傳統性別刻板印象中工具性的人格特質來評定男性化特質，以情感性的人格特質來評定女性化特質，依其得分狀況區分為「雙性化」、「男性化」（masculine）、「女性化」（feminine）、「未分化」（undifferentiated）等四種類型，此現代的性別角色觀念包含兩項重要特徵，一為強調較為平等的角色（egalitarian roles），另一則為強調雙性化、剛柔並濟的人格。

第二節　性別角色相關理論

為了解性別角色的發展，各學派如心理分析理論（phychoan-alytic theory）、社會學習理論（social learning theory）、認知發展理論（cognitive development theory），甚至近年來所提出之性別基模理論（gender-schema theory）等，皆提出不同的詮釋。

一、心理分析理論

對於性別角色發展之心理分析理論，當以 Freud 之人格發展理論（theory of personality development）為根本基礎。Freud 認為男女性別的分化，乃因為個體尋求發洩，以因應性原慾匯集所形

成的緊張，並尋求滿足所造成。

　　幼兒首先對性器官有高度自覺及興趣，男孩進而由於「戀母情結」（oedipus complex）及擔心父親懲罰而產生的「閹割恐懼」（fear of castration）作用，對父親產生「強者認同」（identification with the aggressor），而形成男性角色；女孩則因為認同母親、為取悅父親之「戀父情結」（electra complex），以及「陽具妒羨」（penis envy）的心態，而形成女性化角色；但因為女孩並沒有被閹割的恐懼，因此性別認同的壓力較男孩為小，性別分化的情形因而較晚才完成。

二、社會學習理論

　　Albert Bandura 等社會學習理論的學者認為，性別角色的學習是經由社會的制約所形成。Bandura 認為，個體可以透過「觀察模仿」而習得與性別有關的行為，但是該行為是否被模仿進而具體表現，則端賴是否受到「增強」（reinforcement）來促成。藉由獎勵適合自己性別角色的行為、壓制或處罰不符合自己性別角色的行為，兒童逐漸學會模仿同性別者的行為模式，以表現適合自己性別角色的行為。

　　例如兒童會模仿父母親在家中的行為，利用洋娃娃玩扮家家酒，但當男童玩洋娃娃卻被父母制止，或改為提供小汽車、積木等其他玩具時，男童會被引入屬於其性別的特定事物，而學習表現符合自己性別的行為。除此之外，兒童的玩伴也會透過口頭上的贊成與否，來傳遞性別角色規範。例如一群男孩子在玩機器人時，若某位女童想要加入，則會被其同伴勸說「那是男生玩的」或「哪有女生玩機器人的」等負向回饋，以制止不符合性別角色的行為產生（見圖 6-1）。

圖 6-1　母親制止男孩玩洋娃娃

　　社會學習理論亦認為，個人不僅從自己的行為結果中學習，也從觀察別人的行為結果來學習。如兒童觀察到其兄弟姊妹因為玩父母認為不適合其性別的遊戲而被處罰，他會因怕受到同樣的處分，而改從事其他遊戲。經由這種觀察學習的歷程，人們發展所謂的適性行為，故根據社會學習理論的觀點，性別角色的學習是透過差異及選擇的獎懲、類化、媒介及仿效等過程而進行，外在的獎懲及模仿是個體習得性別角色的重點所在。

三、認知發展理論

　　Kohlberg 的認知發展理論立基於 Piaget 的認知論，乃針對心理分析及社會學習理論的缺失，提出性別認同及性別角色的看法。

　　Kohlberg 認為，兒童學習性別角色的過程不全然是增強或模仿的結果，而是兒童對自我性別分類產生意識及認知能力（劉秀娟，1999）。兒童從身體心象和社會關係型態中，抽取性別刻板印象，並開始模仿同性別，且符合刻板印象的成人行為。這種性別認知能力有其階段性的存在，分別為「基本性別認知」、「性別穩定」、「性別恆定」等三個階段（Shaffer, 1996），必須循序漸進地發展，而且和心智的成熟有密切的相關。個體一直要到發展出抽象的認知能力之後，才能突破既有社會規範的操控，進入雙性化的性別角色。

　　Kohlberg 認為，兩歲以前的兒童對性別特徵無法辨識，直至三歲左右，才開始以髮型長短、衣服樣式等來區分男女，如留長髮的視為女生，留短髮的視為男生，即使是女性長輩變換髮型為短髮，也會被兒童認為她「變成男性」。當兒童成長至六、七歲時，才有「性別恆定」的概念，無論是留短髮或是長髮，女性依然是為女性；也只有當兒童發展至「性別恆定」階段時，才了解

自己永遠是男性或是女性，並且趨於模仿同性楷模的興趣與價值觀。

四、性別基模理論

「性別基模」為 Bem（1974）運用認知基模之觀點，重新建構雙性化及性別形成的概念；是人們為求符合文化對男子氣概（masculinty）或女性氣質（feminity）的定義，而選擇合適於其性別之人格特質及行為表現的過程（Sheryl & Stiehl, 1999）。

性別基模理論包含社會學習論及認知發展論之特徵，但最大的差別在於強調「文化」因素的重要性（劉秀娟，1999）。Bem 認為性別基模從幼兒時期即開始形成，孩子會根據性別基模評價文化與社會信念對性別的差別待遇，以發展符合他或她的行為表現、態度及個人特質。所以，如果兒童在性別刻板的文化下成長，其性別基模化（gender-schematic）的程度就會提高，而不得不學習到性別刻板印象。

從上述性別角色發展之相關理論綜合觀之，心理分析理論強調性原慾的驅使與滿足為兩性性別角色發展的關鍵；社會學習理論則認為經由不同的增強，導致兩性性別角色發展產生差異；認知發展理論提出性別認知的發展有其循序漸進的階段，為一種認知能力；性別基模理論則運用基模的觀點，建構性別形成的概念，此模式更提供了「性別刻板印象」的起源及其穩定性的理論基礎，對於性別角色的眾多理論提供新的文化觀點。

然而，四種理論雖各有其不同之觀點，卻都認為性別角色的分化與發展，有部分是因模仿同性別角色楷模所產生，且根據自己或他人的行為結果得到之外在回饋，進而修正或強化自己的行為。

第三節　性別刻板印象

　　所謂「刻板印象」（stereotype），指的是社會對於某一特定群體中的人，有一組簡化的、僵化的且過度類化的看法（黃孋莉，1999）。根據社會心理學的理論，刻板印象為人類在認知發展的過程中，為了快速適應環境，將具有共同特徵的東西加以分類，以幫助自己更有效率地了解，自然形成的概念。

　　當我們不認識或剛認識一個人時，最容易受到刻板印象的影響。但是若能進一步獲得足夠的資訊，人們便會捨棄原先的刻板印象，轉而利用這些資訊重新來描述或預測這個人的行為。例如新進同事阿華介紹自己為四川人，公司的同事們便很容易猜想他可能喜歡吃辣，因為四川的辣椒很有名；但當同事們邀請阿華一起用餐，觀察到他都不沾辣醬時，便會了解他不愛吃辣，先前的刻板印象也就不再存在。

　　相對的，當我們面對一個不熟悉的人時，最安全的做法也是表現出符合刻板印象的行為，等到雙方熟悉後再慢慢呈現真正的自我。

一、性別刻板印象之內涵

　　由於性別角色是經由後天學習而來，因此個體在其社會化的歷程中，若學習到社會文化所賦予性別的特定規範，而對於性別角色及其行為的信念與態度形成一種固定、刻板和概化的標記，並產生相對應的行為傾向時，即出現所謂的「性別刻板印象」（gender stereotype）（黃文三，1990；劉秀娟，1999）。

　　性別刻板印象從嬰兒出生後，父母根據嬰兒外在生殖器官差異而給予「男孩」與「女孩」的標記開始，便無時無刻影響其成長過程。例如男孩服裝顏色多以藍色、綠色為主，女孩服裝顏色則偏向米黃色、粉紅色；送給男孩的禮物以機器人、球或模型等為主，送給女孩的禮物則偏向娃娃、書本或手工藝品；男孩、女孩長大之後，男孩被期望往理工、醫學領域發展，女孩被期望往語文領域發展。這些差別待遇並非根據個人的能力或興趣而定，而是依照性別來做區分，當這些刻板印象形成一套「男生應該怎樣，女生應該如何」的價值觀時，它便會無所不在地影響社會中的每一個人。

　　我國的社會與文化中即存在一些固有的性別刻板印象，縱然歷經社會變遷及經濟轉型的過程，某些「男尊女卑」的絕對觀念已逐漸式微，卻仍因為社會對於男女性別角色有不同的期望，而保有或多或少的性別刻板印象。例如當男性主管面對女性部屬時，可以要求她放棄休閒生活，晚上留下來加班，但是當自己的妻子提出要加班時，卻不希望她如此努力工作；男性又常常扮演「打小孩的機器」，因為媽媽會對小孩說：「你不聽話的話，叫你爸爸回來打你。」

　　性別刻板印象的焦點，主要集中在「性格特質」，接著再由特質的性別化推論到其他範疇中，如身體特性、角色行為、分工與職業、兩性關係型態等。李秀靜（1998）對於青少年性別刻板印象之相關調查研究顯示，國小至國中的學生普遍對於人格特質、職業以及家務分工等態度有某種程度的性別刻板印象；青少年普遍認為「男生比較有力氣，女生比較柔弱」、「男生理科比較強，女生文科比較強」等。

　　對於現存的性別刻板印象，可分為：(1)人格特質的差異；(2)行為的雙重標準；(3)對未來成就的期待不同；(4)擔任職務的重要

性等項目，來加以討論。

(一) 人格特質的差異

　　根據李美枝、鍾秋玉（1996）回顧文獻發現，我國過去為一以男性為優勢的社會，因此對於男、女性應具有何種特質之要求有很大的不同。例如男性往往被要求具備與「工具性」、「主動性」有關的特質，如能夠自我肯定、追求成就、獨立、勇敢、果決等；而女性則被要求具有與「人際互動」、「情感表達」相關的特質，如順從、依賴、細心、敏感、富同情心等。

　　近年來對於青少年所做的調查發現，學生們普遍認為男性應具備勇敢、剛強、獨立、豪放等特質；而女性應具備細心、整潔、溫柔、潔身自愛等特質，且這種以人格特質為主的性別角色意識型態，會經由父母、教師、其他社會成員及各種傳播媒體甚至教科書的強化，使學生對於人格特質之性別觀念愈形刻板化。

(二) 行為的雙重標準

　　社會中對於某些行為存有依性別而區分的「雙重標準」，如男生長大後應當傳宗接代、繼承家產，女生則應當順利出嫁、放棄繼承權；男生做事要有氣魄，女生做事則應當細心；男生「有淚不輕彈」，女生則可以「把眼淚當作武器」。

　　李秀靜（1998）在調查國中學生家務分工之情形時亦發現，性別是家務分工的重要決定因素，學生本身的性別會影響對家務分工的「情感偏好」及「行動傾向」，家長十分容易因子女性別不同而分派不同的家務事。

　　賴友梅（1998）探討國中教師與學生的互動過程中，是否出現性別刻板印象之行為，結果發現教師很容易以性別作為「評估」及「詮釋」學生行為的重要標準，教師在教育男、女生時，通常

要求「男生不可以哭」、「女生要有女孩子樣，不要粗野」、「粗重的工作讓男生來做」等，將成人世界中對性別的非理性刻板印象，在下一代社會化的過程中落實。

(三) 對未來成就的期待不同

在教育期望上，父母較盼望並願意支持家中男孩受更高教育，以換取較高的社會地位，兒子的社會地位愈高，則意味父母的晚年更有保障；而對家中的女孩而言，父母多認為「書念太多或工作能力太強，會嫁不出去」，女性自身也容易有「依賴情節」（曾素秋，1997；謝小芩，1998），縱然現今社會女性意識逐漸提高，對於未來成就的期待仍有性別刻板印象存在。

劉修靜（1998）針對國小男女教師職業性別刻板印象與其成就動機、逃避事業成就傾向之調查研究發現，國小男教師之「求勝取向」及「自我取向」顯著高於女教師；女老師之職業性別刻板印象與家庭生活、交友擇偶、配偶相處、人己關係與逃避事業成就傾向之整體態度之間，有顯著正相關；顯示性別刻板印象確實影響男女性之成就動機，及對自己未來成就之期待。

(四) 擔任職務的重要性

性別刻板印象很容易反映在擔任職務的重要性上，通常相同能力的男、女性，男性有較佳的升遷管道；在地方民意代表、政府官員之任用方面，亦以男性為較多數。

例如在學校的生態中，校長、主任這些居於領導地位的職務，多由男性擔任，男性教師掌控學校行政事權的比例較高（賴友梅，1998）；教育部統計處調查，2018 學年度，國小女性校長比率為30.79%，國中為 34.33%，高中職為 21.64%，大專校院（包含大學、學院、專科）為 9.15%，雖男女比例差距仍大，但較往年有

些微的進步；而女性校長在處理校務時，通常知覺到更多方面的工作壓力，且以「角色期望」為最大的困擾（李玉惠，1997），顯示社會普遍較多賦予男性擔任領導者之刻板印象。

許多機構考量女性會因懷孕或照顧家庭而影響工作，而男性卻沒有這種限制，因此喜歡任用男性部屬。例如當主管要求部屬加班時，男性部屬較少推託說家中有妻小要照顧，即使有也說不出口，女性部屬則較易表達掛念家中小孩、需要提早返家之意願，主管也較願意准許女性部屬不加班。因此社會對兩性在職務上實有不同的看法，也造就今日男女在成就上的落差，雖然許多女性加倍地努力，但是仍受到許多的限制。

二、形成性別刻板印象之原因

性別刻板印象並非一日造成，它是社會文化的產物。孩子藉由觀察並模仿成人如父母、師長或其他示範者的行為，而習得性別刻板化的態度；並經由社會化的過程加深其觀念、強化其行為。因此小至家庭的教育，大至歷史文化的薰陶，皆為造成性別刻板印象之來源。

家庭是孩子成長的第一個場所，兒童性別角色的認同與定型，往往與親子關係中父母的態度及教養行為有關。黃文三（1990）調查青少年性別角色發展之相關因素，發現青少年是否會發展出男性或女性特質，直接受到父母期望的影響；父母對性別角色之態度愈趨於傳統，愈容易按照性別刻板印象安排家務、擬定獎懲標準、賦予不同的期望，而造成子女行為的刻板化。父母的性別角色與行為表現是孩子性別發展的示範，父母性別刻板印象亦會影響孩子的性別認知。

性別刻板印象若顯現於教育的實務運作上，更容易使人內化

或將之合理化。教師本身性別刻板印象的程度、教師在教室內對不同性別學生有無差別待遇、教科書中的性別角色安排、校園文化對性別教育之觀念等,皆會影響學生對性別平等的觀念與行為,導致性別刻板化行為的產生。教師唯有適時充實自己在性別教育課程方面的知識,了解性別是社會建構且現行課程有性別偏見、歧視與刻板印象的事實,做一個多元文化與性別平衡的後現代觀教師,才能規劃出適當的性別教育課程,使學生破除刻板印象的束縛,適性發展。

社會所扮演傳遞性別刻板印象之角色,往往超過家庭或學校所帶來的影響。現今資訊發達,視聽媒體普及化,孩子非常容易從觀看電視、電影,或閱讀書報、網路中,接觸、學習到性別角色之刻板印象。而與電視媒體相關之研究顯示,兒童收看八點檔連續劇之情形,會影響其對職業產生性別刻板印象(范淑娟,1991);而王宣燕(1990)觀察電視廣告中所呈現的性別角色與性別階層意涵,發現無論是男、女主角的年齡、職業角色、所推薦的商品及收尾旁白,均呈現出男女有別之處;林秀芬(2000)指出兒童對於電視廣告中的性別刻板印象多呈現接受現象,尤其在「女性外表與身材」的要求以及「女性特質」方面,男童較女童更具有性別刻板印象。由此可見,電視廣告等媒體內容時時刻刻皆傳遞著性別刻板印象的訊息,且確實會對兒童之性別角色態度產生負面的作用。

三、性別刻板印象之影響

由於性別刻板印象使然,社會對於男、女性的行為賦予不同的期望與標準。例如社會文化要求女性扮演著情感性的角色,男性扮演工具性的角色,因此我們可能會認為女性真的具有情感性

的特質，而男性必須具備工具性的特質，不僅在對別人的看法上以此為評判的標準，對自己的行為態度也很有可能依循文化所認可的模式來表現，這就是所謂的「性別角色規範」。

　　一般而言，當男、女兩性脫離或違反性別角色規範，或試著去迎合性別角色規範但卻又無法符合，或在性別角色刻板印象之下，體驗到實際自我概念與理想自我概念間的不一致時，即容易出現所謂「性別角色衝突」（gender role conflict）之情形。

　　「性別角色衝突」為一種心理狀態，包含了由性別歧視及過去社會習得的社會化性別角色，所導致的認知、情緒、潛意識或行為問題（O'Neil & Harway, 1997）。出現性別角色衝突的個體，很容易因此而限制自己或他人的潛能，其中又以男性最為明顯。

　　O'Neil 於 1981 年提出關於性別角色衝突之十項假設（蔡永新，1999），包括：

1. 性別角色社會化影響有關兩性本質的性別認同及個人信念。

2. 兒童在社會化過程中接收到的男性及女性刻板印象，可能會產生自我設限的態度或行為，這將限制他們的成長及因應未來複雜成人生活的能力。

3. 嚴格被社會化的男性及女性刻板印象，會導致性別角色衝突及性別歧視。

4. 性別角色衝突及性別歧視（sex discrimination）會同時對兩性產生巨大的心理壓力。

5. 性別角色衝突及性別歧視會促使兩性為了鞏固自己的性別認同，而去貶抑另一性別。

6. 「男性對女性的貶抑」及「女性對男性的貶抑」是了解個人及整體性別觀如何在社會中運作的中心議題。

7. 兩性應共同對經由社會化或衝突而學得的性別歧視負責，

不論是為維持性別角色衝突之自我設限性別角色，抑或為性別角色衝突及性別歧視而限制住自己或他人的潛能。

8. 大多數的人將經驗到因為性別角色社會化、性別刻板印象及性別歧視而導致的不同程度壓力。

9. 假如持續評估性別角色社會化、性別角色衝突及性別歧視如何交互作用及影響人際關係，將可對性別角色衝突有更多了解。

10. 諮商師及其他人群服務提供者，必須去準備幫助正在經驗性別歧視及性別角色衝突影響的男性或女性。

對於性別規範的逾越，男女生之小團體有不同的結果與看待。對男性而言，被同儕譏笑自己具有女性化特質，是一種極為負面的嘲諷，因為那代表失敗和差勁的表現，即女性特質的負面涵義（蔡永新，1999）。有女性化特質的男生往往是團體地位階層的底層，容易被同性同儕所欺負，並且被冠以「娘娘腔」、「同性戀」或「人妖」等稱謂。

不同的是，具有男性化特質的女性，卻將之視為一種驕傲。Alpert-Gills 與 Connell（1989）之研究發現，具有較多男性化特質的女生在其自尊發展的測量上，比具有較多女性特質的女生來得高，對自我成就的期許也較有企圖心；田俊龍（1998）的觀察亦證實具有男性化特質的女生往往成為小團體的領導者，比其他女生較有自信。

女性在青春期違反性別規範時，所遭受到社會期望或同儕壓力較少，所以擁有較大的選擇空間，讓自己發展男性化特質或女性化特質；但是男性則為了男性氣概的塑造，刻意隱藏本身的女性化特質，所面對的性別角色衝突若未加以調適，可能會出現焦慮、低自尊、壓力，甚至人際間有限的親密及性侵害等情況發生（蔡永新，1999）。

　　綜合觀之，性別刻板印象展現在兩個層面上，一個是巨觀的層次，即「社會文化」的層面，如社會規範中期待女性要被動安靜、溫柔體貼，期待男性主動積極、堅定剛強；另一個層面則存在於「個人」的認知信念系統中，如某人對自己說「我是男性，應該要主動出擊」、「我是女性，應該要勤儉持家」等。無論前者或後者，社會文化與個人認知信念系統層面之性別刻板印象，往往交互影響、交互形塑、相互強化，嚴重者甚至惡化為性別偏見（sex bias）或性別歧視。

　　性別刻板印象所形成之角色規範，對於男、女性的影響雖然不同，卻皆造成性別角色認同的問題。性別刻板印象愈深刻的個體，不但容易自我設限、自我壓抑，待人接物以及思考模式也會愈形僵化，認為自己優於或劣於異性個體。男性為達到社會文化所要求的標準，往往刻意塑造男子氣概的形象，抑制女性化特質的出現；反之，女性對男性化人格特質則持正向態度，認為刻板印象中的男性特質為獲得信心與成功的重要條件。

　　對青少年而言，當性別不再只是男性或女性的屬性，還附加上社會指派給男性或女性的角色，及性別刻板印象所賦予結構性的機會、限制、意識及經驗之不同時，必定導致「過度概括」（overgeneralizing）的問題出現，而忽略個體間正常的個別差異。這種性別態度如果沒有經由教育的改變，不但不健康，更會對日後的兩性相處產生負面的影響，而且影響甚鉅。

第四節　兩性尊重與性別平等

　　男女雖在生物構造上的不同而有差異，但從心理分析、認知發展、社會學習和性別基模等理論觀點來探討，可以知道性別角

色的形成並非與生俱來，性別刻板印象與表現亦是社會化的結果。

長久以來，我們一直用「性別」來要求或期望個體表現刻板印象中的角色功能與行為，卻非站在「欣賞」和「尊重」個體的獨特性上，來協助其發展。在「男性神話」的引導之下，男性往往揚棄被認為女性化的情感表達方式，而以自我設限的方式處理憂鬱、焦慮等悲傷情緒，對會動搖男子氣概的行為如自我開放、表現自己脆弱的一面、尋求別人的協助等，經常會被排除在選擇之外（蔡永新，1999）；且男性由於害怕女性化，產生同性戀恐懼症，造成男性與男性間的互動受限，亦危害男性的身心健康。

相對而言，女性雖身受性別歧視的不平等待遇，卻較易得到社會、家庭的溫柔關愛，因為女性較少承受因過高期待所帶來的社會壓力，社會完全以「溫柔、順從、體貼」限制她們發展的潛能（晏涵文，1999），但是與男性不同的是，女性並非渴望發展成女性氣質的代言者，反而較多女性認為傳統的女性特質為負面、妨礙成功的原因之一，如果要追求成就，即意味須放棄女性角色，追求刻板印象中的男性特質，如好動、大膽、競爭或追求成就等。

由此，愈來愈多女性企望獲得等同於男性地位的聲望與職業，也獲得支配女性的權力，社會上即出現許多極端陽剛取向、意圖以強勢駕馭他人的「大女人」，以抗爭的強硬態度，重蹈了傳統男性刻板印象的錯誤。

一、追求性別的「真平等」

今日兩性從一個新的、民主式的教導中成長，因此女性被鼓勵不斷爭取權利，男性亦被鼓勵學習做一位「新好男人」。然而，所謂「性別平等」並非是爭奪「權利」與「義務」的平等，因為這樣必定會製造兩性的對立與仇視；而是要爭取「立足點」的平

等，以促使兩性和諧相處為前提，減少刻板印象的負面影響。

例如每個人能夠承擔重物的能力不同，教師若要求男同學負責搬桌椅，女同學則不必搬，一定會造成男同學的反彈；反之，若請男女同學相互幫忙，一起合作搬運桌椅，不但能協力完成工作，又不傷同學間的和氣，才算是做到真正的平等。

在臺灣社會中，男性常為婚姻、工作的既得利益者，既得利益者往往不會願意自動放棄權利，因此若丈夫心血來潮想做一次飯，他會說：「今天爸爸來幫媽媽煮飯」，意思是「煮飯」是太太的工作，他只是幫忙，而非將之視為家庭的工作，應由夫妻雙方來共同承擔。想要追求兩性平等，第一步應當勇敢破除性別刻板印象，調整自己的心態與角色，否則既要享受別人付出，又繼續保有舊有權利，實在無法提升兩性的關係。

當然，更重要的是，兩性皆有對愛、關懷的基本需求，且此需求不因男性或女性而有差異。我們應當了解，人性的發揚是最重要的，性別的差異倒是其次，若認真地回歸男女兩性同為「人」的思考，從「人本」的觀念來出發，便不難站在對方的立場上思考，做到平等的對待。

二、尊重個別差異

除了對異性不要存有性別刻板印象之外，更應當尊重同性間的個別差異。因為人往往「嚴以律人，寬以待己」，當自己表現不符合性別刻板印象時，會認為這是個人特色，但是若他人表現不符合角色規範時，卻會對他產生抵制或賦予負面的評價。

根據李美枝等（1996）之文獻回顧發現，當性別意識被喚起時，一般人常以性別角色刻板概念作為引導自我行為、期望，並以之作為評價他人成就的參考。因此，男性若具有「非傳統性的

男性化人格特質」，如溫柔的、敏感的、溫暖的等典型的女性化人格特質，可能會被他人譏笑為「娘娘腔」、「搞同性戀」；反之，女性則會被譏諷為「男人婆」、「恰北北」，並遭受到諷刺或排擠等程度不同的待遇。

因此，要做到兩性尊重與平等，須體認沒有兩個個體是一樣的，每個人在個性、特長上皆有先天和後天上的不同，不應一概而論。

三、發展剛柔並濟的性別角色

在多元的現代社會中，需要具備更富有彈性的性別角色特質，以適應瞬息多變的環境，因此刻板化的性別角色態度並不適用於現今社會，若囿於傳統的性別角色規範而限制自己的發展，無異是個人的損失以及社會的遺憾。

男性一向被剝奪了人性中較為柔性的特質，從性別角色的量表中即可得知，如勇敢、獨立、冒險等男性化人格特質，皆為清一色的工作取向。反之，女性化人格特質中的溫柔、體貼等柔性特質，皆為情感取向，也都是社會中重要的民主素養，應當竭力發展之人格特質。

根據Bem的雙性化概念，每個人皆具備男、女兩種特質，應當根據情境，有彈性地展現出不同的人格特質。男性可以不安，可以哭泣，可以表達情感；女性也可以果斷，可以主動，可以發揮理性。這種雙性化的特質，即為「剛柔並濟」的性別角色，而且工作的成就和感情的世界取得平衡者才是一個健康的人。許多研究均顯示，能夠展現出雙性化特質的人，不但心理較為健康，較能承受壓力，且較能發揮所長，自在地經營工作與家庭生活，可見去除了性別刻板印象的束縛，兩性皆有較大的發揮空間！

　　隨著社會的變遷，男女性的性別角色也逐漸轉型。因應 21 世紀新時代的開始，我們應當學習如何做人，再學習如何做男人和女人，努力成為一個適應良好的新男性、新女性；更應努力營造兩性尊重與平等的環境，讓大家在人性化、民主的原則下，有更大的自主空間可以去發揮、貢獻所長。

關鍵詞彙

性別（gender）

性別角色（gender role）

雙性化（androgyny）

男性化（masculine）

女性化（feminine）

未分化（undifferentiated）

性別基模理論（gender-schema theory）

戀母情結（oedipus complex）

閹割恐懼（fear of castration）

戀父情結（electra complex）

陽具妒羨（penis envy）

男子氣概（masculinty）

女性氣質（feminity）

性別刻板印象（gender stereotype）

性別角色衝突（gender role conflict）

性別歧視（sex discrimination）

性別偏見（sex bias）

自我評量

1. 說明性別角色的相關理論。
2. 說明性別刻板印象之認知與內涵為何。
3. 說明現存之性別刻板印象可分為哪幾大類。
4. 說明性別刻板印象之影響。
5. 解釋如何發展剛柔並濟的性別角色。

參考文獻

一、中文部分

王宣燕（1990）。**電視廣告的性別角色分析**。國立政治大學新聞
　　研究所碩士論文。

田俊龍（1998）。**國小學生同儕團體與兩性關係**。國立臺灣師範
　　大學教育研究所碩士論文。

江漢聲、晏涵文（主編）（1995）。**性教育**。臺北：性林文化。

李玉惠（1997）。**國民小學女性校長工作壓力與社會支持需求之
　　研究**。國立臺北師範學院國民教育研究所碩士論文。

李秀靜（1998）。**國中學生家務分工態度之研究**。國立臺灣師範
　　大學家政教育研究所碩士論文。

李美枝、鍾秋玉（1996）。性別與性別角色析論。**本土心理學研
　　究，6**，260-299。

林秀芬（2000）。**國小兒童對電視廣告中意識型態的解讀──以
　　性別刻板印象為例**。國立新竹師範學院國民教育研究所碩士
　　論文。

范淑娟（1991）。**兒童電視收視行為與其職業性別刻板印象之關
　　聯性研究**。國立政治大學新聞研究所碩士論文。

晏涵文（1994）。**做個剛柔並濟的人：學習新的性別角色**。臺北：

張老師文化。

晏涵文（1999）。培養互敬互愛的兩性關係。**兩性平等教育季刊，7**，28-31。

黃文三（1990）。我國青少年性別刻板印象之比較研究。**教育文粹，20**，89-104。

黃囇莉（1999）。跳脫性別框框：**兩性平等教育教師／家長解惑手冊**。臺北：女書文化。

曾素秋（1997）。性別角色的轉變與兩性關係。**高市文教，59**，4-8。

蔡永新（1999）。**大學男生性別角色衝突與求助態度之相關研究**。國立彰化師範大學輔導學系碩士論文。

劉秀娟（1999）。**兩性教育**。臺北：揚智文化。

劉修靜（1998）。**國小教師職業性別刻板印象、成就動機與逃避事業成就傾向之相關研究**。國立新竹師範學院國民教育研究所碩士論文。

蔣明珍（1991）。**高雄市女性國中教師逃避事業成就傾向之研究**。國立中山大學中山學術研究所碩士論文。

賴友梅（1998）。**影響國中教師性別角色刻板化態度與兩性教育平等意識相關因素之研究**。國立政治大學社會學研究所碩士論文。

謝小芩（1998）。性別與教育期望。**婦女與兩性學刊，9**，205-231。

二、西文部分

Alpert-Gills L. J., & Connell, J. P. (1989). Gender and sex-role influences on children's self-esteem. *Journal of Personality, 57,* 97-114.

Bem, S. L. (1974). The measurement of psychological androgyny. *Journal of Consulting and Clinical Psychology, 42*(2), 155-162.

O'Neil, J. M., & Harway, M. (1997). A multivariate model explaining men's violence toward women. *Violence Against Women, 3*(2), 182-204.

Shaffer, D. R. (1996). *Developmental psychology: Children and adolescence* (4th ed.). New York: Brooks/Cole and ITP.

Sheryl R. G., & Stiehl, S. (1999). Effects of sex, gender schema, and gender-related activities on mental rotation. *Perceptual and Motor Skills, 88,* 342-350.

第七章

兩性交往——約會、戀愛、擇偶

1. 認識約會的目的與功能
2. 了解愛的意義、戀愛的類型與過程
3. 學習因應兩性交往中的衝突
4. 解析分手的原因與過程，並建設性地處理分手
5. 了解與擇偶有關的理論，並能擁有審慎擇偶的態度

摘要

　　本章自人際吸引力與性吸引力談起，探討兩性交往中的各種議題。我們能肯定地説，現代年輕人約會並非以「結婚」為單一目的；「約會」的本身可能就是目的。當然，想要謀求約會的成功，進而談一場精采的戀愛，是有方法的。

　　如何定義「愛」？「愛」和「喜歡」有什麼不同？戀愛的類型有多少種？戀愛的過程又是如何？本章皆有討論。了解「戀愛」，更具體的目的是：我們希望有效地面對戀愛中的衝突，並能找到因應之道；倘若一段戀情感覺已經走樣，實在「回天乏術」時，也要好聚好散。

　　沒有學會分手前，談戀愛是很冒險的。「分手」固然令人神傷，但我們總是應該找到最溫柔的方式，把傷害減到最低。最後，我們要學習與「擇偶」有關的種種；畢竟，那關係著許多人的終生幸福。

現代人的選擇已經比以前多了許多，約會（dating）、戀愛（love）進入擇偶的階段，激情（passion）應該漸漸沉澱，理智應該逐漸浮現。兩人都該對自己及對方有充分的了解，仔細評估雙方在個性、價值觀、人生觀和生活方式方面的匹配程度，判斷彼此是否能滿足對方的需求，兩人的同質性是否夠高，以增加未來婚姻幸福的可能性。

第一節　吸引力（attraction）

一、影響人際吸引的因素

你為什麼喜歡某個人？別人為什麼喜歡你？人與人之間為什麼互相吸引？無論是友誼或是愛情，人際之間的吸引往往是情感的起點，也是兩性互動過程中相當有趣的部分。

哪些因素會影響人際吸引的形成與否，或強弱程度呢？以下幾點是學者們認為比較重要的。

(一) 外表的吸引力

不管是交朋友還是選擇戀愛的對象，「外表」是相當有影響力的（Cate & Lloyd, 1992）。從表 7-1 可以看到，外表的美好（如外表乾淨、穿著適當）一直都是吸引朋友或戀愛對象的重要特質。

儘管「俊男」、「美女」似乎在社交上較占便宜，因為人們總是認為外表美好者必定具備較多的正向特質；然而，所謂的「外表」並不只是五官、身材等外在形貌，也包括了言談舉止、衣著服飾和儀態氣質。雖然外表的美好並不保證內在同樣美好；但假

表 7-1　高中生交友、約會與結婚對象所需重要特質評量結果

友誼重要特質	約會重要特質	結婚重要特質
1.愉快的	1.愉快的	1.愉快的
2.外表乾淨	2.可信賴的	2.可信賴的
3.有幽默感的	3.體貼的	3.體貼的
4.可信賴的	4.有幽默感的	4.誠實、正直
5.受異性歡迎	5.外表乾淨	5.有感情的
6.自在的	6.誠實、正直	6.自在的
7.有感情的	7.自在的	7.外表乾淨
8.體貼的	8.有感情的	8.有幽默感的
9.有車子或容易有車	9.聰明	9.聰明
10.會跳舞	10.思考周密	10.是一位聆聽者
11.能偶爾做一些冒險	11.穿著適當	11.運動好
12.思考周密	12.運動好	12.思考周密
		13.穿著適當

資料來源：Hansen, 1977, Dating choices of high school students（引自黃德祥，1994）。

如你在第一印象就留給對方不佳的觀感，很可能就損失了繼續交往的機會，那不是很可惜嗎？

(二) 時空的接近性

所謂的「近水樓臺先得月」，就是時空接近性的最佳詮釋。這表示兩人有機會進行頻繁的互動，容易增加熟悉感和親密感。也因此，反過來說，當時空阻隔時，感情也可能趨於平淡，吸引力銳減；所以，要經營「遠距愛情」，其實有著實質上的困難。

雖然時空的接近性可以增加吸引力，不過假如在剛認識時印象已經不佳，那麼對方愈試圖接近你，可能會使你愈討厭對方（Brehm, 1992）。

(三) 相似性

興趣、態度、價值觀、聰明才智、生活經驗和成長背景相似的人，容易氣味相投成為好友或情侶，這就是「相似性」所產生的作用。因為各方面相似的人容易分享許多活動、談論心事，甚至互相幫助，而且也不易因為對事物的觀點不同而產生衝突。

心理學家Newcomb（1989）的研究發現，朋友間雖然不必在每件事情上的看法都相同，但相同的意見愈多，感情就愈深厚。而在重要事件上持相同觀點的人，要比在小事情上有相同意見的人更能互相吸引。

此外，Brehm（1992）的研究發現，兩人在一起久了，甚至連外表都會有些相似。我們的社會俗稱的「夫妻臉」，指的就是這種現象。

(四) 互補性

除了以「相似性」來「物以類聚」之外，「互補性」也會增加吸引力。例如依賴成性的人可能會吸引「母性」很強（喜歡照顧別人）的人；活躍積極的人可能吸引被動沉靜的人。不過，大多數的研究認為「相似性」在吸引力方面遠遠超過「互補性」。

二、性衝動與性吸引力

從青春期開始，不分男女（男性比女性稍高），體內的雄性激素（testosterone，或譯睪固酮）增加，使得個體的性慾增高；而且青春期愈早出現者，愈容易有性活動（Zabin, Smith, Hirsch, & Hardy, 1986）。因此，談到兩性之間的吸引力，當然不能撇開「性」的吸引力。

　　儘管兩性在性衝動和性慾方面的表現有些不同（如兩性的性慾高峰期就明顯不同），然而隨著兩性社交活動的趨於多樣性，不再像過去那麼的「按部就班」（吃飯、看電影、郊遊等），甚至出現了「一夜情」這樣的社會現象，我們可以大膽斷言，不少人的交往是始於「性吸引力」和性衝動的。

　　Newcomb（1989）的研究指出，一般說來，美國男性喜歡漂亮、年輕苗條、會撒嬌的女性；女性則欣賞高瘦、臀部較小的男性。此外，不同的社會階層和個性傾向也會影響欣賞的重點。例如勞力階層的男性喜歡大胸脯女郎；專業女性喜歡穿著整齊、長相聰明的男性；外向的女性欣賞雄糾糾氣昂昂的男人等。當然，這些發現只能解釋部分的現象，不能做過度的解釋。

第二節　約會

一、約會的目的

　　在兩性交往的活動漸趨頻繁的今天，「婚姻」再也不一定是約會的終極目標。有些人終生不婚，卻頻頻約會；也有人不曾認真經歷約會的過程，就進入了婚姻（如相親結婚者）。晚婚的趨勢及逐漸升高的不婚率足以證明以上的論述。

　　根據內政部戶政司的統計，直到 2018 年底為止，我國 30 至 34 歲的適婚年齡女性，仍有 46%未婚。此外，統計亦指出：臺北市男性的初婚平均年齡為 33.7 歲，女性為 31.7 歲。由此可見，在進入婚姻生活之前，男女皆有一段為期不短的時間可以進行兩性交往活動。

　　郭明雪、晏涵文（1990）曾在其研究中提到，現代男女的約會並非為了結婚，而是為了「增加兩性交往的經驗」、「學習社交技巧」、「獲得快樂」；換言之，約會的本身就是目的。

　　Murstein（1986）也說，約會不只是一種愉快的娛樂，它也是富有競爭性的。男女雙方都努力將自己最好的一面呈現出來，希望能給對方最好的印象。

　　所謂「一見鍾情」，往往只是美好的第一印象而已，既表淺又不深入。一、兩次的約會之後，若能繼續交往，才會逐漸增加了解而產生感情。

　　無論約會能否「成功」進展為一段戀情，重要的是，它是一種寶貴的學習。在彼此真誠的互動中，我們得以成長。換言之，約會的「過程」比「結果」更為重要。

二、約會的功能

(一) 培養社交的能力

　　約會是一種溝通，雙方都扮演著傳遞訊息和接收訊息的角色，單方的聽與說都非良好的溝通，約會的過程可平衡我們如何來傾聽別人的訴說，並且可以學習如何適當地穿著、打扮，應對進退，男性應如何保護女性，如何邀約、拒絕與接受。

(二) 發展自我了解與了解對方

　　約會經常伴隨著多方面的人格成長學習，包括對自己及他人。與異性交往後是愉快與舒適，或是很辛苦地按照對方的意願，處處改變自己，而如有此情形，是否考慮跳出此種環境，另行再交往，可能會有更好的效果。用自然的交往過程去認識對方，如此

才能找到與自己情況比較接近的理想對象。

經由朋友的關係，繼續自然的發展，雙方可能先後或同時對對方產生好感，開始有更進一步的發展及逐漸的學習，從對方對自己的要求、自己對對方的要求來認識彼此，而更多的是認識自己才是最重要的。從不同的對象中，好像從不同的鏡子照到不同的自己，千萬不要以為所有的鏡子照出來的你都一樣。不要認為與某個人約會後，那個人就一定是你將來的伴侶。當然，如果經過團體約會後才選擇的單獨約會對象是不一樣的，事實上經過團體約會再單獨約會時，他在團體中所表現的，與更進一步的交往後也會有些不同，因為更進一步的認識之後，對方的一些缺點將會暴露出來。

(三) 發現並測驗性別角色觀念

婚前的彼此認識，很重要的一點是要認識對方對性別角色的看法，夫妻如果對性別角色觀念不同，調適起來就非常困難。所以在決定配偶之前，必須要好好的評估雙方對性別角色的看法。

(四) 評估人生價值觀和目標

一個人的人格簡單地說就是他的人生觀，人生的價值觀與人生的目標是不一樣的。如果你與對方相當不同，將來婚後的調適就更困難。譬如對金錢的看法，什麼是奢侈或是節儉，如果兩人差異太大，將會有很多爭執。婚前約會時，應用更多的機會去了解對方對於名利的追求、美好生活的盼望、服務人類的想法等，這些都最好於婚前約會時就能有所了解。

(五) 測驗對方遭遇困難時的反應模式

對方的習慣反應方式是哭、鬧、罵，還是關起門來生氣；是

否繼續跟你約會；於爭吵後，兩人誰先讓步；在利害關係衝突時，他如何處理；遭遇挫折時用什麼方法解決，逃避？攻擊？酗酒？怨天尤人？服食藥物？遷怒……等。

(六) 評估自我的需求

大部分的人覺得稱讚別人是拍馬屁，所以不喜歡說。有的人認為稱讚人家是貶低自己。其實出自內心的鼓勵和讚賞，並非表示自己比對方差，而是一種成熟的表現，不以自我為中心。經由約會可觀察彼此是否以自我為中心，或是比較有理性。

(七) 認識占有、嫉妒的意義

很多人錯認占有或嫉妒是代表愛，如對方很會吃醋表示他很愛你，如他不吃醋，還會認為他一點都不愛你；連丈夫、妻子，結婚多年都還會有此情形，經常都會為不吃醋生氣，對方如真吃醋又會造成很大的爭執。對你與任何異性講話都會吃醋，是極端不成熟的人（晏涵文，1994）。

三、成功約會守則

郭明雪、晏涵文（1990）及白瑞聰（1989）分別以五專五年級學生和大學生之約會行為進行研究，發現學生常見的約會困擾有：缺乏勇氣不知從何開始、進行技巧偏差、時間不夠或無法配合、找不到合適的約會地點、約會花費太多而錢不夠用、怕遇到熟人、兩人意見不合、怕影響功課、鬧情緒、兩人無法溝通、約會時無話題可談，以及不知選擇何種約會活動等。

針對上述的約會困擾，一個令人感到愉悅的約會應該注意到以下幾點。

(一) 自信與真誠

對自己要有自信，對約會的對象要有真誠的關懷。以平常心開始交往，不過分在意得失，就不會有「不知從何開始」的顧慮。

(二) 良好的社交技巧

約會前整理服裝儀容、約會不遲到、不高談闊論敏感或爭議性高的問題（如政治、宗教）、關心對方的福祉等，都是促使約會成功的社交技巧，需要多加練習，最好能夠讓這些「技巧」成為性格的一部分。

(三) 溝通的意願與彈性的性格

當約會中兩人意見相左時，雙方都必須有彈性的性格、接納的態度，以及協調的能力。倘若固執己見、不願意溝通，便無法交往下去。

(四) 釐清彼此的權利與義務

傳統上男女在約會時，多半由男方主動，也由男方承擔較多的責任，如決定約會地點、負擔約會費用等。然而，在男女平等的今天，較合乎時宜的觀念是：雙方共同承擔約會的費用，一起做決定，培養年輕男女對性別角色態度的開明化與彈性化；這樣一來，也有「預防約會強暴」的附帶好處（洪素珍，1997；羅燦煐，1999）。

(五) 適當的感情定位

年齡、家庭狀況、在學與否等因素，決定了兩人交往的進度與感情的定位（王瑞琪，1992），因此兩人應該就這個部分做一

些溝通，避免因彼此的期望不同，而造成衝突。

第三節　戀愛

一、戀愛的類型

　　每個人對「愛」的感受是截然不同的，因此什麼是「愛」，實在很難下定義。小說家 Robert Heinlein 曾說：「愛就是對另一個人的快樂感同身受。」不少人認為這種說法已經很精準表達了愛的內涵；然而，這句話並沒有談到浪漫的愛所帶來的強烈感受，也沒有表達出當情感遭受挫敗時，所產生的巨大痛苦。因此，它仍然不能算是最好的定義（王瑞琪、楊冬青譯，1995）。

　　關於愛情（戀愛）的理論不少，在此只介紹其中的四種。

(一) Sternberg 的愛情三因論

　　心理學家 Sternberg（1988）認為愛可以分為三個部分：激情、親密和承諾。「承諾」（commitment）是對兩人關係賦予社會性的意義；「激情」主要是性吸引力所引起的情緒，以及激發熱烈情感的內在需求；而「親密」（intimacy）則是指互相扶持的情感，以及在愛情中表現的溫馨行為，包含溝通、分享、共處的愉悅與對彼此的重視。

　　Sternberg 說：「愛情是不時變動的，（像童話故事那樣）『從此過著幸福快樂的日子』並非不可能，但必須奠基在雙方時時調適的意願。求求激情永不褪色、親密關係絕不改變的情侶，終究只落得失望。我們必須不斷進行了解、重建關係，否則難以

維繫久遠⋯⋯只有持續的努力，才能保有最佳狀態。」信哉斯言！

(二) Saxton 的戀愛理論

Saxton（1990）把愛分成四類：

1. 浪漫之愛：這種感情濃烈且變化多端，彼此深受對方吸引，充滿感情，關心對方福祉，並願意為對方付出一切。

2. 性慾之愛：愛情中含有性慾的成分，有強烈的性渴求。然而，完美的性慾之愛絕非單方面的生理宣洩或滿足，而要同時關注對方的需求和感受，「施」與「受」能夠對等。

3. 伴侶之愛：愛侶間彼此愛慕、依附，並呈現「知己」好友的面貌，細水長流，相當踏實。

4. 利他之愛：因為對某人付出、關心與照顧，而獲得情緒上的滿足，就如同父母對子女的愛，男女之間也會有這種情愫。

(三) John Lee 的戀愛觀點

社會學家 John Lee 將「愛」分成六種類型；除「浪漫之愛」、「利他之愛」與 Saxton 所述相同之外，不同的四項是：遊戲之愛、友誼之愛、占有之愛、現實之愛（劉秀娟，1999）。簡述如下：

1. 遊戲之愛：視愛情為獲得對方青睞的挑戰性遊戲，是充滿遊戲過程樂趣的。當事人會避免投入自己情感而不停更換對象，享受愛情過程的樂趣。

2. 友誼之愛：是一種共同成長的平穩感情（如青梅竹馬），由於長期相處而視彼此為自然相屬的愛，也是一種較無變動激情的愛。

3. 占有之愛：占有之愛對情愛的需求是強制的、排他的，愛

侶較為敏感且情緒起伏也較為明顯。

4. 現實之愛：人們傾向於選擇酬償性高、成本低的愛情伴侶，也傾向於以現實利益的考量（如男的要多金，女的要有工作）來發展愛，是一種條件式的愛。

(四) 依附關係理論

Shazer、Hazan 與 Bradshaw 認為一個人的愛情關係和他在嬰兒時期的親子關係非常類似，兩者都含有依賴對方的心理（以獲得安全感）、害怕被拒絕的疑慮、分離的痛苦、全心全意投入感情，以及不靠語言（靠著肢體語言）的溝通行為。

三位學者的論述中把一般人慣有的愛情模式分成三種；而透過調查，他們得到以下的比率：

1. 安全型：約占 56%，他們有安全感，不擔心被拋棄，也不怕第三者出現，與伴侶關係良好，彼此互信且互相扶持。

2. 躲避型：約占 25%，他們有極端的情緒反應和嫉妒的心理，害怕在情感方面和別人過度親密，不能完全信任對方。

3. 焦慮矛盾型：約占 19%，這種類型的人對愛情患得患失，擔心對方不愛他，心理負擔沉重。諷刺的是，他們經常因此而失去所愛的人。

有人批評這種理論，認為把成年人的愛情觀完全歸因於嬰兒期，不僅忽略了個人思考模式的發展、道德與社會的模式，以及嬰兒期之後的經驗，也太過「宿命」，否定了人類的自由意志；此外，它也無法解釋不同的文化環境下所產生的不同愛情觀（王瑞琪、楊冬青譯，1995）。

二、「愛」與「喜歡」的不同

當我們要為「愛」下一個適切的定義時，免不了會碰到一個問題：「愛」和「喜歡」有什麼不同？

Rubin（1976）發現「喜歡」與「愛」的情緒中，都包含了尊敬、吸引、感情、需要、關心、信心和容忍；但「喜歡」的情愫重於尊敬、吸引和感情，而「愛」則強調需要、關心、信心及容忍這幾個向度。

Ellen Berscheid認為「愛」和「喜歡」根本不一樣；一個人可以愈來愈喜歡另一個人，但喜歡到頂點，仍不見得會產生愛的感覺。總言之，「喜歡」和「愛」雖然都是情感的產物，卻各有特色，不能混為一談（王瑞琪、楊冬青譯，1995）。

國內著名研究現代男女感情的學者曾昭旭（1987）指出，兩性碰觸是單方或雙方產生一種生命開放的喜悅情懷，從本質上來區分「喜歡」與「愛」的不同。喜歡是單方的情感觸動，愛則是雙方的情感觸動。喜歡是單方的關係，自己是主體，被喜歡的對方是個客體。愛則是雙方的關係，彼此互為主體。

戴傳义（1983）整理了各家說法，綜合得到的結論是：「喜歡」是比較利己的，當一個人喜歡某一個人時，他願意分享生活中的種種，經由談話、活動及肢體語言而建立初步關係，再經由自我揭露、分享心事而逐漸發展成友誼關係；而「愛」是先利人而後利己的，當愛上某人時，是一種「施」與「受」的甜美感覺與需求滿足。「愛」可以包括「喜歡」，但「喜歡」一個人則不一定會「愛」上他。總結來說，「愛」是「喜歡」的極致。

「喜歡」與「愛」，有的心理學家認為只是「情感的深度」有所不同而已（「喜歡」較淺，「愛」則較深）；有的心理學家

則認為「喜歡」與「愛」所帶來的情緒內容完全不同。

「喜歡」可以是一種欣賞、一種友誼，而「愛」則帶有親密、排他占有的情愫。

三、戀愛中的衝突與因應

談到戀愛中的衝突之前，應先了解戀愛的過程，再從各個階段的特徵、戀愛的模式來看戀愛的衝突與因應。

(一) 戀愛的過程

Reiss（1952）歸納戀愛的過程，認為每一段戀情的發展模式，可以分成下列四個階段（引自林蕙瑛，1995a）：

1. 融洽階段：在此階段雙方相處愉快自在、氣氛融洽，這種融洽關係會促進溝通意願與能力，增加雙方進一步發展的機會。

2. 自我顯露階段：此時雙方將自身的喜好、人生觀、價值觀和宗教信仰等，一一顯露出來。

3. 相互依賴階段：雙方建立起相互依賴的感情，互相依靠，開始認定對方的獨特性、重要性，以及關係存在的價值。

4. 親密需求實踐階段：經歷前三個階段後，此時雙方開始評估這份關係是否能提供親密需求之實踐；也就是說，兩人之間能否發展穩定的親密性，是否能不斷自我揭露，不斷付出愛。

以上四個階段分布在一個車輪盤上，向前轉動，則發展愈深；若雙方有誤解、歧見或爭執，則關係會退化，感情會轉淡。這個理論也因此被稱為「車輪理論」（wheel theory）。

此外，我們要思考的是：不同的人在談戀愛時會不會有不同

的模式呢？Murstein（1986）根據 Huston 對戀愛方式的分類，把戀愛的模式分成四種類型：

1. 加速—停止型：這種類型的戀愛因為起初進展太快，然後逐漸緩慢，通常無法走入婚姻。

2. 加速型：雙方談戀愛速度極快，但走得順暢，感情有增無減，最後終於可以穩定下來，修成正果。

3. 中度型：這種類型發展的速度比前兩型慢一些，偶爾會出些狀況，但若雙方能溝通、珍惜，也會有很好的結果。

4. 延長型：這種戀愛步調慢，過程又頗崎嶇，費時費力又辛苦，結果難料；有時終成眷屬，有時黯然分手。

(二) 戀愛的衝突

很多人認為，理想的愛情應該是永遠甜蜜快樂、沒有衝突的；童話故事的結局裡，王子和公主總是「從此過著幸福快樂的日子」，暗示著墜入情網是無法解釋的、無可抗拒的，甚至是命中註定的；然而，一旦我們開始談戀愛，日常生活裡許許多多的考驗馬上造成極大的衝擊，因為現實的愛情包含著權力鬥爭、嫉妒、吵架、挫折感和厭倦感。不說別的，兩個來自不同生活背景的人緊密地相處，怎麼可能沒有衝突（見圖 7-1）？

在戀愛的過程中，有衝突不全然是壞事，有時候反而可以促進雙方的表白，了解對方心裡在想些什麼、到底要什麼，可以進一步討論和溝通。這樣一來，雙方都可以得到他們想要的，澄清誤會，減少歧見（林蕙瑛，1995a）。

有些人為維持戀愛的和諧氣氛，極力避免衝突，其實這樣可能會帶來更大的衝突。同時，因為兩人之間一直存在著不合理的期望、沒有能力傾聽、無法溝通等問題，交往中始終存在著許多負面的情緒，暗潮洶湧；這樣一來，反而對進行中的戀愛有害，

圖 7-1　現實裡的愛情包含著衝突

更容易導致對彼此的傷害，甚至分手。

(三) 戀愛衝突的因應之道

　　碰到戀愛中的衝突，健康的因應之道就是去面對它，不要逃避。寧可討論、溝通、協商、改變，也不要默默地冷戰。冷戰非但不能解決問題，反而容易導致更多誤解。就算面對衝突之後發現彼此並不合適，進而分手，也算是相當「建設性」的結果；至少，比結婚後發現彼此不合適再離婚要好得多。

　　沒有人能夠保證愛情永遠不變。情愛關係需要努力培養，持續加溫，增進彼此的溝通和了解，而這些都是需要下工夫的。

　　羅曼蒂克的愛其實非常「嬌嫩」，需要用心灌溉，否則很快就會枯萎。而有時候即使非常用心栽培澆灌，感情依舊由濃轉淡，仔細追究起來，好像也沒什麼道理；此時，最好以中國人的方式解釋為「緣分不夠」，千萬不要自責或怨恨對方，而應該學習好聚好散。

第四節　分手的過程與調適

一、分手的原因與方式

(一) 分手的原因

　　曾經交往過的情侶最後分手，原因很多，不過歸納起來大約可以分成以下三類（林蕙瑛，1995a）：

　　1. 社交不相容性：包括教育程度的落差、生活背景不同、價值觀差異、性愛觀念有差距等，使得情侶在公開場合或私下相處時愈來愈格格不入。

　　2. 低品質的關係：可能有一方或雙方都不懂得表達情感、釋放善意，以致相處久了，凡事視為理所當然，或是雙方各持己見、無法溝通，又不願求助於諮商人員，久而久之，關係日漸惡化。

　　3. 社會網絡的影響：或許是父母反對，或是親友不看好這段戀情，都可能對當事人造成壓力，終使感情變質。

　　不管分手的原因是來自外在的因素（如社會網絡）或來自兩人內在的實質問題（如社交不相容、相處品質低劣），很少有雙方同時提出分手的現象。通常是一方先提出，另一方不願意；然後，免不了會有一番掙扎和痛苦。

(二) 分手的方式

　　Baxter（1984）曾將分手的方式分為 12 種，其中有較具建設

性的（如直接溝通、討論關係等），也有較為負面的（如無法妥協、歸因式衝突）。茲簡述如下：

1. 單方面分手：一方提出分手並付諸行動。

2. 雙方面分手：男女均以行動來分手。

3. 間接分手：個人並未清楚說出要走出這段關係。

4. 直接方式：個人清楚說明要分手。

5. 退縮：逃避、盡量簡短接觸、不回信、不回電、更不主動邀約。

6. 假裝暫緩：告訴對方假話，暫時不要再繼續親密關係，緩一陣子再說，其實真正的意圖是想完全撤退。

7. 提升關係成本：故意裝成向別人示好，惹得伴侶傷心，藉此減低伴侶對他的愛，分手才會對彼此容易些。

8. 討論關係的表白：在討論彼此關係時，表達出不滿及分手之意願。

9. 無法妥協：直截了當說出關係已結束，沒有討論也不能妥協。

10. 逐漸淡化：雙方都沒有說出來，但心知肚明，關係已經慢慢結束，也不想再去維持了。

11. 妥協再見：雙法都願意對關係結束之事溝通，言談之間不帶有恨意及衝突矛盾。

12. 歸因式衝突：雙方經常為了為什麼要分手及到底是誰的錯而爭執或是討論。

二、分手應注意的事

沒有人願意讓一段美好的戀情突然劃上句點；然而，當一份感情帶來的只是痛苦而不能使任何一方快樂時，或許更明智的做

法就是：長痛不如短痛。

　　要將分手的傷痛減到最低，其實是有方法的。以下幾點可以供準備分手的人參考。

(一) 不責備任何人

　　關係的變化不是短時間造成的，通常是長時期互動的結果，因此往往很難說得出到底是誰對誰錯。與其自責或是責備對方，不如用更寬廣的胸襟看待一段感情的結束。

(二) 心存感謝

　　無論兩人交往到最後階段是否爭吵不休，不可否認地，對方曾經欣賞你、照顧你，與你共度一段美好的時光；光是這些，就值得心存感謝。適度地表達感謝，不但能還原事實的真貌，也能減輕彼此的傷感。

(三) 祝福對方找到更合適的人

　　「分手」意味著彼此並不合適，而不是誰「好」誰「不好」。因此，建議大家不要再使用「誰甩了誰」這種說法。不論是誰先提出了分手，誰是被動接受分手的人，都該保有風度，祝福對方找到更合適的人。

(四) 用溫柔敦厚的方式說再見

　　兩個曾經密切交往的人，要結束親密關係其實並不容易，在此時，言詞尤其應該懇切溫柔，不要刺傷對方。倘若沒有把握，甚至應該先將準備要說的話寫下來，避免在情緒激動時出口傷人。

(五) 注意自身安全

倘若預測對方可能無法理性看待分手，主動提出分手者在準備結束關係時應該特別注意自己的安全問題。談判分手的地點宜在公開場所（而非隱密的家裡），甚至應該邀請自己的親友相陪（多半的時候親友無須開口，只須默默陪伴），避免情況失控。

總而言之，分手的雙方就算不能繼續做朋友，也不必成為仇人；這應該是文明社會中兩性交往最重要的素養。

三、分手後的調適

情侶分手後，誰會比較痛苦？研究指出，提出分手者比被迫接受者感受較少的痛苦，也感覺較不寂寞、較自由且輕鬆愉快些；但免不了會有些罪惡感（Hendrick & Hendrick, 1992）。

依據 Rubin、Peplan 與 Hill（1981）的研究發現，情侶在分手的方式、分手後的感受度，存在著性別差異。女性在親密關係中比男性容易察覺兩人之間的問題或不滿意的感覺；同時，女性對這份關係的不滿足，多半會形成預測關係結束的指標。所以，在這種情況下，女性比男性容易主動提出分手的要求；而在分手之後，男性比女性有較嚴重的情緒反應及自我失落感（引自劉惠琴，1996）。

一般說來，女性善於表達的特質使得她們較敏感於關係的轉變，並且她們通常在提出分手之前已經觀察、準備了一段時間；因此，當對方被「告知」分手而痛苦不堪時，她們的調適通常比較好。

男性在面對分手時的失落感較強，可能是因為他們對關係品質的變化較不敏感，或是將情感的挫敗與「個人的能力」不佳（覺

得自己「罩不住」女朋友、「被甩了」）結合在一起，做過度反應所致。

其實分手並不一定對個體只形成負面的影響，也有可能協調個體發展建立良好兩性關係的新能力。當緣盡情了時，一定要認清現實，過去雖然相愛過，在當時都是真的，但已經不適用於此時此景了。應該鼓起勇氣，拿出魄力割斷情緣，紓解負面情緒（林惠瑛，1995a）。

綜合各學者之建議，情侶分手時可以採取下列方式幫助自己調適。

(一) 尋求家人及朋友支持

特別是剛分手時，情緒可能極為低落，飲食起居和生活作息都可能會大亂，更需要家人及好友的照顧與陪伴。

(二) 生活規律

盡量維持原來的作息，做有建設性的活動（如規律的運動），維持生活正常地運轉。不只是有獨處的時刻，也該有與他人相處的時間，且不排斥一般的社交活動。

(三) 分散注意力

以學業或工作分散自己的注意力，讓自己忙碌於原本該承擔的角色，不頹廢、不放縱，也不自暴自棄。

(四) 找人傾訴

除了親友的陪伴之外，不妨尋求專業的諮商人員協助，整理情緒、淡化哀愁、治療創傷，也學習從經驗中成長。

第五節　影響「擇偶」的重要因素

一、與擇偶有關的因素

芸芸眾生中，誰會是你的 Mr. Right 或 Ms. Right？在尋找終身伴侶時，你會考慮哪些因素？Murstein（1986）曾提出與擇偶（mate selection）有關的因素，計有 14 項，茲分述如下。

(一) 相似性

當雙方在各方面的特性極為相像時，彼此旗鼓相當，成為伴侶的可能性就很高。

(二) 年齡

在適當的年齡尋找配偶，也配合社會文化的標準尋找年齡相仿的伴侶。在過去，「男大女小」是社會上較能接受的年齡組合；但在近年「女大男小」的現象也不少。

(三) 教育程度

只要兩人的教育程度差距不要太大，就不會有太大的問題；也不必依循著傳統「男高女低」的模式。男性不必對高學歷的女性敬而遠之，女性也不必瞧不起學歷稍低的男性。社會大眾也應以多元的價值觀接納之，在兩性平等的社會，不應再有「婚姻斜坡」（marriage gradient）的觀念。

(四) 出生順序

出生順序確實影響一個人的個性（王行，1997）；然而，現代家庭所生育的子女數愈來愈少，很多人都是獨生子或獨生女，同時身為「長女」和「么女」；所以，出生順序已經不是那麼重要的因素了。

(五) 種族

種族（族群）的不同是許多人考慮聯姻的重要因素；然而，只要能尊重彼此的文化及生活習慣，走進對方的社群及生活圈，和諧美滿並不困難。

(六) 聰明才智

不一定要找到比自己聰明或絕頂聰明的人，只要兩人聰明才智相當，溝通起來自然容易很多。

(七) 人格特質

要花一點時間跟對方相處，做近距離的觀察，才能覺察出他的個性和人格特質，而這往往是日後能不能相處的重要關鍵。

(八) 外表的吸引力

剛開始交往時，雙方可能都先受到外表的吸引，但是當關係漸趨於穩定後，再好看的外表或再平凡的容貌都會變得沒有那麼重要。

(九) 感情前科

有些人會在意伴侶的感情前科；其實，兩人未交往前各有各

的生活圈和感情經歷，這都是個人的隱私，應該受到尊重。只要「現在」和「未來」都是真誠相待，又何須在意「過去」？

(十) 近水樓臺

熟識的朋友容易因為「時空接近性」而成為愛侶，甚至結為終身伴侶。然而，就是因為太熟悉了，很容易將一切視為理所當然；因此，應該多接觸外界（兩人世界以外）的事物，使彼此的感情經過考驗而更穩定。

(十一) 性

性驅力與性興趣通常並非選擇伴侶的決定性因素；然而，「性趣」相近與性吸引力的有無或強弱，對於選擇配偶多少是有些影響的。

(十二) 一社會經濟階層

男性的謀生能力（是否會賺錢）一直被認為是婚配問題中的重要因素，女性通常不願屈就社經地位比她低的人。平心而論，這一點的考量不能以「現實」來加以批評；因為，社經地位不同，生活方式就不一樣，湊在一起過日子當然容易產生摩擦。在兩性平等的社會，男、女雙方社經地位不要相差太遠較合適。

(十三) 價值觀

價值觀相似是婚姻幸福的決定性因素。男女除了對戰爭、宗教、政治、經濟或美學等方面應力求價值觀接近之外，特別應該溝通對「性別角色」的價值觀。

(十四) 宗教

情侶在熱戀時通常能尊重對方的信仰，一旦共同生活之後，飲食習慣（如素食）、是否膜拜燒香等，都會產生衝突，這也是該考慮的因素。尤其是信仰深入一個人的價值觀時。

這些條件及限制是如此的「具體」，其實並不羅曼蒂克，它正說明了擇偶似乎是一種一路篩選過濾的過程。Orthner（1981）以「候選人儲存槽」的概念來說明這個歷程（見圖 7-2）。事實上，每個人的儲存槽可能有大有小，候選人可能或多或少，但最後能成為終身伴侶的只有一個（彭懷真，1996）。

二、擇偶的重要理論

在你的擇偶「儲存槽」裡，候選人可能不只一位，為何你選擇了他（她）？不同的學者有不同的說法，較重要的擇偶理論如下。

(一) Freud 的心理分析論

Freud 主張孩童早期與父母的關係會影響到日後的伴侶選擇；而且，所選擇的伴侶在外表及心理方面與其父母有相似之處。研究也顯示，人們在擇偶時受到母親影響比來自父親的多。

(二) Winch 的互補需求論

Winch（1958）認為人們都有自己的情緒需求，每個人都會選擇最能滿足自己需求的人成為配偶。他所謂「互補」有兩種型態：(1)同樣的需求，但程度不同；(2)不同的需求，但雙方可以互補。Winch 的理論後來為 Centers 所修正，但同樣遭到「不能全然解釋擇偶行為」的批評。

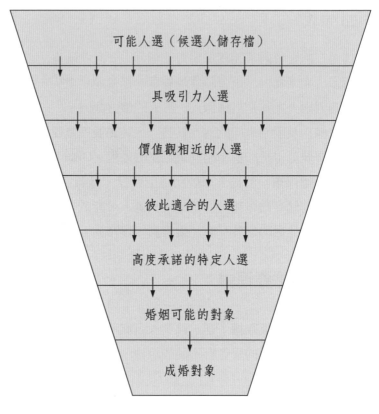

圖 7-2　擇偶的發展過程

資料來源：修正自 Orthner，1981（引自彭懷真，1996，頁 39）。

(三) Murstein 的刺激（stimulus）—價值（value）—角色（role）論（SVR）

Murstein（1986）曾鉅細靡遺地提出 14 項影響擇偶的因素，並認為擇偶是一項複雜的決定，必須先有對彼此某些優點的刺激，然後，有價值觀交換的正向肯定，再加上雙方角色、環境因素等配合，才有結婚意願。這是較為現實取向的觀點。

(四) 同質性理論

國內學者彭駕騂（1994）曾根據 Mitchell 與 Heit 的同質性理論，歸納出影響擇偶的許多因素，並認為「物以類聚」，同質性和相容性愈高，婚姻愈有可能幸福。

三、如何審慎地選擇配偶

人的一生之中，可能要做無數次的抉擇；但無疑地，最重要的選擇之一就是「擇偶」。成年之後，人們離開自己的原生家庭（original family），跟自己所選擇的人共同生活在一起數十年，組成「第二家庭」，這當然是件大事（彭懷真，1996）。

事實上，現代人的選擇已經比以前多了許多。你可以選擇婚姻，也可以選擇單身的生活方式。除了「鰥寡」是不可能選擇的之外，未婚、已婚、分居、離婚、同居等，都是可能的選擇；換言之，「婚姻」只不過是一種生活方式的選擇（林蕙瑛，1995b）。倘若你選擇的是大多數人走的婚姻之路，那麼一個適當的人選就顯得格外重要。

從約會、戀愛進入擇偶的階段，激情應該漸漸沉澱，埋智應該逐漸浮現（也因此，「閃電結婚」其實也是有著極大隱憂的）；兩人都該對自己及對方有充分的了解，仔細地評估雙方在個性、價值觀、人生觀、生活方式方面的匹配程度，判斷彼此是否能滿足對方的需求，兩人的同質性是否夠高，以增加婚姻幸福的可能性。

關鍵詞彙

約會（dating）

戀愛（love）

激情（passion）

吸引力（attraction）

承諾（commitment）

親密（intimacy）

車輪理論（wheel theory）

擇偶（mate selection）

婚姻斜坡（marriage gradient）

刺激—價值—角色（stimulus-value-role）

原生家庭（original family）

自我評量

1. 說出三個使約會成功的行為和三個使約會失敗的行為。

2. 分辨出「喜歡」和「愛」有何不同？

3. 依照 Reiss 的車輪理論，如果正在談戀愛，能判斷自己是在哪一個階段？

4. 「一見鍾情」何等羅曼蒂克，多麼令人嚮往，為什麼這種戀情總是容易無疾而終、空留悵惘？

5. 我在上一次戀情結束時，是否處理得宜？事後的調適如何？

6. 我聽過一些人能夠漂亮地處理分手的故事，它能帶給我什麼啟示？

7. 到目前為止，你傾向於選擇「單身」或「婚姻」？原因是什麼？

8. 「男大女小」、「男高女矮」、「丈夫的學歷要高於妻子」等傳統的「婚姻斜坡」擇偶條件，是否符合現代社會的需要？

參考文獻

一、中文部分

王行（1997）。**家庭歷史與心理治療**。臺北：心理。

王瑞琪（1992）。**臺北市高職三年級學生避孕行為及其相關因素探討**。國立臺灣師範大學衛生教育研究所碩士論文。

王瑞琪、楊冬青譯（1995）。William H. Masters, Virginia E. Johnson, & Robert C. Kolodny 著。**馬斯特與瓊生性學報告（上）**。臺北：張老師文化。

白瑞聰（1989）。**大學生約會行為之調查研究**。國立臺灣師範大學衛生教育研究所碩士論文。

林蕙瑛（1995a）。約會與戀愛。載於江漢聲、晏涵文主編，**性教育**（頁 147-168）。臺北：性林文化。

林蕙瑛（1995b）。擇偶與婚前準備。載於江漢聲、晏涵文主編，**性教育**（頁 169-188）。臺北：性林文化。

洪素珍（1997）。性的社會問題。載於王瑞琪、江漢聲主編，**青春・解性・不留白**（頁 133-164）。臺北：性林文化。

晏涵文（1994）。**生命與心理的結合**。臺北：張老師文化。

郭明雪、晏涵文（1990）。兩性婚前生理及心理親密行為研究。**中華民國學校衛生學會雜誌，16，**13-25。

黃德祥（1994）。**青少年發展與輔導**。臺北：五南。

曾昭旭（1987）。**不要相信愛情**。臺北：漢光文化。

彭駕騂（1994）。**婚姻輔導**。臺北：巨流。

彭懷真（1996）。**婚姻與家庭**。臺北：巨流。

劉秀娟（1999）。**兩性教育**。臺北：揚智文化。

劉惠琴（1996）。性別意識與心理治療（女性主義）。**測驗與輔導，135，**2776-2780。

戴傳文（1983）。婚姻與婚姻諮商。臺北：大洋。

羅燦煐（1999）。臺灣青少年對約會強暴之寬容性研究。中華心
理衛生學刊，**12**（1），57-91。

二、西文部分

Baxter, L. A. (1984). Relationship disengagement: An examination of
the reveral hypothesis. *The Western Journal of Speech Communi-
cation, 47,* 85-889.

Brehm, S. S. (1992). *Intimate relationship: Love and romance.* New
York: McGraw-Hill.

Cate, R. M., & Lloyd, S. A. (1992). *Courtship.* London: SAGE public-
ations.

Hendrick, S. S., & Hendrick, C. (1992). *Romantic love.* London: SAGE
publications.

Murstein, B. I. (1986). *Paths to marriage.* London: SAGE publications.

Newcomb, T. (1989). Assessment of personality and demographic as-
pects of cohabitation and marital success. *Journal of Personality
Assessment, 44,* 11-24.

Orthner, D. K. (1981). *Intimate relationships: An introduction to mar-
riage and the family.* London: Addison-Wesley Publishing Com-
pany.

Rubin, L. (1976). *Liking and loving: An invitation to soul psychology.*
New York: Holt, Pinehant & Winston.

Saxton, L. (1990). *The individual, marriage, and the family.* Belmont
California: Wadsworth Publishing Company.

Sternberg R. J. (1988). *The triangle of love: Intimacy, passion, commit-
ment.* N.Y.: Basic Books, Inc, Publishers.

Winch, R. F. (1958). *Mate-selection: A study of complementary needs.*

New York: Harper & Brothers, Publishers.

Zabin, L. S., Smith E, A., Hirsch, M. B., & Hardy, J. B. (1986). Ages of physical maturation and first intercourse in black teenage males and females. *Demography, 23*(4), 595-605.

.

第八章

婚前親密關係與準備

學習目標

1. 認識並增進和諧的兩性親密關係
2. 了解婚前性行為的原因及影響
3. 學會面對婚前性行為可做正確的決定
4. 認識訂婚的功能及效力
5. 了解結婚的形式條件與實質要件
6. 明瞭婚前教育的意義及內容

摘要

　　人類因害怕孤單寂寞，希望建立各種親密關係，而其中情侶及夫妻間的親密關係可說是人們最渴望的親密關係，本章將探討兩性在情侶關係階段，約會、戀愛時的婚前親密關係。親密關係並非只指性行為而已，它分為性關係的親密感及情感上的親密感；前者是生理的親密關係，後者是心理的親密關係。

　　人們要的不只是「性」還有「愛」。未婚男女朋友間婚前的親密行為──婚前性行為，一直是性教育非常關心的課題。由於社會日趨開放，婚前性行為逐年增加中。婚前性行為所造成的影響不只是個人生理與心理，更是一個社會問題。面對婚前性行為的抉擇，除思考其後果是否自己有能力負責外，更應以「性行為」本身可否有助於增進彼此「愛」的關係為考量。因此，在婚前急於發生性行為反而是對愛的一種障礙。要避免婚前性行為的方法可由注意「愛撫的尺度」、「約會的地點」及「多製造心靈溝通的機會」三方面著手。

　　婚前的準備有助於婚姻的成功。婚前的準備不只是為訂婚與結婚等事宜做準備，基於婚姻是須學習及「預防勝於治療」的婚姻觀念，所以婚前準備的主要三項活動是：婚前教育、訂婚與結婚。「婚前教育」可提高婚姻的品質，「訂婚」是婚姻的準備，而「結婚」則是婚姻的完成。

每個人都害怕與社會隔離，面對內心的苦悶與寂寞感覺，人類的歷史是一部「人與孤寂」的奮鬥史，每個人都希望被賞識，希望超越自己的肉體，而尋找自我。從人類歷史的研究得知，避免孤寂的萬靈丹是「與他人建立一種牢不可分的關係（relation）」，這種關係不是一般泛泛的人際關係，而是一種親密關係（intimate relationship）。在各種的親密關係中，情侶及夫妻的親密關係是人們最渴望的。本章將探討未婚男女在婚前的親密關係，並分析婚前性行為的成因、影響與預防，最後說明婚前的準備。

第一節　婚前親密關係

每個人的心靈深處，都有著一個深深的渴望，就是與人建立親密的關係，盼望有另一個人為伴、另一顆心與自己交會。特別是兩性情侶關係間的親密關係是最能給人滋潤，點燃生命的活力，是每個人都渴望擁有的；但是，我們卻未必都有足夠的能力去迎接生平的第一次親密接觸。所以，我們必須對婚前親密關係有所認識。

一、親密關係的意義與特性

(一) 成年期的發展任務

親密關係是成年期的發展任務。美國哈佛大學心理學教授Erikson，根據其自身人生經驗及多年從事心理治療觀察所得，提出社會心理發展論（psychosocial development theory），將人生發展分為八個階段，有關成年期（20～45 歲）的發展任務就是親密

關係的建立。Erikson認為成年期的發展目標不再是追求每一個人都喜歡自己，轉而是希望和特定一人建立親密關係。所謂的親密關係是指對特定一人於性、情緒與道德上的承諾，需要開放、勇氣、道德力量，及犧牲或妥協個人嗜好，因此青年期如能發展出統整而清楚的「自我」，有助於在成年期與他人建立親密關係。如果成年期未能建立親密關係者，則易導入孤立（isolation），即缺乏與他人連結的安全感而認為自己必須孤獨（張春興，1991）。

(二) 親密關係的意義

「親密關係」或稱「親密感」，可分為性關係的親密感（sexual intimacy）及情感上的親密感（emotional intimacy）；前者是生理的親密關係，後者是心理的親密關係。因此，親密關係是指：彼此願意互相照顧，做出某種程度的犧牲並相互承諾，同時享有成熟的性關係（劉嘉年，2000）。親密關係是人類的基本需求，意指與他人分享彼此的情感、智慧，以及肢體上的親近（Olson & DeFrain, 1994）

親密感是兩人之間有真實的接觸，包括情緒上的交流、思想上的分享、肢體上的接觸，以及願意摘下面具坦承自己真正的需要。在接觸的過程中，彼此交換堅強的部分，也不怕呈現自己軟弱的一面，兩人的關係才有意義（鄭玉英，1994）。

親密關係與其他的人際關係不同。大多數的人際關係是泛泛的而非親密的，像是相識的人、同事關係，以及熟悉卻不深知的人們。相反的，親密關係涉及高度的相互依賴，這種依賴在兩人之間以三種關聯的經驗形成：兩人之間彼此有強烈的相互影響、經常的互動、長期地涉入各種活動（趙居蓮譯，1995）。

(三) 親密關係的特性與建立

根據上述親密關係的涵義，進一步闡述親密關係的特性（鄭玉英，1994），並指出如何建立婚前親密關係：

1. 親密關係是向內與自己的來往：親密這個英文字 intimacy 的希臘文為 intima，意思是極為內在（inner most）。一個人的親密能力包括了自己與自己的內心有所接觸；不愛自己的人很難以愛人，與真我隔離的人也難與他人心靈交流。嚴重失落自我的人，在跟人建立親密關係時，若非越界就是築牆。因此，想要與人建立親密關係必先要擁有安全而充實的內在。

2. 親密關係是兩人之間的事：兩人之間一對一的來往才有真正的親密。一群人也可能成為親密夥伴或團體，不過意義並不相同。因此，在彼此約會已成為固定對象時，宜採一對一的交往，不可再單獨與其他異性約會。

3. 親密關係是身心靈的相會：親密是身心靈三方面的相遇，所以身體的接觸、性的結合、心的貼近和靈的交流均是其項目，要能三方面皆不落空才是最佳親密關係。因此，婚前親密關係的發展是要自我控制，以求三者的平衡發展，因為婚前在性的親密關係程度上只會前進，不會倒退。

4. 親密關係是「我們」一同成長：親密並非有我無你的大男（女）人主義，也非有你無我的犧牲主義，更非各自發展，而是在共同經營彼此關係的同時，自己的生命也因之充實而豐富。

5. 親密關係是我們既渴望又害怕：正因人們內心渴望親密，所以也害怕得到親密之後，會再失去。也因內心這樣「既期待又怕受傷害」的矛盾心態，會用種種的方式來阻擋親

婚前親密關係與準備 *8*

229

密的良性發展。以下這些是常見的阻礙方式：

(1) 害怕道歉——因為我們害怕與對方分享心中那份羞愧的感覺。

(2) 害怕在另一半面前顯示脆弱——因為我們擔心對方發現後會瞧不起自己。

(3) 害怕表露出自己的思念與情感——因為這樣的表示，我們彷彿就比對方矮了半截。

二、親密關係的發展

以下將分別介紹「生理親密關係」和「心理親密關係」這兩項親密關係的發展。

(一) 生理親密關係的發展

生理親密關係的發展，亦即親密行為（intimate behavior）或廣義的性行為。Vener 與 Stewart（1974）將性行為分成八個層次：(1)牽手；(2)摟腰搭肩；(3)接吻；(4)擁抱；(5)輕度愛撫；(6)重度愛撫；(7)性交；(8)性交對象兩人以上。

英國生物學家 Morris 在其所著的《親密行為》一書中，把兩性的親密行為發展順序分成 12 個階段：(1)眼對體：驚鴻一瞥、來電；(2)眼對眼—眉目傳情、眼眸交會；(3)話對話：互通款曲；(4)手對手：牽手；(5)手對肩：勾肩搭背；(6)手對腰：摟腰；(7)嘴對嘴：接吻；(8)手對頭：擁抱熱吻；(9)手對身：輕度愛撫；(10)嘴對乳：私密性的行為；(11)手對生殖器：重度愛撫；(12)陰對陽：性交（引自彭懷真，1998）。

(二) 心理親密關係的發展

此外有關心理親密關係的發展程度，亦即自我的揭露程度，可以依下面三個標準來判斷：寬度（breadth）、開放度（openness）與深度（depth）。寬度是指兩人共同活動的範圍，寬度愈廣表示兩人花愈多的時間參與共同的活動，親密程度愈高。開放度指兩人敞開心門，讓對方走進自己的內心深處，宣洩情感與交換想法的程度，例如一位男性願意向其女友毫無保留地訴說自己心事的程度。深度則是指除了兩人參與和分享外在活動與內心世界之外，彼此願意融入對方世界與之結合的程度，例如男女雙方互許承諾，深度愈大表示兩者之間的關係愈親密（陽琪、陽琬譯，1995）。

三、性別角色與親密關係

由於性別角色分工及男女權力分配不均等，經性別角色社會化及性別階層化的過程，導致男女雙方接受不同的性別角色，也造成兩性對於親密關係有不同的期望與表現，進而影響兩性互動的結果，使得兩性親密關係的發展受到限制與阻礙（周麗端等，2000）。

(一) 兩性對於親密關係的不同期待與表現

經性別社會化的過程，形成了傳統的性別角色，使得男性的性別角色傾向「工具性的」特質，女性的性別角色傾向「情感性的」特質。男性經社會化的過程著重於培養競爭力與強化支配能力，主要目的是使其成為擔負生計的負責人，所以男性並不被鼓勵去表達感情或經營溫暖的人際關係；反之，女性不被期待獨立

自主或具有果斷力，而是被期待成為一位「照顧者」，她必須學習表達情感，敏銳回應他人的需要，用心經營人際關係。

此外，在親密關係中，男女雙方的表現也有差異，女性傾向於表露自己，而且渴望與對方分享她的感受與想法，男性雖然也喜歡與親密的異性伴侶分享情感，但傾向於表現自己優秀的一面而保留較不好的部分，所以女性通常在兩性親密關係中負責情感的表達（Hochschild, 1989）。

因此，傳統的性別角色之下，兩性親密關係的發展受到限制與阻礙，如果能打破傳統的性別角色模式，讓兩性同時具備「工具性的」與「情感性的」特質，亦即「雙性化」剛柔並濟的性別角色，將有助於增進和諧的兩性親密關係。

(二) 親密關係中兩性不同的互動方式

性別角色社會化與權力關係不平等兩者交互影響的結果，兩性之間所運用的溝通技巧與影響策略都有不同。一般而言，在溝通技巧方面，男性較常使用單向溝通，女性則較擅長用雙向溝通。至於影響策略方面，女性較少使用直接方式，反而強調「以柔克剛」，透過柔性、非語言的情感表達方式；而男性則較常使用直接而正式的方式來達成目的，例如命令。如果我們將溝通的訊息區分為口語的（verbal）與非口語的（non-verbal），不難發現親密關係中，女性偏好以非口語的方式傳遞意見、感受或情緒，男性因社會化過程中缺乏這方面的經驗，往往不懂如何解碼以了解女性所傳遞的訊息。

兩性社會化不同造成互動方式的差異，不僅使兩性錯失雙方所傳達的重要訊息，有時候還誤解訊息。傳統社會將女性式的溝通方式定義為「間接的」甚至於是「口是心非」，當男性聽到其女友對其邀約說「不」時，他往往解讀成「女性說『不』就是

『要』」，且自以為是；為數不少的「約會強暴」就是起因於此。

第二節　婚前性行為

　　人是害怕孤單寂寞的，所以渴望與異性有親密關係以縮短距離，其中尤其是婚前的親密行為——婚前性行為，比起心理的親密較為容易獲得，不過它對兩性關係及社會卻帶來許多的問題。尤其是隨著社會的開放，婚前性行為的發生正逐年增加。

一、婚前性行為的現況

　　婚前性行為的調查研究報告顯示，國內各年齡層發生婚前性行為的比率皆有逐年增加的趨勢。回顧 40 年來國內的研究，國高中學生有性交經驗的比率明顯增加，目前約有 13%高中職學生有性交經驗（見表 8-1）。而臺北市五專五年級有約會的學生從 1979 年至 1988 年共 9 年間，男生有性交經驗的比率由 20.7%增至 24.6%，女生則由 3.9%增至 4.4%；再由 1988 年至 1998 年 10 年間，男生由 24.6%增至 25.8%，女生由 4.4%猛增至 18.0%（晏涵文等，1998）；再由 1998 年至 2007 年 10 年間，男生由 25.8%增至 28.7%，女生由 18.0%減至 15.5%（晏涵文等，2009）；又由 2007 至 2019 年，男生由 28.7%增至 40.1%，女生則由 15.5%增至 25.0%（晏涵文等，2019）（見表 8-2）。現大學生婚前性行為的比率確實是逐年增加中。

表 8-1　國高中學生近 40 年來性行為改變情形

年	1978	1985	1993	1997	2008	2015
研究者　對象 行為　項目	林芸芸 臺北市 國三 （％）	Cermada 等 15～19 歲 學生 （％）	簡維政 臺北市 高中職 （％）	魏慧美 高雄市 高中職 （％）	晏涵文等 全國 高中職三年級 （％）	國健署 全國 高中職 （％）
1.拉手、搭肩、摟腰	男 13.9 女 6.45	※ ※	※ ※	※ ※	※ ※	※ ※
2.擁抱	男 1.07 女 0	※ ※	※ ※	※ ※	※ ※	※ ※
3.接吻	男 3.21 女 1.61	17.7 9.4	28.9	21（高中） 26.5（高職）	※ ※	※ ※
4.輕度愛撫 （腰部以上）	男 1.07 女 0.81	11.3 3.8	15.2	21（高中） 20.6（高職）	※ ※	※ ※
5.重度愛撫 （腰部以下）	男 女	※ ※	9.8	9.3（高中） 9.6（高職）	※ ※	※ ※
6.性交	男 1.60 女 0	5.6 1.0	7.2	5.9	12.0 7.5	15.0 11.4

※表示此研究未探討該行為

資料來源：晏涵文等（1998）、晏涵文等（2009）、衛生福利部國民健康署（2018）。

表 8-2　20 歲大專學生近 40 年來性行為比較

性別	男					女				
年	1979	1988	1998	2007	2019	1979	1988	1998	2007	2019
接吻	39.1	40.7	48.9	48.9	55.1	37.6	25.5	46.9	53.7	54.2
輕度愛撫	33.0	38.6	45.2	38.9	52.6	15.7	16.6	38.4	37.3	45.4
重度愛撫	26.1	30.9	35.5	34.1	46.0	8.7	7.4	28.6	22.4	33.3
性交	20.7	24.6	25.8	28.7	40.1	3.9	4.4	18.0	15.5	25.0

註：各階段研究抽樣對象說明

　　1979、1988、1998 年台北市五專五年級學生

　　2007 年全國大二及五專五年級學生（北中南三區分層隨機抽樣）

　　2019 年全國大二及五專五年級學生（北中南東四區分層隨機抽樣）

資料來源：晏涵文等（2019）。

二、婚前性行為發生的影響因素

從影響婚前性行為的相關研究中，我們可以歸納出以下的影響因素。

(一) 生理因素

Udry（1985）的研究指出，雄性激素的多寡與男孩子的性行為有關。Udry、Talbert 與 Morris（1986）發現女孩子的性動機與荷爾蒙有關，但對性行為的影響較弱（引自王瑞琪譯，1992）。

(二) 個人因素

1. 性別：性別的不同，對其婚前性行為的表現，有差異存在。男性比女性之容許程度來得大。在實踐程度上，男生對他人的態度與自己實行程度較相似；女性較以旁觀者自居，所贊成的行為，自己卻未必會去做（Maranell, 1970）。

2. 年齡：隨著年齡的增加，婚前性行為發生比率也有增加的趨勢。

3. 教育程度：教育程度愈高，婚前性行為發生率愈低。

4. 信仰：有宗教信仰者比無宗教信仰者發生婚前性行為的比率較低（Bell & Chaskes, 1970）。

5. 感情程度：交往感情程度愈深，婚前性行為發生率較高（Nutt & Sedlacek, 1974）。

6. 人格特質：婚前性行為不單只是一個行為，它關係著一個人的人格特質與其價值觀的表現。外向者較內向者易有婚前性行為；人格特質偏焦慮者，或是缺乏自信者，愈想以性吸引、性發洩來減低焦慮感，所以也易造成婚前性行

為。

7. 對婚前性行為的態度與信念：個體對婚前性行為的態度愈正向，發生性交的比率愈高；再者，對於婚前性行為的信念持正向看法者，發生婚前性行為的比率也較高（楊昭慧，1992）。

(三) 家庭因素

父母是青少年「性」最早和最重要的影響者。家庭的親子溝通、父母管教及家庭結構等因素對青少年的性行為都有影響。

1. 親子溝通：青少年與父母溝通少，較有可能早開始「性活動」；而青少年與父母有親近的關係，感覺父母支持和有聯繫者，則似乎和性交的晚開始有關。

2. 父母的管教：Miller 等（1986）調查 15～18 歲的青少年，結果發現，父母的管教程度和青少年的性態度、性行為呈曲線相關，亦即性交經驗較多的青少年，認為他們父母從未曾嚴格管教或對他們沒有任何規定；而性交經驗最少的青少年，認為他們父母的管教是中等程度的嚴格。而性交經驗中等者，認為他們父母的管教非常嚴格，同時有許多規定。因此，Miller 等人認為強壓式的父母或許可能維持短時間的控制，但不一定能有效地將父母的價值內化到孩子心中。

3. 家庭結構：沒有父親的單親家庭，女孩比較可能成為性活躍者。

(四) 社會因素

青少年的性行為受到社會文化因素的影響很大，因為社會文化因素將決定青少年的性慾望如何表現。社會因素包括社會上性

開放的程度、情慾環境（色情媒體、色情行業）、正常的休閒活動不足、缺乏足夠的性教育等。

(五) 同儕因素

已被證實同儕團體能影響個人的行為包括有：吸菸、吸毒、脫軌行為及許多其他行為。青少年傾向於參與同儕來對抗父母。在 Harris 與 Earle（1986）的研究中，12～17 歲的青少年中，有73%的女孩和 50%的男孩聲稱他（她）們是因為在同儕壓力下而提早發生性行為的。

三、婚前性行為所造成的影響

(一) 個人生理方面

1. 未婚懷孕：婚前性行為的發生通常是臨時起意，大都未採取避孕，所以往往造成懷孕。而婚前懷孕的處理方式不外是墮胎、生下後送給別人養、生下來自己養，或是「奉兒女之命」結婚，無論何種方式處理都有其不利的一面。

2. 罹患性病：婚前性行為大都是不預期的，而未能有效採取安全措施（如戴保險套），極易感染性病；或可能因彼此性行為較開放，已與多人發生過性行為，更增加其傳染機率。

3. 造成陽痿：婚前性行為的發生往往在緊張、焦慮、充滿罪惡感的情境下草草進行，極易造成男性陽痿。

4. 處女膜破裂：女性有過性經驗以後，處女膜會破裂。而當前的社會規範，部分男性的觀念，仍然希望自己終身伴侶在婚前是處女。

(二) 個人心理方面

1. 產生自責、悔恨、罪惡、內疚等心理狀態：依社會心理學的「歸因理論」分析，在目前社會道德規範仍不贊同婚前性行為的情況下，男女雙方在發生婚前性行為後對心理上的影響是產生自責、悔恨、罪惡、內疚等心理狀態。女性會認為自己如果當時堅持、努力抵抗、防範的話，也許就不會發生，因此出現自責、悔恨的情緒，甚至喪失「自尊心」。男性也會因為自己無法控制一時的情慾，而有自責的反應。

2. 忽略兩性心靈精神層面的溝通：婚前發生第一次性行為後，依心理學的「增強理論」，會食髓知味，產生一種慣性，做了第一次往往就會有第二次。所以下一次見面，似乎非如此不可，如此一來，將雙方的交往焦點擺在「性」，忽略了兩性心靈溝通。

3. 埋下爾後爭吵的原因：第一次的婚前性行為通常並非自願，而是在半推半就下進行，造成對彼此的信任感降低，常成為日後爭吵的原因。

4. 自我道德感的喪失：由於婚前性行為後產生自責、悔恨、罪惡、內疚等心理狀態，使得對自我的評價逐漸降低。

(三) 對社會的影響

1. 違反法律規定：為保護未成年的男女，與未滿 16 歲之男女性交是犯法的行為。刑法第 227 條第一項「對於未滿 14 歲之男女為性交者，處 3 年以上 10 年以下有期徒刑」；第三項「對於 14 歲以上未滿 16 歲之男女為性交者，處 7 年以下有期徒刑」。

2. 破壞善良風俗，造成道德淪喪：在目前善良的風俗標準要求下，婚前的性行為很難獲得祝福，且背負破壞善良風俗、造成道德淪喪的罪名。

3. 少女生子，無能力撫養，造成社會問題：依內政部戶政司的統計數據，2018 年臺灣總出生通報的 180,656 名新生兒中，有 2,422 名新生兒的母親為未滿 20 歲的青少女，約占 2018 年出生通報新生兒數 1.34%。

(四) 對個人生涯發展的影響

因從事婚前性行為而懷孕，不論以何種方式處理，對個人原有的人生抱負、學業、就業，都會突然中斷，對個人生涯發展有嚴重的影響。

四、婚前性行為的抉擇與預防

我們渴望的是「愛」，何以卻往往只有「性」呢？親密關係的發展最令人徬徨不安的，莫過於要去抉擇是否要有婚前性行為，以及婚前性行為的規範為何？如何預防婚前性行為的發生。

(一) 婚前性行為的抉擇

面對婚前性行為的抉擇，除了思考其行為後果是否自己有能力負責外，主要應以「性行為」本身是否有助於增進彼此間「愛」的關係為考量；亦即，如果從事婚前性行為可增進彼此「愛」的關係，則可選擇從事；反之，則不應從事。而有關婚前性行為與愛的關係，及婚前性行為對愛的影響，可由 Sternberg 的愛的理論來進一步探討。

心理學家 Sternberg（1986）在愛的三角形理論中認為：

1.「愛」有三個基本元素且各屬於三個不同的向度：

(1) 親密（intimacy）──一種與伴侶親近，互相契合，互相歸屬的感情經驗，屬於愛的情感向度。

(2) 激情（passion）──是指強烈渴望與伴侶結合，混著浪漫、外表吸引力和性驅力的動力，屬於愛的動機向度。

(3) 承諾（commitment/decision）──包含短期和長期兩個部分，短期來說是指決定去愛一個人，就長期來說是指承諾去維持愛的關係，屬於愛的認知向度。

2. 親密、激情與承諾三個基本元素有不同的特性：承諾的穩定性高，激情的穩定性低，但激情的短期效果強，而承諾和親密則較具長期的效果。

3.「完整的愛」是愛的三個元素均等分配：由愛的三向度元素所形成的愛的三角形理論，如果改變三角形的任何一邊將形成形狀互異的三角形或八種不同類型的愛；其中，「完整的愛」是愛的三個元素均等分配（見圖 8-1）。

4. 親密是愛的核心元素：在各種愛的關係中，親密是核心元素，影響著愛的品質。

5. 成功的愛情發展路徑是三要素齊頭平行發展，亦即男女相識後在生理的親密行為程度，應是隨著感情的深厚而漸近。

Sternberg 的理論對「婚前性行為的抉擇」這個議題上給我們的啟示是：

1.「婚前性行為」是屬於「愛」的「激情」元素；心理的親密關係是屬於「愛」的「親密」元素。

2. 以發生「性行為」為最終一步的「激情」生理親密關係的發展，應隨著心理情感向度的「親密」與理性認知的向度

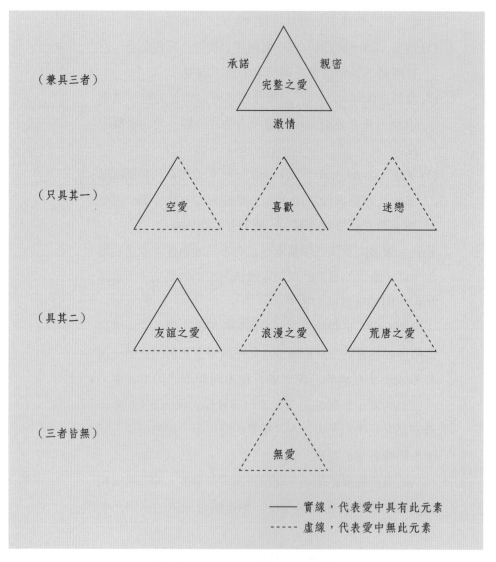

圖 8-1　Stenberg 愛情的八種面貌

資料來源：Sternberg(1986).

的「承諾」而漸進發展。

3.「成功的愛情發展」是激情、親密與承諾三元素均等發
　展，因此在婚前急於發生性行為反而是對愛的一種阻礙。

4. 「完整的愛」是包含激情、親密與承諾三元素。所以，「性」不能用來驗證「愛」，「性」只是「愛」的「激情」成分，且穩定性低。要經營一份細水長流歷久彌新的愛情是需要在情感向度上和認知向度的承諾上多花時間培養和相互分享討論。也就是要將「性」建立在「愛」的基礎上。

(二) 婚前性行為的規範

在怎樣的情況下婚前的「性行為」才是正當呢？其共同的規範是，只有在不降低人類人格的情況下它才是正當的。因此性交必須顧及人類的尊嚴，是十分神聖的，並且在符合下列四個基本標準時，才能進行（引自詹益宏等譯，1976）。

1. 雙方須確定未感染任何性病：基於「負責的愛、安全的性」是會為對方著想，若有性病不可圖一時之快而傳染他人，定期做血液檢驗或醫學檢驗是可行的方法。

2. 雙方必須對因此而產生的後代承擔起愛和照顧的責任：在進行性行為之前，應採取有效的避孕措施，並有承擔一切後果的心理準備，方才是負責任的做法。

3. 雙方生命中必須有某些共同的目標和方向。這點十分重要，也是在發生婚前性行為之後，仍然維繫著雙方感情的重要因素。

4. 必須以不傷害另一個人為前提：「另一個人」不僅指進行性交的地方，也同時包括任何相關人士等。如下列動機應不予考慮：(1)為了自我慾望的滿足；(2)視為脫離父母自立的方法；(3)表示憤怒或洩恨；(4)作為套住男友或女友的方法；(5)趕上時代潮流；(6)消除焦慮。

(三) 避免婚前性行為的方法

「愛」和「婚前的自制」都是必須學習的情操，僅由害怕恐懼懲罰，如未婚懷孕、性病、遺棄、輕視等而產生的道德和義務，都不足以克制性衝動，只有為了生命最崇高豐富的價值——愛和尊敬，而自制情慾衝動，才能成功。

如何避免因婚前過分親密以致發生性關係呢？在尚未固定對象的時候，不妨多參加一些團體活動和約會，盡量避免單獨相處；在固定對象之後，則盡量在適當時間內訂婚、結婚。青年男女也應學習用各種方法表達感情，不要用過度於親密的行為來表示。

一個人獨處或參加社交活動時可以做的事，兩個人交往時也都可以做，如此方能使男女的婚前交往更實在、生動和有趣，更能增進彼此認識、有利於婚後的適應。盡可能不要走到沒有其他人的地方，如家中沒人在時，旅館、荒郊等地，都是充滿誘惑、難以自制的，還要認清喝酒、延長的愛撫、色情小說或電影、淫穢的談話，都是為進一步的性行為布局，不是你起初料得到的，千萬別太相信自己和對方的自持力。

尤其要認清自己寂寞、煩躁的心態，渴望愛情的需要，在暴風雨之夜、節慶或離家時，面對挫折或表明委屈等時機或情境，都使人有短暫放縱自己的想法，所謂「我倆沒有明天」的衝動。所以，必須設法使自己的情緒恢復正常，才不致迷失。

親密行為是人的自然需求，但當兩個人的親密行為在婚前達到高峰時，對雙方都有害，不但不會是個愉快的經驗，反而造成緊張、焦慮和挫折感，並且為心理發展和將來的婚姻種下不良禍因。常有人說，那是「歡樂最短暫、後果最嚴重」的舉動。青年男女們最好預先建立明確的態度和價值觀，面對婚前性行為做明智的抉擇。

　　若是任何一方有內在的性衝動，先要體諒他，最好的幫助是與他處在同等的地位上，把應有的考慮和面臨的問題談開來，並且把要將性行為延後至婚後的意願表明出來。千萬不要對「性」羞於啟齒，「不說卻做」，彼此應尊重對方在性上有需求的感受，這樣會使對方感激你，絕對不可傷對方的自尊心，自以為聖潔。

　　如果已經有婚前性行為的困擾，應仔細思考，負責任做決定，冷靜面對，必要時應請教父母、親朋、師長或尋求輔導專業協助，不要悶在心裡，或自暴自棄造成更大的遺憾。

　　期望未婚的青年男女們把眼光放遠，要想建立並擁有幸福的婚姻、豐盛的愛情和美好的性生活，婚前的自制將是有效的保障（晏涵文，1992）。

第三節　婚前準備

　　婚前的準備有助於婚姻的成功。古語說：「凡事豫則立」，任何事若在事前有妥善的準備，成功的機會都要大些；而婚姻既為人生大事，更應慎重並提早準備。而做好婚前準備有以下這些好處：(1)清楚明白婚姻的意義；(2)盡速調整早期的婚姻生活；(3)達到婚姻中更高程度滿意的機會較大；(4)成為一個成功的父母親的機會較多；(5)能及早發現問題和解決問題（晏涵文，1992）。婚前的準備並非只是拍結婚照、宴請親友、布置新房這類的事，而是必須去了解婚姻的實質意義，認清男女雙方的人格特質及種種的現實問題，做好對於婚姻的觀念及期待的溝通，建立從未婚生活進入已婚生活的心理、生理、經濟、家庭等各方面的準備，這即是婚前教育。

一、婚前教育

(一) 婚前教育的定義

婚前教育的定義有廣義與狹義。廣義的婚前教育（premarital education），是指一個人由出生到結婚前，對人生的體驗與學習，它是一種全人教育，只要是「未婚者」就是婚前教育的對象，其目標是要具體幫助一個人在婚姻的各項條件上，更趨成熟（葉高芳，1998）。普遍的婚前準備方案，大都以高中和大學階段的學生為對象，進行所謂的家庭教育課程（Arcus, Schvaneveldt, & Moss, 1993）。而狹義的婚前教育其對象則是針對進入適婚年齡（法律上所界定的適婚年齡，男性滿 18 歲，女性滿 16 歲），且尚未結婚的青年男女而言（葉高芳，1998），另有研究者則以交友狀態為其必要條件，且將婚前教育對象的範圍設定為即將結婚的新人或是已有固定交往對象的青年男女，而以提升婚姻生活的能力為目標（褚雪梅，1997）。

此外與婚前教育相關名詞，有婚姻輔導（marital guidance）和婚姻諮商。最大的不同是：婚前教育所著重的是「預防性」的意義；相對而言，婚姻輔導和婚姻諮商的對象是已婚者，較偏向「治療性」意義（黃迺毓等，2000）。

(二) 婚前教育的內容

有關婚前教育的內容，以下將針對已有固定交往對象的青年男女來介紹。

褚雪梅（1997）針對臺灣地區推行婚前教育的機構，進行相關研究，發現婚前教育相關機構推展婚前教育的主要內容，包括：

1. 溝通技巧的增強。

2. 建立合理的角色期待。

3. 增強經營婚姻生活的能力。

4. 學習處理衝突的技巧。

5. 探索及認識個人價值觀與建立正確的婚姻觀。

6. 增進性教育的學習與婚姻生活的調適。

7. 了解兩性差異。

8. 對於婚姻內涵的了解。

黃迺毓等（2000）對各縣市家庭教育中心工作人員所做調查，發現工作人員認為，若要實施婚前教育四小時的課程，其內容應包括下列幾項：

1. 兩性關係——認識兩性的特質與差異、溝通技巧與協調、兩性平權等。

2. 婚姻——婚姻衝突的管理、認識婚前婚後關係的改變、婚姻期待澄清、婚姻價值等。

3. 了解自我——個人擇偶價值的認識、自我探索與原生家庭的探索、情緒管理等。

4. 其他——性教育、家庭生活的經營、生涯發展、婚姻法律問題等。

此外，晏涵文（2001）認為婚前教育的項目中，「全人的性」（sexuality）也是最應該學習的一部分，且婚前教育並不只是性知識及技巧的教導，而是整體有關性問題的溝通，包括生理、心理和社會方面。此外，婚前對性的溝通主要是兩人的性價值觀，所以包括了兩個人共同生活時的角色扮演、親密的愛撫、如何創造完美的生活，甚至舉凡以後要生幾個小孩、什麼時候生、婚後需不需要避孕等都是討論的議題。

(三) 國內婚前教育的需求與現況

　　黃迺毓（2001）從以下三個臺灣地區的社會現象來說明婚前教育的需求：(1)平均餘命的延長，已婚夫妻相處的時間也延長，人們比較在乎婚姻的美滿與否；(2)初婚年齡提高，適婚年齡漸趨晚婚；(3)離婚率與再婚率升高，造成單親、繼親家庭漸多。此外，由於社會變遷快速，價值觀混淆的結果，夫妻雙方承擔了過多來自工作及家庭的壓力，影響婚姻關係的和諧與品質。許多夫妻在處理雙方關係中的適應問題時，往往憑自己的直覺行事，既缺乏溝通的技巧，又對於兩性間思考及問題解決方式的差異也沒有深入的了解，以至於許多夫妻在婚姻的早期即已爭辯不休、衝突不斷，為日後永無寧日的家居生活引燃導火線。婚姻生活絕對不是像童話故事中所描述的：「王子與公主從此過著幸福快樂的日子」。針對適婚的男女進行婚前教育，可以協助男女雙方認清婚後可能面對的問題，學習處理問題的方式，進而減低自行摸索的焦慮。

　　婚前教育在國外已有 70 年的歷史，相對而言，國內則仍在起步階段。近幾年來，國內也由分布全省各地的家庭教育中心及一些宗教團體，開辦了不少婚前教育課程。這些課程有的採用讀書會或成長團體的方式，有的採用演講及座談的方式，由參與的踴躍情況來看，一般民眾對於婚前教育的課程有著相當高的需求（張思嘉，2001）。教育部在 2003 年通過〈家庭教育法〉（2019 修訂），以培養正確之婚姻觀念，促進家庭美滿；必要時，得研訂獎勵措施，鼓勵適婚男女參加。此一法案為我國婚前教育制度化開啟了嶄新的一頁。

二、訂婚

(一) 訂婚的功能

　　訂婚（engagement）是結婚之前的準備階段（晏涵文，1992）。訂婚期間是一對情侶由戀愛邁向結婚階段的一個很重要的緩衝期。在傳統社會，訂婚是一件很重大的儀式，同時也是正式婚禮前的必經步驟。近年來，由於社會開放、男女自由交往、婚前性行為及婚前同居日增，訂婚已不再像從前那麼重要，但是它仍然具有以下一些重要的功能（周麗瑞等，2000）：

1. 先期社會化：是指為了準備進入將來的婚姻生活，而事先假扮未來角色的現象。當兩個人訂婚了以後，兩個人的角色關係將由情感的交流進展至未來婚姻角色的學習。因此，訂婚的兩個人以「未婚夫、妻」相稱。此外，訂婚代表著雙方停止尋找或約會別人，如果還與別人約會，會受到社會道德的指責，這種限制有助於適應「一夫一妻制」的婚姻生活。

2. 訂婚是一種公開的宣示，能使雙方在社會讚許的情況下，進行較為親密的交往，以衡量雙方的感情，如有不協調之處，得以調整，如果真的不能配合，則尚有機會從中撤出，解除婚約。

3. 婚姻到底還是關係兩個家庭的大事，是否能與對方家庭融洽相處往往影響婚姻關係，而訂婚期間能讓雙方有機會跟對方的父母接觸，彼此增加認識，並試驗如何相處。

4. 訂婚期間是正式婚禮的準備階段，透過這番繁雜的準備過程，一對新人可以更了解婚姻的真諦。

(二) 訂婚的效力

訂婚雖然具有上述的功能，但它並無法律上的約束力量。民法第 975 條（婚約之效力）：婚約不得請求強迫履行。因此訂婚後的男女雙方是可以悔婚的，且婚約的解除，只須由一方當事人為解除婚姻的意思表示即可，不必對方同意，也不必到法院請求解除婚約的判決；可用口頭告知、信函表示或由第三人傳話均可。然而，無庸諱言的，解除婚約的情侶分手，其必須面臨的社會壓力也會比一般戀愛中的情侶來得大；因為，訂婚仍是我們社會風俗習慣的一部分，每一個社會對於訂婚情侶彼此負有的權利與義務均有約定俗成的看法，無形中成為訂婚者的規範。

三、同居與試婚

同居（cohabitation）不等於訂婚，同居是一對沒有正式結婚的男女生活在一起，彼此共有一個生活空間，睡同一張床，享受情感及性愛的交流。其實，同居可分為多種不同的情況：純粹為享受性生活而同居；有人為金錢而與對方同居；有人不願受婚姻束縛而選擇同居；也有的是已訂婚的男女為學習適應婚姻生活而同居。所以也有人視同居為試婚（trial marriage）（Cherlin, 1981），並從功能的角度來看，認為試婚並非反對婚姻制度，而是用更接近婚姻關係的方式來試驗彼此之間的相容性（Cherlin, 1981）。贊成試婚者其認為它具有以下兩種功能，是訂婚所不及的（White, 1987）：

1. 真實性（realism）：試婚提供的是一種真實的婚姻生活情境，試婚的當事人可以看到現實生活中真實的對方並觀察其角色扮演情形。

2. 角色調適（role adjustment）：經由真實的互動，雙方可進
一步調整自己的角色表現與角色期望。

雖然如此，實證研究資料顯示：「同居的雙方，不論在彼此
的需要、尊重、幸福、參與、對婚姻的承諾等各方面，都不能給
予對方深刻的交換關係，也不能提供一種良好的異性關係。而由
於雙方對婚姻的期望不同，往往對彼此的關係有不利的影響。」
（引自呂澄娟，1991）「經過試婚階段的婚姻非但沒有較為穩定，
反而呈現較高的離婚率。」（引自周麗端等，2000）

人類因害怕孤獨寂寞而希望建立親密關係，包括父母子女、
兄弟姊妹等血緣關係，但人類最親密的關係，無庸置疑地，是夫
妻關係。是由兩性因愛的緣故而締結的婚約。婚姻幫助人類抵抗
脆弱的人性，每個人在人性的弱點上都抵抗不了太大的誘惑，因此
沒有約束時，很難堅持一件事。西方社會曾流行的「試婚」，是當
在沒有婚姻的情況下，兩個自我中心的人，以性來試對方適不適
合，答案一定是否定的。因為，婚姻是相愛的兩個人一同走上這條
路，兩個人共同付出終生代價去學習彼此相愛（晏涵文，1991）。

四、結婚

(一) 結婚的功能

婚姻（marriage）（見圖 8-2）使得男女得以依照法律及社會
風俗的規定而建立夫妻關係（高淑貴，1996）。任何社會裡，男
女締結婚姻關係都須經過一些程序，這些程序稱為婚姻儀式。對
中國人而言，周代所訂的六禮之儀（納采、問名、納吉、納徵、
請期、親迎），一直沿用至今，所不同的是當時有較多的繁文縟
節，今則簡化許多。其中訂婚為六禮中之納采，結婚為六禮中的

圖 8-2　結婚是婚姻完成的最後一道儀式

親迎。所以結婚是婚姻完成的最後一道儀式，具有以下的功能（周麗端等，2000）：

1. 保障特定男女之間的權利義務關係：透過結婚程序的男女，其權利義務關係包括夫妻之間的性關係、同居與財產分享等，獲得社會的正式承認與保障。比起戀愛或訂婚時期的關係，結婚的關係更為穩固。

2. 改變自己的社會地位：結了婚的夫妻已被視為一體，彼此分享有形與無形的資源，包括社會地位因結婚而發生改變。

3. 使所生子女具有合法地位：雖然未經結婚而生孩子並非不可能，但我們社會認定結婚的夫妻才具有生育子女的資格，子女的合法地位必須經由結婚的夫妻才能取得。

4. 與配偶之親屬相連結或建立親屬關係：結婚除了是男女雙方個人的事情，也是兩個家庭關係與資源的結合，原本不相干的兩家人，因婚姻關係而成為親屬。

(二) 結婚的形式與實質要件

訂婚不具法律效力，但經過法律規定的完備程序而完成婚禮（wedding）的男女，則其婚姻關係是受到法律的保障與約束。以下將介紹我國民法親屬篇中的規定：男女結婚必須同時具備形式要件與實質要件。

1. 結婚的形式要件

民法第982條：結婚應以書面為之，有二人以上證人之簽名，並應由雙方當事人向戶政機關為結婚之登記。

2. 結婚的實質要件

(1) 須達法定之結婚年齡

民法第 980 條（適婚年齡）：男未滿 18 歲者，女未滿 16 歲者，不得結婚。

(2) 未成年人結婚須得法定代理人之同意

民法第981條（法定代理人對於未成年人之結婚同意權）：未成年人結婚，應得法定代理人之同意。

(3) 須非禁婚親屬間之結婚

民法第983條（近親結婚之限制）：與下列親屬，不得結婚：

- 直系血親及直系姻親。
- 旁系血親在六親等以內者。但因收養而成立之四親等及六親等旁系血親，輩分相同者，不在此限。
- 旁系姻親在五親等以內，輩分不相同者。

  前項直系姻親結婚之限制，於姻親關係消滅後，亦適用之。

  第一項直系血親及直系姻親結婚之限制，於因收養而成立之直系親屬間，在收養關係終止後，亦適用之。

(4) 須無監護關係之當事人間

民法第984條（監護人與受監護人結婚之禁止）：監護人與受

監護人，於監護關係存續中，不得結婚。但經受監護人父母之同意者，不在此限。

(5) 須非重婚

民法第 985 條（重婚之禁止）：有配偶者，不得重婚。一人不得同時與二人及二人以上結婚。

(6) 須非不能人道

民法第 995 條（當事人之一方不能人道之撤銷）：當事人之一方，於結婚時不能人道而不能治者，他方得向法院請求撤銷之。但自知悉其不能治之時起已逾三年者，不得請求撤銷。

(7) 須非在無意識中或精神錯亂中結婚

民法第 996 條（當事人一方結婚時在精神錯亂中之撤銷）：當事人之一方，於結婚時係在無意識中或精神錯亂中者，得於常態回復後六個月內向法院請求撤銷之。

(8) 須非被詐欺或被脅迫

民法第 997 條（被詐欺或被脅迫而結婚之撤銷）：因被詐欺或被脅迫而結婚者，得於發現詐欺或脅迫終止後，六個月內向法院請求撤銷之。

(三) 婚禮的籌備

婚禮是由法律或風俗所規定的儀式，由此男女兩方結合成為配偶，即夫與婦，合稱為已婚夫婦（married couple）。由許多婚姻輔導的資料顯示，當情侶開始籌備婚禮時，便開始心情煩躁，兩人間的摩擦也增加，溝通的深度也相對地退步，親身體驗到婚姻生活繁瑣、費神且又不羅曼蒂克的一面（蔡元雲，1996）。確實，婚禮籌劃所涉及的繁瑣事務眾多，應有系統的準備並完成，也可請雙方親友協助。

關鍵詞彙

親密關係（intimate relationship）

社會心理發展論（psychosocial development theory）

性關係的親密感（sexual intimacy）

情感上的親密感（emotional intimacy）

親密行為（intimate behavior）

雙性化（androgyny）

婚前教育（premarital education）

訂婚（engagement）

同居（cohabitation）

試婚（trial marriage）

婚禮（wedding）

自我評量

1. 建立親密關係是成年期的發展任務，請說明親密關係可分為哪兩種？如何與異性建立和諧的親密關係？
2. 分析性別角色對於親密關係的影響。
3. 說明婚前性行為發生的影響因素及其對個人及社會所造成的影響。
4. 不婚族和晚婚族愈來愈多，你如何看待其「婚前性行為」？
5. 說明婚前教育的意義及其內容。
6. 說明結婚的意義及其形式與實質要件。

參考文獻

一、中文部分

王瑞琪（譯）（1992）。1980 年代有關青少年性行為、懷孕與育

兒行為之研究。**家庭計畫通訊，123**，1-16。

何嘉雯（1998）。**臺北縣大學生親子溝通、婚姻態度與婚前性行為、同居行為之研究**。中國文化大學生活應用研究所碩士論文。

呂澄娟（1991）。為什麼要結婚？。載於晏涵文編，**浪漫的開始**（頁1-12）。臺北：張老師文化。

李文懿（1997）。**臺北市大學生親子溝通、同儕互動與性知識、性態度及性行為關係之研究**。中國文化大學生活應用研究所碩士論文。

周麗端、吳明輝、唐先梅、李淑娟（2000）。**婚姻與家人關係**。臺北：國立空中大學。

晏涵文（1991）。**高中性教育教材**。臺北：衛生福利部。

晏涵文（1992）。**生命與心理的結合**。臺北：張老師文化。

晏涵文、張利中、林燕卿、閔肖蔓、張靜宜（1998）。**青少年約會行為關係探討**。臺北：國立教育資料館。

晏涵文（2001）。婚前教育知多少。**杏陵天地，2001**（8）。

晏涵文等（2009）。臺灣國小、國中、高中職學校性教育成果研究調查報告。**台灣性學學刊，15**（2）：65-80。

晏涵文等（2019）。**大專校院學校性教育（含愛滋病防治）工作指引**（二版）。臺北：教育部。

柯淑敏（2001）。**兩性關係**。臺北：揚智文化。

高淑貴（1996）。**家庭社會學**。臺北：黎明。

張春興（1991）。**現代心理學**。臺北：東華。

張思嘉（2001）。由新婚夫妻調適談婚前教育立法的可行性與必要性。載於教育部主辦，**婚前教育策略國際研討會論文**。

郭明雪、晏涵文、李蘭（1989）。臺北市七十六學年度五專五年級學生約會行為探討。**中華民國學校衛生學會雜誌，15**，

2-11。

陽琪、陽琬（譯）（1995）。Norman Goodman 著。**婚姻與家庭**。臺北：桂冠。

黃迺毓、林如萍、鄭淑子（2000）。**婚前教育需求與方案規劃之研究**。臺北：國立臺灣師範大學家庭教育中心。

黃迺毓（2001）。婚前教育對婚姻與家庭生活之影響。載於教育部主辦之**婚前教育策略國際研討會論文**。

詹益宏、鄭泰安、陳昌平（譯）（1976）。**性教育導論**。臺北：輝煌。

葉高芳（1998）。**展望婚姻之旅**。臺北：道聲。

褚雪梅（1997）。**臺灣地區婚前教育工作實施機構之狀況調查研究**。東吳大學社會工作所碩士論文。

楊煥烘（1990）。**我國大學生性知識、態度、行為之調查研究**。國立政治大學教育研究所碩士論文。

楊昭慧（1992）。**臺北市某女子學院三專夜間部學生從事婚前性行為之意向研究——理性行為論的驗證**。國立臺灣師範大學衛生教育研究所碩士論文。

彭懷真（1998）。*About* 愛情學問。臺北：天下遠見。

趙居蓮譯（1995）。Ann L. Weber 著。**社會心理學**。臺北：桂冠。

蔡元雲（1996）。**你也可以建立美滿的婚姻**。臺北：突破。

劉嘉年（2000）。**性學的生理與心理觀**。臺北：國立空中大學。

鄭玉英（1994）。**渴望親密**。臺北：信誼。

衛生福利部國民健康署（2018）。104 年度「青少年健康行為調查」執行成果報告。取自 https://www.hpa.gov.tw/Pages/Detail.aspx?nodeid=257&pid=8670

二、西文部分

Arcus, M. E., Schvaneveldt, J. D., & Moss, J. J. (1993). *Handbook of family life education.* Newbury Park California: SAGE publications.

Bell, R. R., & Chaskes, J. B. (1970). Premarital sexual experience among coeds, 1958-1968. *Journal of Marriage and the Family, 32,* 81-84.

Cherlin, A. (1981). *Marriage, divorce and remarriage.* Cambridge: Harvard University Press.

Harris, C. T., & Earle, J. R. (1986). Gender and work values: Survey findings from a working-class sample. *Sex Roles, 15*(9-10), 487-494.

Hochschild, A. (1989). *The second shift.* N. Y.: Avon Books.

Maranell, G. M. (1970). Social class and premarital sexual premissiveness: A Subsequent test. *Journal of Marriage and the Family, 32,* 85-88.

Miller, B., McCoy, J., Olson, T., & Wallace, C. (1986). Parental discipline and control attemps in relation to adolescent sexual attitudes and behavior. *Journal of Marriage and the Family, 48*(3), 503-512.

Nutt, R. L., & Sedlacek, W. E. (1974). Freshman sexual attitude and behavior. *Journal of College Student Personnel, 15,* 346-351.

Olson, D. H., & DeFrain, J. (1994). *Marriage and the family: Diversity and strengths.* California: Hayfield Publishing Company.

Rubin, Z. (1970). Measurment of romantic love. *Journal of Personality and Social Psychology, 16,* 256-273.

Sternberg, R. J. (1986). A triangular theory of love. *Psychological Review,* 93, 119-135.

Vener, A. M., & Stewart, C. S. (1974). Adolescent sexual behavior in middle America revisited: 1970-1973. *Journal of Marriage and the Family, 36,* 728-735.

White, J. M. (1987). Premarital cohabitation and marital stability in Canada. *Journal of Marriage and the Family, 49,* 641-647.

第九章

婚姻與家庭

學習目標

1. 了解婚姻與家庭的意義
2. 列舉婚姻與家庭的功能與變遷
3. 了解社會變遷對婚姻與家庭的影響
4. 增進夫妻角色扮演的彈性
5. 願意並促進夫妻更美好的關係

摘要

　　婚姻是人生大事之一，男女兩性的結合在生理及心理上同時具有重大的意義，亦是兩個人合一之後的共同生活，必須每天面對許多共同的問題，我們不應認為婚姻是找一個合適的對象，而是要學習做一個合適的人，透過共同的成長才能共同創造滿意的婚姻。

　　本章節針對婚姻與家庭之功能、影響及處於變遷社會中，夫妻的角色與溝通，做一詳細論述。畢竟人生最大的快樂、最深的滿足、最強烈的進取心以及內心深處的寧靜和安全感都來自於一個充滿著愛的家庭。美滿的婚姻一定要由雙方共同努力來建立，雙方都該了解婚姻幸福是無法不勞而獲的。要想深深地被愛，就得深深地去愛。婚前準備與婚後學習同樣重要。

　　常有人說：「結婚是戀愛的果實。」但也有不少人說：「結婚是戀愛的墳墓。」到底結婚是戀愛的開始，還是結束呢？在過去的社會裡，男女的婚姻是憑父母之命、媒妁之言結合的，而現代的婚姻是經由自由戀愛，自己選擇婚姻的配偶，組織家庭。

第一節　變遷中的婚姻與家庭

　　婚姻與家庭既是社會制度之一，自無法獨立於社會變遷之外，配合社會變遷的大環境以了解婚姻與家庭，才能更完整地認識其變化的脈絡及真意。

一、臺灣社會的人口變遷

　　婚姻的形成包括初婚及再婚兩種，婚姻是家庭形成的第一步，而平均初婚年齡的變化則代表家庭組成步調的變遷，據人口統計資料顯示，近三十多年來臺灣地區的平均初婚年齡大致呈逐年增加之趨勢，1985 年男性的平均初婚年齡為 28.4 歲，2000 年時已增為 30.3 歲，其中以 2018 年的 32.5 歲最高；女性在 1985 年的平均初婚年齡為 24.9 歲，2000 年時已增為 26.1 歲，最高為 2018 年的 30.2 歲。

　　根據此人口統計數字的變化，我們不難發現初婚年齡隨時代變遷而增長，此一現象亦造成生育率下降，使兒童增加率低於年長者的增加率，因此家庭組成方式也逐漸改變。家庭的變遷在民國 60 年代前是以「家庭組成或居住型態規模的縮小」為主，例如核心家庭（nuclear family）興起；但在民國 60 年代之後，婚姻與家庭的價值觀在社會變遷中更顯突出，顯而易見的現象有遲婚、

生育率低、婚姻的不穩定等（王麗容等，1995）。接著我們來看看婚姻與家庭隨時代變遷所造成其意義上的變化。

二、婚姻與家庭的意義

(一) 婚姻的意義

根據 Strong 與 Devault（1992）的看法，婚姻是指一個男人與女人透過公開儀式的結合，理想上這項結合是永久性的，當事雙方並因此在性關係與經濟面結合為一體，將來若生育子女，其子女亦享有合法的地位。Russell 則強調婚姻是一種法律制度，甚至在某些社會中是一種宗教制度（靳建國譯，1991）。Olson 與 De-Frain（1994）認為婚姻的本質是多層面的制度，他們為婚姻所下的定義是：兩個人在情緒及法律上的許諾（commitment）而使他們分享情緒、身體親密、不同的任務及經濟資源。

曾任美國家庭關係協會會長的 Carlfred Broderick 則對婚姻的性質與功能有相當詳盡的說明。他認為婚姻的九項特徵分別是：

1. 婚姻是一種人口統計學上的事件，意指每個婚姻都為社會創造一個社會單元（social unit）。
2. 婚姻是結合兩個家庭與社會網絡（social network）的方法。
3. 婚姻是當事雙方與政府間的法律契約，因為美國每個州政府都明文規定夫妻間的權利及義務。
4. 婚姻是一種經濟結合，進入婚姻的兩個人便成為單一的經濟單位，並成為社會中最重要的經濟決策單位。
5. 婚姻是一種成人同居最普遍的模式。
6. 婚姻是人類性行為最常發生的地方。

7. 婚姻是一種生育的單位，大部分的夫妻都會成為父母，並將之視為一個重要的人生目標與價值。

8. 婚姻是提供子女社會化的基本單位。

9. 婚姻提供當事雙方一個發展親密、共享關係的機會及環境。

也許因時代的變遷及文化的差異，上述的特徵及定義未必仍是放諸四海皆準的定律，但誠如 Glick 博士所言：「婚姻被視為人類生存的最大快樂、健康和最盼望得到的一種東西。人們離婚並不是不喜歡婚姻，而是想找個更好的伴侶。結婚可使我們更長壽、更健康，愈來愈多的人結婚，愈來愈多的人維持更長的婚姻生活，同時結婚的年齡也提早，婚姻是我們生活的重要事實。」（晏涵文，1993）婚姻是人生大事之一，男女兩性的結合在生理及心理上同時具有重大的意義，生理上是性慾、情愛的滿足與成熟，在心理上是個人歸屬感的追尋，有了歸屬感，生命才有所依靠；婚姻亦是兩個人合一之後的共同生活，必須每天面對許多共同的問題，我們不應認為婚姻是找一個合適的對象，而是要學習做一個合適的人，透過共同的成長才能共同創造滿意的婚姻。

(二) 家庭的意義

家庭是社會中的最小單位團體，也是每個人最先接觸到的環境，更是人類生存、種族綿延、社會維繫與國家發展的依據（黃迺毓，1999）。根據中國古書記載及闡釋，家庭是社會組織的根本，經濟生活的場所，及男女經過婚姻而結合的共同永久生活的團體（藍采風，1996）。民法第 1122 條也指出，家庭是以永久生活為目標而同居的親屬團體。美國學者對於家庭的傳統定義為：家庭的組成是透過生育孩子而形成，其核心為透過認養或生產而聯繫兩代的親子關係（Beutler et al., 1989），根據此定義則無子女

的夫婦並不算是家庭組織。所以，家庭與其他社會組織不同，它是人類所有社會組織之中，規模最小，關係最親密，而且經營最早、最久、最普遍的團體。

社會學者楊懋春（1979）認為家庭包括兩件東西的結合，其一是父母子女所構成的親屬團體，另外還包括此親屬團體所住的房舍。美國家庭服務協會（Family Service of America）則將情緒、價值觀等包括在家庭的定義內：「家庭提供它的成員間情緒、身體及經濟的相互扶持，理想上這種家庭的特質是它的成員間有著親密、深度、連續及承諾的關係。」最廣義的定義可能要算是 Olson 與 DeFrain（1994）認為的：「兩人或兩人以上的個人相互許諾並且分享、親密、資源、決策及價值。」因為此定義不限組成家庭的性別、形式及類型。晚近，有些美國社會學家以社會變遷為主並擴大家人關係標準來重新定義「家庭」，他們認為家庭應包括有長期親密性關係基礎的伴侶，從此觀點來看，同性或異性同居者都可稱為組成家庭。這些學者認為，決定一對夫妻是否為家庭的關鍵標準並非法律上的身分而是雙方關係的品質（Aldous & Dumon, 1990; Wolf, 1996）。

社會學家龍冠海（1976）比較家庭與其他社會組織，歸納出家庭的 10 點特徵分別是：

1. 家庭是人類組織中最普遍的一種。
2. 家庭是可以滿足人類多重需要的組織。
3. 家庭是人類營生最早、最久的社會環境。
4. 家庭是最小的社會團體。
5. 家庭是最親密的團體。
6. 家庭是唯一為人類負起保種任務的團體。
7. 家庭是社會組織的核心，其他社會結構的基礎。
8. 家庭對其他成員的要求比任何團體都要迫切且重大。

9. 家庭嚴格地受社會風俗和法律條例的限制。

10. 家庭制度是永久的，但家庭的結合或個別的家庭團體卻是暫時的。

綜合上述，家庭最普遍的定義是：兩人或兩人以上的個人，因血緣、婚姻或收養關係居住在一起，分享共同的利益和目標。縱然因時代的變遷使家庭的定義略異於過去，但大部分的意義仍不變。

第二節　婚姻與家庭的功能與變遷

聯合國曾將 1994 年定為「國際家庭年」，並以「家庭——變遷世界中的資源和責任」為主題，旨在呼籲世人視家庭為社會的基本單位，認識多元型態家庭，發揮家庭功能與成員職責，以確保兩性平等與家庭成員福祉。聯合國此舉乃鑑於 1960 年代以降「家庭」制度面臨空前的衝擊，這包括家庭組成及居住型態的改變，以及因婚姻不穩定所帶來的家庭解組。尤其是到了 21 世紀，人口結構的改變使得愈來愈多老人失去家庭照顧，未婚生育及離婚的遽增，也造成許多孩童失去家庭的庇護。上述這些趨勢多少都折損原本家庭的功能，這包括家庭對老幼的照護、對青少年的教養、對夫妻角色分工，以及家庭成員情感的連結等。

一、婚姻的功能與變遷

由於社會的變遷，現代婚姻不同於過去受限於媒妁之言、父母之命的形式及門當戶對的觀念，而多半是經由自由戀愛、自己選擇另一半而成，照理說自己選擇的對象應該是自認為最理想的，

彼此都應特別愛護對方才對。但事實上，現在的破碎家庭及不幸福的婚姻似乎比過去多，此狀況與婚姻功能之變異有關，茲綜合諸學者對於婚姻特質的陳述，將婚姻的功能和其因時代變遷所造成的變化分述如下。

(一) 提供親密的關係

　　人是感情的動物，生活在感情的世界中，從小到大，我們就不斷渴望被愛或愛人，希望與他人親近並分享情感，並從中獲得最盼望的歸屬感及安全感。婚姻正是滿足人類基本需要的泉源，夫妻關係更是人類所有關係中最親密的一種關係（晏涵文，1993）。根據 Ross、Mirowsky 與 Goldsteen（1991）的調查發現，已婚或與他人共同生活的成人，通常比離婚、分居或從未結婚的人更健康，而且死亡率也顯著低於獨居者。所以婚姻能滿足人類對於親密關係的需求，而此親密關係亦是維繫婚姻的重要力量之一。

　　縱使現代人們進入婚姻的次數較過去多，初次結婚的年齡較過去晚，但人類的基本需求卻不曾改變，即使在 21 世紀的今天，絕大多數人進入婚姻的主要原因之一，仍是希望從中獲得相互依賴、親近、情愛、溫馨，及能坦然自我揭露（self-disclosure）等親密關係和安全感。甚至在經濟發展、人際關係疏離的現代社會中，此功能可能更為增強。

(二) 經濟的功能

　　兩人一旦許諾進入婚姻，便形成經濟的共同決策單位，也就是兩人會共同購買、販賣、借貸並分享彼此的資源。過去因男女地位及傳統角色的不同，使得婚配一直都持守著「婚姻斜坡」理論，即不論是生理條件、社會條件或是經濟收入，男方的條件都要比女方好（晏涵文，1993），因此過去不少女性是為了找張長

期飯票或尋求更好的生活條件而進入婚姻。

但是隨著男女教育機會均等及社會經濟結構的改變，愈來愈多女性也受高等教育並有全職的工作，婚姻的經濟功能不再單由男性來提供，愈來愈多的夫妻共同負擔家計，也共享彼此所提供的資源，成為不同於過去的經濟共享合作體（economic union）。然而男女性別角色扮演、家庭分工及家庭權力亦不得不因此改變，若男女雙方在婚前對婚姻認識不夠、對婚後自己及對方所要扮演的角色期待差異太大，則不可避免地會造成許多問題甚至以結束婚姻收場，這也是造成現代婚姻離異率高的原因之一。

(三) 滿足性需求與生育的功能

人類的性慾是與生俱來的，它也是表達親密行為的原動力，然而卻不可毫無節制地隨意發洩。對人類而言，性其實是為了幫助一個男人及女人表達和經歷彼此間最深刻的愛，因此性必須先要有信靠的關係及相互的委身，彼此才能安全、穩固地享用它（晏涵文，1993），而婚姻即是此信靠的關係。過去許多學者都將婚姻制度列為滿足性慾及生育功能的基本條件，認為婚姻中的性行為不僅可滿足性需求，增加夫妻間的親密感，同時也較為安全。

然而，社會變遷的結果造成兩性之間接觸增加並提早，婚齡延後，同時性資訊氾濫，性觀念及性行為開放，而性教育卻相對不足的情況下，婚前性行為與婚外性行為也大為增加。平均而言，現代人終身所曾有過的性伴侶較過去多，多數人在兩性交往的階段即能滿足性慾，故結婚不再是發生性行為的必要條件。此一社會現象或多或少改變婚姻此項功能，許多人滿足其性慾可能是在婚姻之前或之外，而非如過去是在婚姻之中。

傳宗接代一直是華人婚姻的一個重要功能，雖然隨著時代的變遷，家庭中的子女數不斷下降，但是大多數人仍將為人父母，

視為重要的人生目標與任務（陳皎眉，1997），這一點倒是其恆久不變的功能。

(四) 組成家庭的功能

婚姻是組成家庭的一個主要成因，雖然家庭的類型及組成方式已愈來愈多樣化，例如現代社會中出現單親家庭、再婚家庭、無子女家庭和同性婚姻家庭等不屬於傳統家庭定義中的家庭，但是透過婚姻而組成家庭的過程，的確是婚姻長久以來未曾改變的重要功能。

二、家庭的功能與變遷

家庭的功能，各家學者自有不同的觀點及看法，藍采風（1987）從生育、社會化、經濟、分配角色與地位，以及建立親密關係等五方面說明家庭的基本功能。社會學理論中，以功能論的觀點強調家庭的重要社會功能，對於維持社會的穩定有很大的幫助。楊懋春（1979）從社會學的觀點認為家庭有生育及教養子女、夫妻性生活、經濟生產、保護、奉養老年父母以及崇拜祖先等六項傳統功能。美國社會學家 William F. Ogburn 認為家庭的功能包括生育、保護、社會化、管束性行為、提供愛與相伴的感覺以及提供社會地位。謝秀芬（1986）特別從現代家庭的獨特觀點描述現代家庭的功能，分別是子女的社會化與情感的支持。Burgess 與 Locke（1953）將家庭的功能區分為固有的功能（intrinsic function）和歷史的功能（historical function）兩種。根據其分類，固有的功能是指不會因時代和社會的不同而改變，包括情愛、生殖、養育子女的功能；歷史的功能則是指經濟、保護、教育、娛樂和宗教等功能，會隨時代和社會的不同而有所改變，此觀點對

於家庭功能分類及了解其變遷特別具有意義。綜合上述學者的觀點，茲將家庭的功能及變遷敘述於下。

(一) 生育的功能

家庭是每個社會皆認定要生兒育女的地方，甚至傳統華人家庭的首要功能就是傳宗接代，尤其生育男孩子對華人家庭而言是非常重要的事，在「多子多孫多福壽」的觀念影響下，過去社會確實以多生育以保種族延續。

然而在社會變遷的影響之下，現代化家庭的生育功能及意義已和過去大相逕庭。首先，雖然家庭仍負有生育的功能，但家庭的人口數及結構已有所改變，最早為控制人口膨脹的問題，政府提倡及宣導家庭實施生育計畫，造成家庭子女數減少。後來因個人主義盛行，加上婦女大量外出就業的現況，就實際需要而言，唯有子女數減少，婦女才有外出就業的可能，社會價值觀因此變遷，現代婦女就業對生育率、生育時間及生育數量均有影響。其次，孩子的養育方式也與過去不同，愈來愈多的家庭依賴他人（如保母、其他親屬、托育機構等）協助照顧孩子，也因此有不同於過去的需求及問題產生。最後，因醫學及生物科技的進步，現代人有能力透過非性交的方式（如試管嬰兒、受精卵培植）來生育，且能自由決定子女性別、數量，及何時生育，這些變革，都影響了家庭的生育功能（藍采風，1996）。

(二) 情感的功能

兩人因愛而結合、組成家庭，主要的目的之一便是為了滿足自己對於親密關係的需要，每個人都希望在家中獲得愛、接納、關心和支持，因此雖然在社會工業化和都市化之後，部分婚姻與家庭的功能被其他機構所取代，但還是只有婚姻與家庭能提供人

所需求的情感支持及安全感。夫妻間的情愛是家庭幸福的基石，子女也要在愛的環境中成長才能學會自愛愛人，並因有適當的模範角色學習，為自己未來幸福人生奠下基礎。

在其他的家庭功能隨時代變遷而有所轉移或減弱時，情感的功能卻比以往更為迫切需要，同時也是維繫家庭最重要的力量。

(三) 社會化的功能

家庭是每個人第一個接觸到的教育場所，個人從出生後透過家庭（族）環境、父母（宗族）的教導，學到許多影響一生的態度、價值觀及行為模式，並因此成為一個「社會人」，這樣的社會化功能在過去傳統社會中較為明顯且重要。

現代家庭對子女社會化的功能也逐漸被學校教育所取代，在九年國民義務教育實施之後，學校已成為六歲以上孩子的社會化主要機構。而由於現代婦女就業率高，稚齡兒童甚至嬰兒的社會化都由幼兒園或托嬰中心或保母所替代，造成「生育、養育、教育」互不協調的現象（黃迺毓，1999）。此外，由於科技進步及生活電子化的結果，電視及電腦也可能會逐步取代家庭社會化的功能（藍采風，1996）。

雖然隨著時代的進步及社會變遷，家庭社會化的功能被瓜分或取代，家庭仍是教育的中心、社會化歷程的重要機構，對每個人的影響仍最長久且深遠。父母如何在「質」上加強對孩子的影響，是現代及未來的努力目標。

(四) 保護照顧的功能

在過去，家庭的功能之一是保護家庭成員免受侵害，同時在家人生病、受傷或年邁時提供所需的照顧，尤其傳統家庭被視為個人以外的最基本照顧系統。然而，現在此一功能已被許多相關

單位或機構所取代：警察、軍人等能給予我們更安全的保護；保險制度能提供意外事件的保障；醫院在我們生病時能給予更完善的照顧，甚至因家庭人口數減少造成人手不足，加上婦女就業的普及，照顧家中病人或長者也有看護來協助，因此家庭的保護照顧功能也不如過去重要，有鑑於此，各國無不致力規劃及推動社會福利措施的實施，現代及未來將有愈來愈多的家庭功能要由福利制度來提供。

(五) 經濟的功能

「家庭是經濟生產合作的一個單元」（藍采風，1996），傳統的家庭自給自足提供家人日常生活所需，並依性別而分工合作，例如「男主外，女主內」等，然而此種分工乃是社會文化因素大於生理的因素，雖說現代社會對於過去這種刻板的性別分工有所批評，但在當時的社會文化環境下，的確有其正面的意義：透過男女的分工，婚姻制度成為必要性，且因此相互依賴的原則能有效維繫男女關係（藍采風，1996）。

在社會工業化及經濟變革、轉型的現況下，家庭的經濟功能改變許多，從以前的自產自用的生產單位，到現在的消費單位，但家庭仍然是一個重要的生產單位。此外，家庭的經濟互助功能也不因家庭結構變化而消失，父母在經濟上幫助子女，並在年邁時接受子女經濟支持或奉養仍是臺灣社會普遍的現象。由此可見，家庭的經濟功能雖在改變，卻仍存在。

(六) 傳承社會地位與宗教的功能

原生家庭給予每個人無從選擇的背景及社會階層，尤其在過去傳統社會中，人們透過繼承它所提供的社會地位，而深刻地影響個人的思想、習慣、生活型態、價值觀念、行為模式及所擁有

的社會資產等，因此家庭提供塑造並傳遞社會地位的重要功能。此外，宗教信仰及祭祀祖先等儀式亦是透過家庭，才能有效地傳遞給下一代。

然而在社會現代化的過程中，家庭的經濟及社會化功能轉移，被學校教育、職業認同、專業權威等所取代，因此家庭傳遞社會地位的功能雖仍存在，但在工業化、專業化及社會階層流動率大的都市社會中，此一功能已大為降低。除此之外，因教育普及、觀念多元、個人主義抬頭，現代家庭對於傳承宗教的功能亦不若以往，甚至祭祀祖先此一重要儀式，許多現代人也都將祭祀儀式簡化或選擇不同的替代方式。

在愈傳統的社會中，社會結構愈少分化且分工單純，家庭所負擔的功能也愈多，但在現代社會中，受個人主義、社會工業化及都市化、分工專精、家庭結構變遷等影響，許多傳統的家庭功能已被相關的專業機構所取代，尤其是屬於實用性、可用性及物質性的功能與連結（bonds），但是非物質性的功能——提供情感及滿足親密關係需求的功能卻更為重要且無法取代。換言之，縱使傳統的家庭功能隨著社會變遷而有所改變，婚姻與家庭仍是滿足人類需求的根源。

第三節　夫妻角色與溝通

角色（role）在社會學的定義是指一個人因其身分、地位、職位所應表現的行為及相對關係，Sasse（1978）將其分為三類：一是指定的角色（given role），如父母、兄弟姊妹、子女等與生俱來的；二是學習的角色（learned role），如夫妻、教師、學生等因環境或遭遇而來的新角色；三是選擇的角色（chosen role），如

職業、婚姻狀態等可以自己選擇的角色。由此分類，我們也更清楚知道，如何扮演一個丈夫或妻子的角色是後天學習及調適而來的。

我國傳統社會中的人際關係，非常強調角色的定位，所謂「不在其位，不謀其政」，也就是說做什麼要像什麼。在此原則下，過去對於夫妻的角色扮演及互動關係有刻板且清楚的訂定與要求，例如「男主外，女主內」的分工；為維持男尊女卑的關係，甚至要求女性遵循「三從四德」及強化「女子無才便是德」的觀念。但從另一方面來看，過去的文化亦要求男性成為無感情的動物，並擁有強者的形象，例如「男兒有淚不輕彈」就是最佳的寫照。然而現代社會環境已有所改變，現代女性擁有教育平等權、就業權、經濟自主權，甚至可以有效地計畫子女生育數及時間，這些對於女性的自我發展及兩性的平等都有相當大的幫助。

一、婚姻的神聖與永久性

在過去和現在有極為不同的看法，白頭偕老一向是上一輩人對婚姻所做的教導期望和祝福；但是現在「試試看，不好還可再換」的觀念已逐漸被青年男女們接受。所以結婚後，夫妻雙方仍然會將自己的配偶和其他異性相比較，時時存有「好好改變對方」的想法，甚至進而有「當初瞎了眼，才會看上你」的怨嘆，卻不知這正是造成離心力大於向心力的起點（晏涵文，1993）。

二、婚姻角色的一致性

婚姻角色的一致性和家庭權力結構也發生了很大改變。青年男女雖然爭取到自由擇偶的權利，但卻沒有受到任何的婚前教導，他們是根據什麼來做這影響自己一生最大的決定呢？結婚前對婚

姻實在應先有正確的認識，幸福婚姻絕不僅是一種情緒的衝動，也不是兩個人在某方面談得來就可以。雙方對婚後要扮演的角色有怎樣的期待和許諾常會造成兩種不同的結果，一是「角色衝突」（role conflict）；另一則是「相輔相成」。換句話說，婚前雙方有清楚的認識，彼此對雙方所扮演的角色有較一致的看法，那麼婚後的適應就比較容易些，否則就需要逐漸地、不斷地改變自己，進行調適的工作（晏涵文，1993）。

三、你儂我儂

當我們說到「你儂我儂」時，好像那是未婚男女談情說愛的專利，而已婚夫妻則常喜自稱「老夫老妻」，意味平淡無奇，不時興那一套了。其實，〈你儂我儂〉歌曲的原意即為元朝大畫家趙孟頫與其妻管夫人打情罵俏時，管夫人所作，詞中的意境當然也只有如此恩愛夫妻、神仙伴侶才能體會、表達的。經李抱忱改編原詞，作詞曲成為現今的流行歌曲，歌詞的後一段是：「將咱兩個一起打破，再將你我用水調和，重新和泥，重新再做，再捻一個你，再塑一個我，從今以後，我可以說，我泥中有你，你泥中有我。」

人們常沉浸於夫妻合而為一的境界中，而未曾想到：合一之前需要先「將咱倆一起打破」。「打破」是一件很痛苦的事，當你覺得實在沒有辦法，不能不完全按照配偶的樣子接受他時，這才叫破碎自己。夫妻就是不斷進入這種破碎自己的工夫中，來建立彼此共同的理想。

所以，美滿的婚姻特質不在於夫妻從未發生過衝突，而是在於雙方有沒有解決彼此不同需要的能耐。夫妻間的爭執在長久生活中在所難免，這時接納對方、坦誠溝通、充分體諒和寬容的愛，

就是促進彼此關係的訣竅。溝通過程中，是否彼此尊重並坦然地把事情說清楚是很重要的；否則，即使對方一時被說服，卻仍存留埋怨和不滿，一定會成為另一次爭吵的導火線。同時要存在著愛意和寬容去體諒對方，盡可能不要在情緒上傷害對方，或存心挫敗對方，予以報復和打擊。

為了避免爭吵，平時就得多了解對方，知道他最在意哪些事？會有什麼反應？有了這一層了解，當對方生氣或不高興時，就比較能包容，不會跟著一般見識，鬧得不可開交，而引發更大的衝突。當一方情緒不穩定時，另一方若能適時給予情緒上的接納與化解，讓他感受關懷和被愛，必能促使婚姻更為和諧美滿（晏涵文，1993）。

四、改變自己而非改變對方

人的本性都是以自我為中心的，當想到夫妻合而為一時，都本能地想改變對方來適應自己。雙方都想打破對方，丈夫希望把太太打破，然後重新和泥、塑成跟自己一樣，太太何嘗不也有同樣的想法。夫或妻一方常說：「如果你愛我的話，你就會……，按照我的意思去做。」這種想改變對方的念頭，往往是夫妻爭執的禍首。

事實上，我們應該確立兩個觀念：(1)不要試圖去改變你的配偶；(2)不要認為「本性難移」，自己不可能改變。

例如，我們有時候會聽到某個女孩子說，這個男的各方面條件都不錯，只是個性不太讓人欣賞，不過結了婚之後，我再去好好改變他。可是這種想法絕對不可能成功，因為人本能就害怕改變，尤其是被改變，由於自尊心和自我防衛作用，每個人都有抗拒心理，而不願意被配偶改變。不過，人自出生落地不斷發育成

長，無時無刻不在改變中，過去的你和今天的你不太一樣，今天
的你和未來的你也不會一樣。但多半時候人卻不容易承認自己受
到改變，只認為自己在逐漸轉變。這樣的心態在親密關係中尤甚。
所以不必強調「使對方改變」，引起無謂的反感或爭執。想想看，
朝夕相處、耳濡目染，豈有不互相影響、潛移默化的道理（晏涵
文，1993）？

五、夫妻相處之道在相愛如己

　　大多數夫妻不和諧的主要原因，是由於彼此沒有把感受到的
愛和所懷有的善意恰當地溝通出來。由於傳統的教導，夫妻相處
之道要「忍耐、忍耐」，尤其是為人妻的女性，就更需要「忍耐」
到底了。當然，這樣很可能會出現「忍無可忍」的時刻，一發不
可收拾，產生更大的衝突。確實，夫妻的溝通是需要學習的，光
是知道愛是沒有用的；我們有個錯誤觀念，以為如果將愛掛在嘴
上就不值錢了。由於我們從小就沒有養成稱讚他人、表達感情的
習慣，因此造成許多「愛你在心口難開」的人（見圖9-1）。

　　尤有甚者，許多夫妻存著「他愛我，就應該知道我要什麼」
的錯誤觀念。然而經常事與願違，造成自認為不被愛的「自怨自
嘆」：「他不了解我，還有誰了解我？」試想，自己真能正確地
捉摸到別人的感受嗎？那我們又為什麼去強人所難呢？僅靠非口
語的溝通，有時更易造成夫妻彼此誤解了對方內心的信息。

　　傳統文化中，要求夫妻「相敬如賓」的教導，應是夫妻相處
最起碼的條件。其實，理想中，夫妻之間相處應該是「相愛如己」
的關係，夫妻之間不僅僅要像客人一樣的相互尊敬，更要愛對方
像愛自己一樣，這樣的恩恩愛愛才是我們所憧憬、所追求的夫妻
關係（晏涵文，1993）。

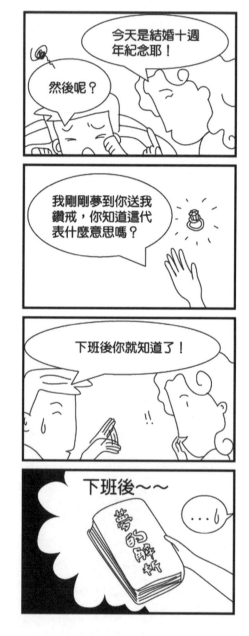

圖 9-1 夫妻的溝通需要學習，而適時表達
愛意有助於生活情趣的培養

六、夫妻的生活要常有情人的氣氛

有人盼望「結婚是二度戀愛的開始」，盼望配偶永遠是彼此追求、取悅的對象。夫妻的生活除了例行家事外，應建立共同的目標，不但有長程的，如共同的人生觀、信仰，還要有中、短程的，如添置某些物品、關懷某些朋友或去哪兒度假等。

夫妻生活在同一個屋簷下，更要常保有情侶的氣氛，培養彼此欣賞對方的能力，如丈夫欣賞妻子剛學會的菜，妻子欣賞丈夫的成就；也需要學會彼此讚美，如丈夫讚美妻子的服飾、髮型，妻子讚美丈夫的負責、體貼等；更要彼此存著感恩的心，領受對方的好意並道謝；當然不可缺少對彼此的了解，如接納對方的生活習慣、對對方的話題表示興趣等。

在婚後不妨時常約會，絕對有助於夫妻感情的增進，一方面可使夫妻重溫婚前約會、戀愛時的舊夢，同時在夫妻兩人為事業、子女忙碌時，偶爾有個單獨相處、表達愛意的機會，豈不更妙。此外，謹記雙方有意義的紀念日，如生日、慶祝結婚的週年紀念，或隔一段時間再度一次蜜月等，都有助於培養夫妻之間的生活情趣。

試將婚前的戀愛化成婚後無形的恩愛溫床，孕育婚後夫妻更甜美的共同生活，在漫長的人生歲月中，無論夫妻哪一方遭受到任何的困難與挫折，必能共同分擔，彼此扶持。遇到美好的事物、值得興奮的佳境，更能互相欣賞，共同享受，並且有永遠的回憶（晏涵文，1993）。

七、互相促進更親密的關係

　　婚姻生活中，夫妻性生活的調適應受到相當的重視，因為滿意的性關係是快樂婚姻生活中的一個重要因素。夫妻之間的性生活原是為了要表達，並經歷彼此之間最深刻愛情的媒介，以及合一的經驗。它不但能滿足夫妻彼此生理上的慾望、繁衍子孫、維繫夫妻的關係，而且可以激發人們內在的潛力，分享夫妻滿足的感情。尤其是夫妻經由互相暴露他們的身體和心靈肺腑，接受彼此的盧山真面目，來完全接納對方。在心理層面可達到彼此互屬的感覺，你屬於我，我屬於你，有助於實現夫妻的自我（晏涵文，1993）。

第四節　夫妻性生活

　　對人類而言，性是為了要幫助一個男人和一個女人表達和經歷他們之間至深之愛的媒介或途徑，只有一夫一妻制的婚姻關係才能發展出真正的愛情、完美的性生活和健全的人格，可見性是屬於夫妻之間的一種合一經驗。如此親密的性關係，可激發人們內在的潛力，不但藉以維繫夫妻的關係，且具有無比的威力，分享夫妻滿足的感情。所以，這兒所說的「性」是廣義的，是包括「全人」的整理。而夫妻「合而為一」的關係，也包括生理、心理、社會等層面全然合一的境界，由如此長久穩定的關係中激發出共同的創造（晏涵文，1993）。

一、性在婚姻中的特殊角色

有了這層認識，我們再來看看性在婚姻中所扮演的特殊角色。

(一) 繁衍子孫，延續後代

我們都知道夫妻性生活擁有生育功能，能夠使子子孫孫傳遞下去，它有形的延續了夫妻雙方的生命特徵，因此子女又被稱作夫妻「愛的結晶」。但生育並不是性生活在婚姻中的唯一功能，尤其今日調節生育、避孕方法的研究發展，已使「性」和「生育」不再發生必然的因果關係，所以「如果不生小孩就不該有性行為」的觀念也應有所調整。

(二) 滿足性慾，享受人生

人類的性慾是第二性徵的正常表現，乃因為性荷爾蒙的作用。男性有性慾，而且衝動表現得很快；女性一樣有性慾。傳統社會以為女性若承認自己也有性慾是很奇怪的事，一般人認為只有從事某種特殊職業的女性才可以有性慾，事實上，正常的人都應該有性慾，沒有性慾的人反而不正常。生理上的這種需求，在婚姻生活中可以得到正確的出路和滿足。

當我們提到性生活可使人享受人生，很多人乍聽之下以為這很沒道德。當然，如果把這樣的享受當作是不須節制慾望，隨隨便便就去發洩自己生理的需要，那當然不好。但如果是在節制的情況下，夫妻間彼此的付出，彼此希望能互相取悅對方，這樣的關係是我們應該享受的，也是人生應該有的、必然可以享受到的關係。不過，性需要先有彼此絕對、永遠互相的委身與信賴，才能建立安全而穩固的關係，而後共同分享其中樂趣。

(三) 愛的表現、強化感情

性、愛與婚姻似乎一直有令人困惑的關係。雖然「性」永遠不能驗證愛，離婚的夫妻可以形同陌路，甚至彼此懷有恨意。婚前性行為不但不能穩固關係，可能還有負面的影響；不過，愛的極致卻經常藉著親密的性行為來表達。

在婚姻生活中，中國傳統社會好像太過強調感情與心理的層面；而西方社會給我們的感覺，又似乎太過強調性生活，尤其是生理、身體部分的結合。其實兩個極端都不對，採取中庸之道，在婚姻生活當中調整夫妻關係，對雙方都很重要。我們認為一對感情生活很美滿的夫妻，必然會有一個美滿的性生活，而性生活美滿的夫妻，他們的感情生活也必然會愈來愈好。

(四) 彼此互屬，減少衝突

由於婚姻中的性生活是人類關係中最親密的關係，夫妻之間坦然無懼地在彼此注視、彼此撫摸、彼此結合之間，能夠充滿愛的流露，所以它必定在心理層面達到彼此互屬的感覺：你屬於我，我屬於你。夫妻經由互相暴露自己的身體和肺腑（心靈），接受彼此的廬山真面目來完全接納對方，如此有助於實現夫妻的自我。夫妻性生活的滿足不僅可減少夫妻間的衝突，且可感受到彼此愛的滋潤，所謂「床頭吵，床尾合」，即在說明夫妻間有些較小的摩擦與衝突可經性愛的滿足來化解（晏涵文，1993）。

二、共同創造和諧的性生活

性生活要進步，必須慢慢適應，學習合而為一的最高境界，以便盡情享受它。一對新婚夫婦在性適應上遭遇困難時，不要有

太大的挫折感，雙方只要保有愛心就一定能有進步。一對相愛的夫妻應不斷學習以促進更親密的關係，帶來彼此更多的快樂，茲提供一些原則以供參考。

(一) 適應彼此的需要

每一對夫妻間的性心理、生理都有很大的差別，自尊與互尊是維持性生活的要件。丈夫不要拿「性」當作「權利」，妻子也不要拿「性」當作「武器」。《聖經·哥林多前書》七章三、四節說的好：「丈夫當用合宜之分待妻子，妻子待丈夫也要如此。妻子沒有權柄主張自己的身子，乃在丈夫；丈夫也沒有權柄主張自己的身子，乃在妻子。」總之，夫妻不可彼此虧負。

(二) 次數、時間與地點

夫妻性生活的次數，不要跟別人做比較，沒有一定的法則，最好採中庸之道，不要太過，使之變成例行公事，也別不及，造成夫妻關係的緊張。若一方偶爾必須拒絕時，態度要委婉，語調要溫柔，並要能平服對方失望的感受。同時，不要迷信某些食物或廣告藥物。夫妻對於性生活不應有太多禁忌，但應顧慮到配偶的情緒與感受。時間和地點沒有固定的必要，但不要在最疲倦時從事，因它需用感情和體力，全心全力地投入。夫妻性生活中，環境的隱密性和情調是很重要的，隱密才能毫無顧忌地全然投入，情調如香水、音樂、燈光都有助於情緒的培養。

(三) 溝通對性的感受

夫妻應共同有心學習享受感官之樂，且坦然無懼地藉著口語和非口語的溝通來表達彼此對性的感受。成功的祕訣在於完全的諒解，且彼此都真誠地希望對方愉快。夫妻應共同研究滿足雙方

的性交技巧，且偶爾求變化，同時夫妻也會發現一種或數種彼此都喜歡的姿勢。不過切記，性是一種關係，若太強調技巧反而有損性生活。

(四) 保持性的吸引力

夫妻的生活也要有情人的氣氛！彼此欣賞對方的成就，讚美對方的優點，接納對方的習慣，感謝對方的好意，建立共同的話題，回憶美好的時光，都足以使兩情相悅，處處流露出體貼與關懷。妻子偶爾的暗示與主動值得鼓勵，引人遐思的內衣和睡衣也有助於生活情趣，增強兩心的吸引。

(五) 建立彼此的信任

夫妻兩人有心共同建立充滿著愛的家庭，共同追求內心最深處的寧靜與安全感，才能非常坦誠地建立並享受最親密的愛情關係。避免性的不忠實（外遇）也是很重要的課題。如此，夫妻合而為一的最高境界才能共同建立與分享！

人生最大的快樂、最深的滿足、最強烈的進取心以及內心深處的寧靜和安全感都來自於一個充滿著愛的家庭。美滿的婚姻一定要由雙方共同努力來建立，雙方都該了解婚姻幸福是無法不勞而獲的。要想深深地被愛，就得深深地去愛；婚前，選擇了你所愛的，婚後，好好愛你所選擇的（晏涵文，1993）！

 關鍵詞彙

社會單元（social unit）

社會網絡（social network）

自我揭露（self-disclosure）

經濟共享合作體（economic union）

固有的功能（intrinsic function）

歷史的功能（historical function）

角色衝突（role conflict）

自我評量

1.說明婚姻與家庭的意義。

2.列舉婚姻與家庭的功能與變遷。

3.舉例說明促進夫妻更美好關係的方法。

參考文獻

一、中文部分

王麗容、薛承泰、陳倩慧、簡文吟、劉慶煜（1995）。**臺北市家庭結構變遷與福利需求之研究**。臺北：臺北市政府研究發展考核委員會委託。

晏涵文（1993）。**生命與心理的結合**。臺北：張老師文化。

陳皎眉（1997）。**兩性關係**。臺北：空中大學。

黃迺毓（1999）。**家庭教育**。臺北：五南。

楊懋春（1979）。**社會學**。臺北：商務。

靳建國（譯）（1991）。Bertrand Russell 著。**婚姻革命**（*Marital revoluation*）。臺北：遠流。

龍冠海（1976）。**社會學**。臺北：三民。

謝秀芬（1986）。**家庭與家庭服務**。臺北：五南。

藍采風（1987）。**健康的家庭生活**。臺中：臺灣省社會福利工作人員研習中心。

藍采風（1996）。**婚姻與家庭**。臺北：幼獅。

二、西文部分

Aldous, J., & Dumon, W. (1990). Family policy in 1980's: Controversy and consensus. *Journal of Marriage and the Family, 52,* 1136-1151.

Beutler, I. F., Wesley, R. B., Kathleen, S. B., & Donald, A. H. (1989). The family realm: Theoretical contributions for understanding its uniqueness. *Journal of Marriage and the Family, 51,* 805-815.

Burgess, E. W., & Locke, H. J. (1953). *The family.* New York: American Book.

Olson, D. H., & DeFrain, J. (1994). *Marriage and family: Diversity and strengths.* Mountain View, CA: Mayfield Publishing Co.

Ross, C., Mirowsky, J., & Goldsteen, K. (1991). The impact of the family on health. In A. Booth (ed.), *Contemporary families: Looking forward, looking back.* Minneapolis: National Council on Family Relations.

Sasse, C. R. (1978). Person to person. In A. Bennett (ed.), *Peoria* (pp. 168-170). IL: Chas.

Strong, B., & Devault, C. (1992). *The marriage and family experience* (15th ed.). New York: West Publishing Company.

Wolf, R. (1996). *Marriages and families in a diverse society.* New York: Harper Collins College Publishers.

第十章

婚姻的變相

1. 了解家庭暴力的原因及型態
2. 說明家庭暴力對社會、家庭、子女的影響
3. 分析離婚的原因及影響
4. 了解再婚及繼親家庭成員之間的關係
5. 認識單親家庭與未婚媽媽須面對的問題
6. 了解未來家庭的發展趨勢

摘要

　　婚姻是兩個人從相愛到經營一個家，養育子女、合作發展的事業，使生活得到保障，也使感情得以持續。但兩個人因表達愛的方式及解決衝突的模式不同，有可能使雙方在互動中充滿了矛盾、憤怒，甚至傷害，這些婚姻中的衝突漸漸形成婚姻的危機，在這裡將幾個常見的婚姻變相做呈現，一共分成五節敘述：一是家庭暴力，其迷思有哪些、虐待的類別、了解其暴力的原因過程而尋求預防與解決的方法；二是婚姻的另類選擇（含外遇、不婚、換夫換妻），在婚姻的體制內，進行與配偶外之人的性行為，一般人對外遇有許多迷思，需要將問題攤開來，對外遇有更客觀的認識。受背叛的人往往是充滿傷心和怨恨，如何面對已形成的事實，找出一些可行的方法來減少對彼此的傷害。其他如不婚、換夫換妻則是對性的兩極化選擇，不論不婚的原因如何，婚姻是不存在的，而換夫換妻是在雙方的同意下進行婚姻外的性關係；三是離婚與再婚，離婚率的升高已是全球的共同趨勢，離婚的原因很多，但造成對成人及子女的影響都很大。離婚後選擇冉婚，冉婚家庭的組合，其間面臨的困難、繼父母與子女間的互動都是嶄新的挑戰與須練習的課題；四是單親家庭，單親家庭隨著離婚、配偶死亡、分居、惡意遺棄或虐待、未婚懷孕等情形之發生而增加，相隨而來的問題，使單親家庭不論是經濟、子女教養、社會關係、角色負荷、法律等都亟須被協助，針對單親家庭之需求，應提供個人及社會方面的福利措施及對策，才能減少單親家庭的負擔及給予生活上的保障。

　　「家是暴風雨中之避風港」，但若避風港中起了暴風雨則最不易躲開，所以兩性對在婚姻中的變相應有所認識。

第一節　家庭暴力

　　家庭暴力（family violence）和親密關係之間的暴力都有可能導致身體的傷害與親密關係的瓦解。廣泛的定義包括打小孩、約會強暴、謀殺配偶。許多人很難想像這些行為都可能發生在家中，而且是親密的伴侶所為。一般人認為家庭是合作、承諾、分享、平等及相對的，事實上家庭暴力也是常見現象：男人用暴力控制女人，用暴力處理問題，父母親可以打小孩，認為這是做父母的責任。

一、家庭暴力的迷思

迷思一：家庭是沒有暴力的，或它是很少發生的
事實：家庭暴力存在且並非偶發事件，在第一次毆打後就會有持續的暴力行為出現。
迷思二：家庭暴力來自低下階層，工作不易成功或缺乏資源去回應生活的人
事實：社會上各種階層的人都有可能發生家庭暴力，現實生活可能是成功的人，而且有好的生活技巧去面對工作、社交。
迷思三：酒和藥是導致家庭暴力的主因
事實：酒和藥與家庭暴力有高相關，但不是主因，酒和藥只是支持犯罪的藉口，而且有些藥物會造成精神恍惚減少暴力的發生。

迷思四：兒童在小時候被虐，成長後一定成為施虐者

事實：有些被虐的小孩長大後傾向於施虐，但不是所有受虐的小
孩均如此。

迷思五：暴力和愛是不相容的

事實：很多受虐的婦女對其伴侶們有很強的愛意，大部分被虐的
小孩們是愛他們的父母的。暴力在家中包含有愛的束縛、
感情及依賴。

**迷思六：施展暴力者因有精神心理的不平衡、神智不清，所以他
的罪行是可理解的**

事實：僅有 10%的施虐者是心理疾病因素，其藉由生氣、攻擊、
暴力、侵略方式來處理壓力，而對象是家人。

二、家庭暴力的原因

　　為什麼有這麼多的暴力發生在家庭，很多的理論試著去解釋
這類人與人之間的暴力行為。有一些理論是針對在個人，如心理
變態、酒與藥物的使用，所發展出來的情緒態度和行為習性，其
次的理論則以社會／心理來解釋這類行為是經社會學習、交換、
互動而得來，第三個理論談的是社會文化，它提供了文化價值觀、
信念、社會標準，如對性別的看法、是否接受暴力行為、是否有
固著的角色期待等，女性主義學者相當反對男性應用權力來控制
女性，以便維持其命令和威權的做法。

三、家庭暴力的種類

(一) 兒童虐待

兒童虐待（child abuse）是指成人對毫無行為辨別能力及意識的 12 歲以下兒童，施以身體、精神、性、疏忽及惡意對待的行為。

1. 身體暴力：父母處罰子女最常用的暴力方式是拳打、腳踢、鞭打、燙傷，有時也會用到武器傷害。父或母的同居者或繼親家庭中的父母更容易在責打時造成兒童的傷害。

2. 兒童性虐待：施虐者大多數為熟識者或親密的人，他們因偶發情境發生比較少，多數為有計畫的行動，了解兒童常在的時間地點，尋求時機，並用各種方式接近兒童，使兒童不疑有他而遭受侵害。亂倫經常發生於父親與女兒間，它很少是為了滿足性的需求，多半是控制、情緒上的依賴、占有。兒童受到侵害後，對其父親仍有愛意，但是對身心的影響卻非常大，包含陰道的裂傷、可能的懷孕、感染性傳染病、情緒的憤怒、對自我的否定、不相信任何人、與同窗關係不佳、說謊、引誘別人、從事性交易工作、做噩夢，以及無法與異性建立關係等。

3. 疏忽：未能提供或故意不提供兒童所需的食物、衣服、情感、醫療與教導的需求都算是疏忽。

(二) 配偶虐待

　　以家庭暴力而言，在傳統觀念上認為夫妻衝突或有暴力行為是家務事，外人無法介入其中，於是有很多人為此忍氣吞聲地生活在暴力陰影中過一生，而這樣的生活模式也會影響到子女將來使用暴力行為對待他人（Goguen, 1998; Miller, 1999）（見圖10-1）。

　　在 Straus 與 Gelles（1986）的研究發現美國每年至少有 1.6 萬的妻子被其丈夫毆打，而 Mclaughlin、Leonard 與 Senchak（1992）的研究也同樣指出：在 625 對新婚夫婦中，高達 36%的人在婚前曾有互毆的情形發生。Goldstein 與 Rosenbaum（1985）則認為男性施虐者有低自尊及敏感其妻子的行為會威脅其自我概念。而 Rodman（1967, 1972）認為權力關係是由性別角色的規範和配偶所支配的資源所影響。今日的社會，妻子仍然被期待去接受丈夫的命令（引自 Foshee, Bauman, & Linder, 1999）。

　　丈夫也認為使用暴力來支配、控制妻子是正確的，其所使用的暴力則包含了摑打、揍、踢、使用器具傷害、性暴力、通姦、口頭攻擊，或以孩子及其他關係人的生命做要脅等，使對方的傷害程度從不須治療至輕重傷害甚至死亡。這些受傷害的妻子是否曾想到求援、就醫？從黃志中等人（1999）的個案報告結果中了解，在 95 位受虐婦女中有 25 人（26%）過去雖曾遭身體虐待但卻從未就醫，究其原因：不外乎不知找誰醫療、覺得沒面子、小傷不要緊、無法負擔醫療費用，而在曾遭身體虐待而就醫的 70 人（74%）中，就有 31 人在就醫過程中被拒開診斷書，由此看來婦女受傷後停留在家中的原因，除了仍愛著對方、依賴對方經濟、習得的無助感外，與社會醫療資源的不支持有關。

圖 10-1　夫妻間的暴力行為，會讓子女學習用暴力對待他人

四、家庭暴力的預防與處理

(一) 預防

對於保護家庭暴力的受害者，以及潛在受害者之生命與福利來說，處遇絕對是必要的方法。然而，即使是有效的處遇方案和實行，也無法打破與暴力有關的文化規範和價值觀的循環層面，這些循環正助長了家庭的暴力本質。只進行這類的處理方案，並不足以降低家庭變成較少有暴力性與虐待性的家庭。

以下有幾種方法可以改善：

1. 將社會與家庭中，傳承而來的彰顯暴力的規範消除。消除將掌摑視為管教子女手段的觀念；消除由大眾媒體所彰顯與傳達出來的暴力訊息。

2. 減少社會中會激起暴力的壓力。降低家庭壓力的措施，包括了減少貧窮、不平等以及失業的情形。

3. 減少家庭的社會孤立。將家庭整合為完整的社區網絡，是有助於減少壓力和增加家庭因應壓力能力的重要步驟。

4. 對曾目睹家庭暴力的兒童進行諮詢及輔導。提供定時相聚的時間給予一連串有計畫的活動及討論，使之重新學習新的價值觀和行為，內容包含：(1)暴力的發生不是他們的錯；(2)增加自尊；(3)學習新方法保護自己；(4)認識可以協助自己的正式與非正式資源；(5)學習以新的非暴力方法來解決問題（周月清，1995）。

(二) 家庭暴力防治法

家庭暴力防治法於 1998 年 5 月立法通過，經總統公布，1998年 6 月 24 日正式實施。內政部家庭暴力防治委員會於 1999 年 4 月 23 日成立，全面展開推動家庭暴力防治工作。

家庭暴力防治法的通過將我國維護人權的努力向前推進一大步，也象徵我國對婦女權益維護的決心。家庭暴力防治法破除以往「法不入家門」、「家庭暴力是家務事」的傳統迷思，將家務事的暴力行為重新定義為犯罪行為。

依據推動本法之學者專家、現代婦女基金會及內政部將家庭暴力防治法歸成 10 大特色（內政部，2000）：

1. 定義「家庭暴力罪」，只要家庭成員間施予身體或精神上侵害之行為都構成所謂「家庭暴力罪」。

2. 引進保護令制度，保護令就是家族暴力事件的護身符，受到暴力的人都可以申請，施暴者必須離開家門，並且不能帶走小孩。

3. 擴大家庭成員的定義，讓婚姻關係、家庭關係、同居關係中受到家庭暴力的人，都可以受到保護令的保障。

4. 警察是家庭守護神，一旦發生家庭暴力，警察就會處理，家庭暴力不是家務事，而是大家的事。

5. 犯「家庭暴力罪」或「違反保護令罪」的人，假釋期間要接受保護管束，以免施暴者回來報復。

6. 如果施暴者要看孩子，必須在規定的安全地方進行，以避免因探視而衍生事端。

7. 家庭暴力事件中，施暴者要接受輔導及治療，讓專業人士幫助他（她）去除暴力行為。

8. 國中、國小全面實施家庭暴力防治教育，從小教導對家人

不可以使用暴力的觀念。

9. 中央要成立「家庭暴力防治委員會」，以統一規劃全國家庭暴力防治工作。

10. 各縣、市都要成立「家庭暴力防治中心」，24 小時保護家庭暴力受害者。

其中，民事保護令制度對於防治家庭暴力行為和保護被害人，提供了極佳的措施。如保護令中的禁制令，除了可以禁止施暴者對被害人或其特定家庭成員實施家庭暴力之外，還能禁止施暴者直接或間接對被害人騷擾、通話、通信或其他非必要之聯絡行為，施暴者一旦違反將付出被提起公訴的慘痛代價，充分保障了被害人的權益。

第二節　婚姻的另類選擇——外遇、不婚、換夫換妻的搖擺婚

一、外遇

外遇是最常見的婚姻問題之一。通常指與配偶之外的異性發生性關係；一般對外遇的探討，不包括所謂「精神上外遇」，即與配偶以外的人有了感情，但未發生性行為；也不包括交易性的性行為，即買春或召妓行為。

已婚男人外遇的比例高過已婚女子，西方社會相差不大，而東方社會相差較大。不過，現在女性外遇的人數也在大幅增加中，可能與更多女性進入工作場所，更多工作中的挫折，造成心理壓力，以及更在意自己各方面的滿足有關。

　　雖然大家都希望外遇減少，但無任何跡象顯示它會減少。我們如果希望外遇減少，不如打破個人和社會所抱持的「一夫一妻制神話」。打破這個神話，可使個人從慚愧的感覺中解放出來，以更務實的態度去處理問題。對社會而言可以去除許多的虛偽，而能將問題攤開來，使我們對一夫一妻制和外遇有更客觀的認知（施寄青譯，1991）。

(一) 有關外遇的迷思

迷思一：發生外遇是因當事人的缺點和失敗，這純粹是個人問題

事實：有許多社會因素支持和造成外遇。這不僅是個人問題，也是社會問題。

迷思二：有外遇的人是軟弱的，沒有安全感的，不體恤人的，是該受懲罰的壞人

事實：所有的人都會發生外遇，不只是某些人，在這個社會的每個人都是軟弱的，都可能有外遇。

迷思三：發生外遇通常表示當事人的婚姻不快樂

事實：外遇和婚姻不快樂不能劃上等號，沒有明顯的證據支持對婚姻失望的人一定得走上外遇的路子，「不好」的婚姻不一定會造成外遇，「好」的婚姻也不能打包票，絕對不會發生外遇。

迷思四：只有在婚姻出現問題時，才會發生外遇

事實：雖然多數人抱持以上的論點，但是很多堅實的婚姻關係裡，仍然還是存在著外遇。通常，有外遇的一方會把婚外關係看成一種輕鬆、有創造力的現象，而不是訴諸情感，富有意義的形式。不過，這種現象證實，有人雖然深愛著配偶，卻能讓外來者在婚姻中占有一席之地。此外，良好的婚姻若存在著外遇，往往出自當事人本身的人格特質，而不是

夫妻雙方出現問題。

迷思五：外遇的性比婚姻內的性有趣得多

事實：前者有時較具誘惑力。對某些人來說，偷嘗禁果將構成強烈的性刺激，但為數不少的人卻飽受罪惡感、可能被發現的焦慮、可能感染性病等種種煎熬，阻礙了他們在外遇裡的性反應。男人通常對外遇的性評價較高，相對的，女人卻覺得和婚姻裡的性沒多大差別，甚至興趣更低（王瑞琪、楊冬青譯，1995）。

迷思六：第三者都是狼心狗肺的人，他們自私自利，只會將自己的快樂建築在別人的痛苦上

事實：第三者形形色色，他們有不同的理由。他們一樣受到傷害。

迷思七：離婚或不離婚是最先要考慮的事

事實：這是很複雜的事，不能草率為之，需要對情況有更多的了解，以做出合理的決定，而非出於感情用事（施寄青譯，1991）。

(二) 處理方法

在面對外遇時，並不是都要以離婚收場，有一些方法可以試著做做看：

1. 承認自己的憤怒：遇到這件事給自己生氣的權利，不須覺得有罪惡感或抱歉，但不要以外遇作為報復，也不要用喝酒、傷害自己、不斷的吃來減除痛苦。不妨在沒人的地方大叫、運動，用力在跑步機上踏步，寫憤怒的字句在紙上將之燒掉，找一個不是會傳話的人去說出心中的話。

2. 評估這件事中，自己是否沒了底線並努力實行？你自己是否讓對方知道你的需求？是否仍然記得彼此曾給予的愛及好的感覺。

3. 可以和第三者見面，有助於自己不再停留於無謂的想像，有禮貌的見面可以給予實際了解的機會，但不是要羞辱對方，清楚告訴對方你會為婚姻付出，清楚設定不再介入家庭的時限，告訴對方配偶的一些實際情形，使之了解未來的共處並不如他們想像的美好。當然也有可能這樣的努力是失敗的，但這是可以嘗試的方法，總比沒做好。

4. 不應只是表面的寬恕，內心卻充滿著陰影，如未能重新建立關係，雙方不妨做一些練習，例如擬想對方死後，自己對對方的懷念，包含著哪些事物，可能會失去的希望及無法達成的夢想，再互相交換角色。練習所得的結果常常會令人意外，因為不管感情是否已變薄，都會發現感情其實還在，而且彼此縈繞。

5. 彼此重申忠實的誓約，給對方及自己一段時間處理曾經受傷和內疚的心情。

6. 原諒自己及對方，具體清楚地交換內心想法，希望對方能做到的事，如每天打電話說「我愛你」，牢記結婚、訂情日，為對方按摩或出奇不意送卡片等。

　　如果一切的努力都已無法挽回，也應是理性地分手（離婚），而不是懷著怨恨報復離開，試想與其貌合神離地忍氣吞聲或懷著恨意共同生活，在整個生命中是一種負擔和不愉快，相對的，這份不快樂可能無形中已傳染了家庭所有的成員，子女也學不會如何處理健康的婚姻關係及面對異性關係。

二、不婚

　　在現代社會，婚姻不再是每個成年人唯一的選擇，有部分的成年人選擇過著不婚的生活。又分為：(1)自願永久單身。自願選

擇永久單身或終身不婚，含未曾結婚也不想結婚、曾結婚但不打
算再婚、不結婚的同居者，與生活規範中不允許結婚的神職人員；
(2)非自願永久單身：渴望結婚，但找不到結婚對象而被迫放棄婚
姻的人。當然個人也會因為所處的環境之變動而從不婚變結婚。

三、換夫換妻的搖擺婚

搖擺婚（swing）與正統婚姻的不同在贊成交換配偶從事性活
動，不像正統婚姻互相排斥婚外性行為。夫妻對此類活動的行使
互定有短暫及較長久的不同期限（彭懷真，1996）。搖擺婚被認
為可嘗試性的新鮮，且沒有欺騙配偶。換妻俱樂部則有其規章要
求做界定，通常在網站上可以看到清楚的說明：例如一定要是夫
妻或情侶，要有伴侶和他人做交換，否則不接受，因此明文謝絕
單身徵友、一夜情和援交。

美國在 1960 至 1970 年代曾經熱門一陣子，後因換妻團體之
夫妻多以離婚收場，也就不再流行了，臺灣近年在一些網站上也
設有換妻俱樂部。

第三節　離婚與再婚

離婚不同於遺棄和分居，遺棄並未經過法律程序，而是單方
面行使的行為。夫妻雙方都可能遺棄對方，但在傳統上，經常發
生這行為的是丈夫。妻子遺棄丈夫的理由，有的是為了逃避家庭
責任、撫育子女，與丈夫逃避婚姻中的財務壓力有所不同。不論
如何，它是一種犯罪行為，因被遺棄的一方在一段時間內都無法
再婚（Eshleman, 2000）。

　　已婚夫妻不盡然以離婚作為關係的結束，可能應用正式或非正式的分居方式處理婚姻問題，但往往是離婚的前一個步驟，他們較傾向會離婚。合法分居有法院的強制執行契約（含贍養費、子女監護權與財產的分配），當然也包含當事人各自的處所；非正式分居是雙方共同研擬出的一份約定，沒有律師及法院的涉入，這種分居方式，夫妻仍具有婚姻關係並須承擔一切婚姻的義務。

　　離婚就法律的觀點而言是維繫的合法解散，離婚也從過往的過失裁定演變至現今的無過失離婚（協議離婚），使得離婚趨勢有所改變。

一、離婚的趨勢

　　在美國和西方的國家，對於分居和離婚的態度已有所轉變。以美國、英格蘭、法國、瑞典和威爾斯這些國家而言，離婚變得很容易。也因為對子女監護權支持的判定和贍養費的公正性，及夫妻雙方自主的決定權增加，都使得**離婚率**（divorce rate）增高。

　　過去有少數幾個國家的離婚率高於美國，如 1887 至 1991 年期間的日本，1887 至 1940 年期間的阿爾及利亞和 1935 至 1945 年的埃及。然而現在美國的離婚率居世界之冠。每一千人中，美國有 4.4 人離婚，高於古巴的 3.7 人，澳洲和法國的 2.7 人，加拿大的 2.6 人，瑞士的 2.5 人，瑞典的 2.2 人，日本的 1.6 人，以色列的 1.04 人，新加坡的 1.5 人，波蘭的 1.0 人，南非的 0.8 人，義大利的 0.5 人及墨西哥的 0.4 人（Eshleman, 2000）。

　　臺灣的離婚率隨著世界的潮流也看到其增高的**趨勢**，以內政部戶政司（2019）的資料（見表 10-1）得知 2018 年的離婚對數是 54,402，較 2013 年增加了 1.5%，離婚率則為 2.31‰。

表 10-1　戶籍結婚、離婚登記

年別	結婚對數	粗結婚率（0/00）	離婚對數	粗離婚率（0/00）
2013	147,527	6.32	53,599	2.30
2014	149,513	6.39	53,144	2.27
2015	154,024	6.56	53,448	2.28
2016	148,349	6.31	53,850	2.29
2017	137,620	5.84	54,439	2.31
2018	135,322	5.74	54,402	2.31

資料來源：內政部戶政司（2019）。

二、離婚的變化情形

離婚率的高低會受到一些因素的影響，分述如下。

(一) 地理環境

每個地區所呈現的離婚率均不同，較可能的解釋是當地的規範和約束力所給予非傳統行為的壓力（含正式及非正式性的壓力）都將影響離婚率，另外人口的流動性和低度的社會整合，也是影響的因素之一。

(二) 丈夫與妻子的年齡

對於女性而言，如果結婚的年齡較早，約 15～19 歲（青少年期），則其離婚的可能性較高；男性則是 20～24 歲時。究其原因乃是對婚姻的責任、約束尚未適應，加上經濟的負擔及壓力，情感上的過度期待，不切實際，以至於對婚姻的美夢破裂。然而這些因素不能反映出真正離婚的原因，因為在任何年齡中的男女都

有可能離婚，而老年人的離婚有愈來愈高的比率，尤其是當女性的自覺增高時，不想在不平衡的關係下，終日做一個照顧者的角色，會選擇在子女均成長後，想要給自己一個自由自在的空間，過自己想過的生活時提出離婚的要求。

(三) 婚姻持續的時間

雖然婚姻在任何時間都可能破裂，但容易離婚的時間大多數在婚後 1～4 年間，四分之一的人在結婚後 5～6 年間，還有三分之一的人是在結婚 10～10 年以上，6.2% 在 25～25 年以上。

婚姻的結束在 1～4 年間，一方面是由於面臨婚姻困擾的現象多數在此時出現（因戀愛的時間短暫，所呈現的行為都是美好的，進入婚姻後才清楚所有的事情），加上為尋求解決的方法，擔心被他人批評、家族成員的壓力與期待，通常須花上一些時間。其他時間經常是在婚姻有危機時，含外遇、家庭成員生病、經濟壓力、關係長期的不對等、家庭暴力時。

很多的婚姻從未曾結束，但是其婚姻的生命早已死亡，因此婚姻期間的長短不能作為成功婚姻的指標，離婚更不是破裂感情的指標，離婚只是意味著合法婚姻關係的結束。

(四) 其他因素

法律約束的放寬，只要雙方同意或法院認為理由成立即可獲得離婚，妻子經濟能力、教育程度的提升，講究婚姻的品質，若對目前婚姻不滿，離婚是一種選擇（尤以有專業的女性律師、老師、醫師）。宗教的信仰也會影響離婚的容易度，沒有宗教信仰的夫妻比有宗教信仰的夫妻容易離婚，由於宗教的教義和服務會協助人們用宗教力量去除婚姻中的壓力並使心靈較易獲得平靜，而沒有宗教信仰者較無約束，會以個人意願來決定。

三、離婚的影響

離婚所造成的影響擴及層面相當大，包含子女、當事人，甚至社會本身。對於想擺脫婚姻束縛的人而言，離婚可能是一種期待與愉悅，但是對多數人來說，離婚更帶來痛苦、悲傷、惆悵，甚而有高比率的心理壓力、疾病及死亡率（Kitson & Morgan, 1990）。Riessman 與 Gerstel（1985）一項針對疾病、死亡率及心理健康所做的社會學調查資料顯示，離婚者較已婚者更容易覺得沮喪（引自劉彥君，1998）。

(一) 各種年齡層子女對父母離婚的看法及影響

1.幼兒期

5 歲以下的兒童無法明白離婚所代表的意義，雖然他們清楚父母親必須分開的事實，幼小的心靈卻認為這是自己的責任，或許是自己過於頑皮才趕走父親或母親；6～8 歲的男孩會因為父親的離去而遭受嚴重的打擊，悲傷懊悔的程度遠勝於其他年齡兒童。

2.學齡期

9～10 歲的孩子他們比較在意的是因為父母離婚帶來的難堪，然而這個年齡的兒童傾向偏袒父母其中的一方，並將憤怒的情緒全部投向「錯誤」的一方，孩子所受的影響有：可能因此失去對其他事物的思考能力，進而影響學校裡的表現，更甚之兒童會因為擔心失去僅存的一個家長，而無法離家上學；孩子也會因為無法接受父母離異的事實，而出現某些心因性的病痛，譬如不明原因的腹痛，是兒童潛意識製造出來的，不小心受傷則是另外一種手段；部分兒童甚至使出惡劣的手段以求父母復合。

3.青春期

　　進入青春期的孩子，將面臨原有價值觀受到挑戰的難題。父母之間究竟孰是孰非？他們大都對自己未來是否能夠建立起穩定的婚姻關係感到懷疑，家庭中支持他們的基礎已經瓦解，讓他們在毫無準備的情形下，提早結束童年生活。

　　即使父母的分離讓他們得到較大的獨立空間，這些青少年還是會因為失去依賴的基礎而承受極大的痛苦，在他們眼中，父母的離去代表著一種錯誤；選擇離開家庭的人應該是長大後的子女，而不是家長，這種違反孩子期待的事實，可能讓他們覺得沮喪、孤單，間接引起他們自暴自棄的情緒。

(二) 對成人的影響

　　離婚的單親家庭中，女性單親常須面臨經濟壓力、角色負荷和社會壓力。再者，我國現行之子女監護權之相關法令，常傾向於將監護權判給男性，女性單親想念子女、探視子女的心緒和執行層面都可能受到阻撓，更加重女性單親的痛苦。如果是帶著子女的離婚女性，為了照顧子女與本身工作的壓力都造成身體的過度負荷危及健康，縱然為解決經濟的困擾想再婚，也變得不容易。

　　相對地，對男性離婚者而言，除了經濟壓力沒有女性高之外，其他在親密關係、職業、親子互動、支持網絡、個人適應的狀況又如何？以劉彥君（1998）晤談了五位離婚單親男性，及三位離婚單身男性的結果得知：

　　　1.離婚單親男性扮演之角色是身兼數職，且在教養子女上有無法取代母親角色之困擾。

　　　2.對性的需求有負面的影響，性需求降低或對性產生恐懼；面對異性之交往採被動和觀望的態度，持著更謹慎與保守的心態面對新感情。

3. 在職業上，擔心離婚的負面標籤，經濟狀況變窘迫。

4. 在離婚初期傾向自我封閉方式，拒絕求助或使用資源，縱
   然有資源可以應用，也因資源未建立宣導管道，或未針對
   其獨特需求提供服務，使得求助過程有無力感並遭受挫
   折。

四、離婚前及心理建設

一個人遭遇到重大的變故而導致心理失調時，大都要經過一
段很長的時間來復原，至於要多久才能恢復，因人而異。離婚對
女人來說，要先解決情緒上的問題，這須透過想法和生活的改變
來著手。情緒的產生是因先前懷抱的期待落空而導致失落感，因
此若要避免錯誤的期待首先得認清現實，並面對現實。有許多離
婚的女人在離婚後還不肯承認自己離婚的事實，一直不願去想下
一步該怎麼走，徒勞地期待在現實中不可能達到的事，結果只有
更加痛苦而已。

為了避免在自己的情緒中不可自拔、一味逃避現實，一定要
和外界保持接觸，並適時向別人伸出求援的手，接受別人的幫助。
在離婚初期，可以打電話向好友傾訴，或是在不傷害自己和別人
的範圍內，讓情緒徹底地抒發，但是切勿依賴藥物和借助酒精來
麻醉自己。等到擺脫情緒糾纏之後，再進行想法上的消毒，要先
停止自憐的態度，釐清對離婚的偏見——離婚並不是什麼隱疾，
也不是什麼缺陷，只不過是單身生活的再出發，或不妨看作是生
活方式的再改變。

剛離婚的人還沒走出感情的創痛時，在情感上異常脆弱，渴
望一份情感慰藉的需求可能比一般人更加強烈，但也就因為如此，
更要避免立即投入另一段感情。一方面是因為過去的感情創傷還

沒癒合，容易病急亂投醫，以情感需求取代其他實際的考量，等到日後心理創傷較為恢復的時候，可能感到彼此其實並不合適，但是已經擺脫不了對方的糾纏。所以剛離婚的人最好抱持寧缺勿濫的態度，對所有伸出援手或示好的人保持一點距離，以朋友之情相待，維持淡如水的交往，以時間考驗對方的耐性，也給自己一些思考的時間。等到自己在經濟和生活上的情況都已安頓好，心緒較平穩，理智也恢復得差不多時，再來談感情還未晚。

另一方面，雖然對感情應該戒慎，但也不用矯枉過正，拒人於千里之外，只要保持多一分警覺，多方觀察，有適合的對象還是可以考慮。一旦仔細考慮後，真正和對方交往，就要給別人公平的立足點，千萬不要以過去伴侶的優點來要求對方，或做不利的比較，或因對方和以前的伴侶有一樣的缺點而不斷數落嘮叨。

對於彼此關係中面臨的新問題，也要有心理準備，避免再用以前的模式去處理，而應建立一套新的溝通模式，以理性的態度促進雙方的良性互動。另外，有了過往的經驗，這一次對自己要選擇什麼樣的對象，更應該事先想清楚，最好不要隨便妥協，再度陷入複雜的感情糾葛，嚴格地篩選，堅守原則和立場。

五、再婚及繼親家庭

人們在離婚或喪偶後，為了經濟、親密關係或害怕孤獨等因素，再次進入婚姻的情形隨著社會的變遷、價值觀而有改變。

平均而言，離婚至再婚（remarriage）的間隔時間，男性約2.2年，女性約2.5年。男性會比女性更快結婚，這可能是男性在照顧的需求、子女的養護及經濟的優勢，使之容易再婚；而女性方面，如果本身的年齡較年長、教育程度和經濟能力足夠時，對再婚的考慮會更加審慎，所以意願也會大為降低。另外年齡、職業

和子女都是再婚的重要因素，年輕的離婚者比年長的離婚者更易再婚，且速度也更快，可能的原因是外表的吸引力，加上沒有子女的牽絆。擁有具聲望的工作及優厚收入資源的人，其結婚的對象較易尋求，反之則較困難。離婚後未攜帶子女的人比有子女的人容易再婚，可能是因為有子女的經濟壓力及照顧子女時的心力付出，無暇再談戀愛，或擔心再婚對子女的影響。

(一) 初婚與再婚間的差異

1.無子女之再婚

如果再婚雙方都沒有子女，這類再婚與初婚間的差異並不大，不過有時其中的一方或雙方已然有過的婚姻關係，可能會對再婚者產生若干困擾。比如說，與前任配偶或姻親之間仍時有往來。

社會學家 Frank Furstenberg 及 Graham Spanier 指出再婚與初婚間差異的四種特別理由：

1. 應注意再婚者與前任配偶是否仍有聯繫，尤其是前次婚姻中育有孩子的情形。

2. 初婚與再婚間的另一項差異是，有過婚姻經驗者不論是在行為或心理上，第一次婚姻都成為其判斷第二次婚姻的基準。再婚者極容易將前次關係與目前狀況兩相比較，而覺得更滿意或較不滿意。

3. 初次婚姻與第二次婚姻發生於個人生命歷程的不同階段。

4. 再婚者來自兩個不同的婚姻族群。在 1975 年結婚的女性，可能接受較為傳統的角色，擔負持家的基本任務，該女性離婚後若在 1995 年再婚，屆時信奉的已是婚姻中的兩性平權，她在第二次婚姻中的角色扮演便可能截然不同。

2.帶著孩子再婚

再婚的調適過程會因加入前次婚姻的孩子而變得更加複雜及

困難。有一群作者界定了幾項較為敏銳特殊的問題如下：

1. 婚姻家庭成員的重組：如果涉及孩子的增加，則該家庭未經懷孕及生產之前，即已重組。

2. 再婚家庭生活週期的改變：再婚的時機係在家庭生活週期中的使命，與個人需求無關。

3. 依法所屬權利的改變：每個家庭都有為維護其隱私及自主性所需建立的疆域，但是由於前次婚姻之家庭成員得對孩子或其他事物有其法律依據上的主張，而可能輕易突破此一防護線。

4. 對前次家庭生活的混合情感；由於前次的家庭生活體驗，可能使得成人及孩子產生一種混和著忠誠及罪惡的情感。

5. 孩子對家庭的滲透性：如果孩子屬於兩個家庭，則會穿梭於既有與新的家庭間。

6. 孩子對再婚的反對：如果小孩並不想成為新家庭的一員，便可能以不當的行為模式使得其他的家庭成員過得愁雲慘霧。

7. 孩子的心靈問題：孩子可能因父母離異或其中一人死亡而心靈重創。

8. 再婚家庭成員定位的困惑：所有再婚家庭的成員，包括父母、**繼父母**（step parent）及子女，都會對其定位產生困惑。

(二) 融合兩個家庭所遇之困難

1. 疆域之維護：明顯再婚家庭之家庭疆域極為模糊，其**繼親家庭**（step family）對其成員之不確定性，不但孩子會忽略其繼親父母，繼親家庭之成人一樣會忽略掉孩子的存在，尤其是既為繼子女又不住在一起，更常被排除在外。

2. 忠誠度衝突：比方說，孩子對生活在一起的繼父產生感情時，可能會覺得自己背叛了生父。或是，離婚的雙親爭吵時，究竟要偏向誰也會使孩子產生忠誠度上的遲疑。

3. 資源分配：一旦再婚，財務上的決定便變得較為複雜。除家務分工外，再婚者還必須分別設法處理其個人之經濟。也就是在婚後之財務責任也許涉及數個家庭間之三到四個成人。再婚夫妻對於如何分配其財務資源，可以有多種選擇，既可以是以既有資源重新分配，或者是與「初」婚家庭保持緊密聯繫以獲得支持。但是，即使再婚夫妻清楚知道財務困境對婚姻所可能產生的衝擊，再婚前仍很少人先行討論財務問題或先行加以規劃。

(三) 再婚對孩子之影響

再婚對孩子之發展究竟有何影響尚難遽下斷論，我們只能說，對經歷過父母離婚或再婚的孩子應多加關切並預防一些潛在之危機。多數婚姻狀態之轉變係在相當短的時間內發生，迫使孩子得迅速面對許多變化並自我調適。對許多孩子而言，他們所無法面對的未必是變化本身，而可能是變化來得太快讓人措手不及。

(四) 再婚家庭之調適模式

再婚之問題，從童話故事的白雪公主與壞後母中，揭示再婚之複雜性。在過去 25 年來急遽上升之離婚及再婚率可能趨緩，不過就社會及現況來看，繼親家庭之普遍性並不會隨之降低。

再婚家庭成員能否去除夢想而營建新的信諾有其先決條件。感到失落傷痛並不是結束初婚家庭者的專屬權利，營建新家庭時亦會有類似的沉重體驗。對不切實際的事情抱有期望是一種痛苦的體會。

繼親家庭之調適與整合係奠基於：(1)家庭成員「放棄」對新組成家庭之夢想、幻想或不切實際的期望；(2)清楚了解各家庭成員之感覺及需求；(3)以新的信諾心態視家庭為一整體，以發展規則、規範和各角色的定位。

汲取有關繼家庭生活真實面貌之資訊，既有助於讓再婚家庭成員趁早掙脫不切實際之幻想，並使之了解其面對之困難也是多數（雖然不是絕大多數）繼親家庭所常見的問題。如何界定個人和家庭目標以及設法完成目標，可以使家人產生共同意識及經驗，促進情感抒發及良性溝通模式。每當有任何情況發生，繼父母可採行適當策略立即解決問題，以免日積月累而使成員間感情惡化。

第四節　單親家庭與未婚媽媽

一、單親家庭現況

傳統農業社會中，男性是家庭主幹，而家庭是主要生產單位，然而目前的趨勢，家庭已不再是生產單位，同時由於就業機會增加，促使女性逐漸走出家庭，投入就業市場，再加上教育普及與就業率的提升，使得女性可以在經濟上不再依賴男性，因而改變了傳統的價值規範，在這種情況下，婚姻中男女角色的絕對分工變得式微，其關係也就顯得多樣化。

以美國而言，只有三分之一的夫婦白頭偕老，其餘三分之二的夫婦則會有婚變，雖然其離婚率升高，相對地再婚率卻沒有增加，所以單親家庭（single parent family）的情形也愈來愈普遍。

臺灣的情況，根據研究發現平均每 12 位學童中就有 1 位是來

自單親家庭，平均每 72 位就有 1 位是喪偶單親家庭學童，每 14 位就有 1 位是離婚、分居類型單親家庭學童（謝美娥，1998）。以 2010 年人口普查單親戶的數量，共有 555,086 戶占調查戶數的 7.49%，也就是每 13 戶中有 1 戶是單親家庭，以性別來看，男性單親家庭占 145,224 戶（26.16%），女性單親家庭為 409,862 戶（73.84%）。年齡的分布以 45～54 歲最多（33.11%），35～44 歲次之（22.04%）（行政院主計處，2010）。

二、單親家庭面臨的問題及因應對策

(一) 面臨的問題

1.經濟問題

　　未婚媽媽單親家庭，大多數是未成年的，不但教育程度不高，同時在無經濟能力的基礎下，被迫扮演母親的角色，扶養小孩，其經濟上是有困難的。單親母親家庭的貧窮率比其他家庭高，同時更因缺乏工作經驗、勞力市場的性別歧視及照顧小孩的為難，使得賺錢能力受到限制。一般而言，女性單親家庭經濟較男性單親家庭差，但是當女性單親的教育程度高、資源多時，則較能改善經濟，其他難題也較少。

2.教育成就

　　青少年未婚媽媽為了生產和照顧子女，中途輟學或中斷學業自是必然的結果。童小珠（1992）的研究就指出，低收入單親家庭之子女常會因環境因素而落入教育成就偏低的困境。然而單親家庭對子女的期望並不因生活困頓而減弱，大都寧願努力工作，犧牲自己，盡量讓子女求學（引自張清富、薛承泰，1995）。

3.子女教養問題

女性單親扶養子女較男性單親吃力，所面臨之子女教養問題包含：(1)獨立扶養子女；(2)子女課業；(3)子女管教等。

4.身心適應問題

身心適應問題受到貧窮與否、教育程度高低、就業技巧有無、家中依賴人口多少、健康與否、工作地點、資源多少和孩子年齡等因素影響。一般說來單親家庭的父母常有沮喪、寂寞的感受，女性單親易有社會關係的困擾，男性則是情緒適應的困難。

5.社會支持問題

單親家庭主要來往對象為父母、朋友和同事，但在是否求助的事項上有些區別。當其遇到經濟、子女管教需要時，會先求助自己父母；有關心理、情緒、法律、社會關係或就業需要時，則先求助朋友。

(二) 因應對策

1.個人方面

心理重建成功與否，與下列因素有重要關聯：

1. 文化與宗教信仰。
2. 親戚、朋友、同事、鄰居或教友等社會網絡。
3. 代間關係和單親的原生家庭的關係。
4. 家庭互動型態和共同尋求穩定的策略。
5. 個人的反應、因應策略和對家人關係的想像。

宗教信仰不但提供精神寄託和支持，有組織的宗教教友之間通常可發揮支持的力量。此外，親戚、朋友和同事的支持網絡也有利於單親減少社會孤立無援的狀態。

所以要能面對失落，照顧好個人健康，保持家庭的社會關係，可重用社會資源並運用宗教的力量。

2.社會學校方面

1. 社會教育機構應積極規劃並實施單親家長*親職教育*（parents education）方案。社教機構應針對單親家庭規劃兼顧「以成人為重心」和「以親子為重心」之單親家長親職教育方案。方案內容應包含「子女教養」、「家庭照顧」、「個人成長」、「社會接觸」和「親子調適」等五個層面。

2. 充分利用大眾傳播媒介，廣泛提供單親家長親職教育資訊。出版單親教養書籍、單親家長通訊，並在電視與廣播媒體上製作單親家長親職教育之特別系列。

3. 學校方面應建立協助單親學童家庭的親職教育網絡。大多數學齡兒童的家庭皆處於家庭生活週期之「學齡期」，亦即父母多在 35 歲以下，因此學校應透過親職教育網絡，加強協助單親學童家長。

4. 學校應規劃並實施以「親子為重心」單親家長親職教育方案。學校所提供之單親家長親職教育，其重心在單親家庭學童的教養與調適。

5. 在社區建立協助單親家長之支持網絡。建立課後照顧中心，並成立單親家長成長團體（盧嫦瑜，1991）。

第五節　婚姻與家庭的展望

一、婚姻與家庭的變異性

婚姻的角色總是扮演著愛慾、接觸、希望與關懷的親密生活，

但是由於社會環境的變化,將來的婚姻、家庭在下一個 10 年、50 年甚或 100 年它所呈現的型態和風貌會是如何?人們如何面對?有哪些需求和訓練須提供給人們?什麼樣的結構體可存在於家庭?在這情境中哪些功能被期待?家庭還被需要嗎?男女可以平等嗎?婚姻和子女只存在於異性戀的關係中嗎?

我們了解婚姻與家庭不再是傳統的單一模式——男性在外工作,賺錢養家,女性在家內處理家務,一定是一男一女的結合,以性為生殖目的的婚姻。茲說明如下。

(一) 同居

不經由婚約的承諾,而是採取兩廂情願的約定,居住在一起共享「性」,生活在某種情況下,同居是一種「專與某固定異性合約書」的方式,很像試婚,這類家庭的角色分工,類似傳統婚姻的配偶模式。

(二) 同性婚姻家庭

這是由同樣性別的人所組成的家庭,可能擁有子女或沒有子女。在我國的民法上,並沒有明文具體寫出婚姻是由一男一女的組合,只寫明婚姻須以書面為之,有二人以上證人之簽名,並應由雙方當事人向戶政機關登記。因此同性戀者結婚在法律上並沒有對錯,而是民情習俗的不贊同與不支持。2019 年我國通過「司法院釋字第七四八號解釋施行法」(俗稱同婚專法),為亞洲第一個同性婚姻合法之國家。

(三) 不婚生子、單親家庭

目前由於女性教育程度及經濟能力的提升,有些女性不選擇婚姻,卻選擇當母親。與對方可能沒有情愛,但只是想借助對方

的精子達到懷孕、生產的目的。養育子女的責任完全由女性負擔。有些則是因離婚、配偶死亡、分居或被遺棄等，而形成單親家庭。

(四) 隔代家庭

由於雙薪、雙事業家庭的增多，子女的照顧問題仍是母親的負擔（男性在家務的分擔仍是少數，所占的時間也不及女性）。隔代家庭日增，祖父母逐漸取代了父母在經濟援助、情緒支持與養育管教上的角色與工作，而且情形變得更加直接而且頻繁，這和過去祖父母大都是在孫子女的父母死亡、離婚、托育情況下才負起養育孫子女責任的情形有很大的不同。

二、未來的家庭系統

1. 家庭仍然是社會的核心單位。家庭仍然和經濟、教育、宗教及政策有關，並強調婚姻中有愛、有自主性以及一夫一妻的關係。
2. 家庭的多樣化，改變是有的，但不是問題。它會有各種不同的親密關係與家庭型態，如伴侶的數目、子女的數目、親屬關係的型態等會是多樣性的。

關鍵詞彙

家庭暴力（family violence）

兒童虐待（child abuse）

換夫換妻的搖擺婚（swing）

離婚率（divorce rate）

再婚（remarriage）

繼親家庭（step family）

繼親父母（step parent）

單親家庭（single parent family）

親職教育（parents education）

 自我評量

1. 解釋家庭暴力的迷思。

2. 家庭暴力應如何預防？

3. 我國「家庭暴力防治法」的特色為何？

4. 列舉外遇的迷思和事實。

5. 如何面對外遇問題？

6. 離婚對兒童、青少年及成人的影響有哪些？

7. 說明初婚與再婚間的差異，以及再婚對子女的影響。

8. 說明單親家庭所面臨的問題。

 參考文獻

一、中文部分

王瑞琪、楊冬青譯（1995）。William H. Masters, Virginia E. Johnson, & Robert C. Kolodny 著。馬斯特與瓊生性學報告。臺北：張老師文化。

內政部（2000）。家庭暴力防治委員會「家庭暴力防治法簡要說明」摺頁。

內政部戶政司（2019）。中華民國臺閩地區重要人口指標。取自 http://www.ris.gov.tw/

行政院主計處（2010）。89 年普查統計結果表。取自 http://www.dgbas.gov.tw/

何福田編（1990）。單親家庭之教育與輔導。臺北：心理。

周月清（1995）。婚姻暴力──理論分析與社會工作處置。臺北：

巨流。

吳就君（1999）。**婚姻與家庭**。臺北：華騰文化。

施寄青（譯）（1991）。Peggy Vaughan 著。**當外遇發生時**。臺北：方智。

許耀雲、孫孚垣（譯）（1994）。Bonnie Eaker Wei 著。**外遇：寬恕的罪**。臺北：遠流。

黃志中、吳慈恩、張育華、李詩詠（1999）。**婚姻暴力受虐婦女的醫療驗傷經驗**。載於中華心理衛生協會舉辦，第五屆社會工作實務研討會論文集（頁 1-14）。臺北。

張清富、薛承泰（1995）。**單親家庭現況及其因應對策之探討**。臺北：行政院研究發展考核委員會編印。

陳若璋（編）（1998）。**家庭暴力防治與輔導手冊**。臺北：張老師文化。

陽琪、陽琬（譯）（1995）。Norman Goodman 著。**婚姻與家庭**。臺北：桂冠。

葉蘭特（2000）。**一樣的婚姻，多樣的家庭**。臺北：學富。

彭懷真（1996）。**婚姻與家庭**。臺北：巨流。

彭淑華、張英陣、辜淑娟、游美貴、蘇慧雯（1993）。**家庭暴力**。臺北：紅葉。

劉彥君（1998）。離婚男性生活適應研究。**台灣性學學刊，4**（1），1-15。

盧嫦瑜（1991）。**臺北市國小學童單親家長對親職教育之需求研究**。國立臺灣師範大學社會教育研究所碩士論文。

謝美娥（1998）。臺灣女性單親家庭的類型、「人力」資源與居住安排之初探。**國立政治大學社會學報，28**，117-152。

二、西文部分

Eshleman, J. R. (2000). *The family.* Boston, Mass: Allyn & Bacon.

Foshee, V. A., Bauman, K. E., & Linder, G. F. (1999). Family violence and the perpetration of adolescent dating violence: Examining social learning and social control processed. *Journal of Marriage and the Family, 61,* 331-342.

Goguen, C. A. (1998). *The relationship between dating victimization and other traumas among incarcerated female adolescent.* UMI: AAT 9803458.

Kitson, G. C., & Morgan, L. A. (1990). The multiple consequences of divorce: A decade review. *Journal of Marriage and the Family, 52* (4), 913-924.

Miller, J. R. (1999). *A social learning perspective toward the prevention of dating violence: An evaluation of a going counseling modle.* Miaminst of Psychology of The Caribbean CTR for Advanced Studies. AAT 9935425.

National Center for Health Statistics (1989 and 1990). Advance report of final divorce statistics. *Monthly vital Statistics Reports, 43*(9), Figure 3, 4.

Straus, M. A., & Gelles, R. J. (1986). Societal change and change in family violence from 1975 to 1985 as revealed by two national surveys. *Journal of Marriage and the Family, 48*(3), 465-479.

性教育 肆

第十一章

家庭性教育

學習目標

1. 明瞭家庭性教育的意義
2. 重視父母在子女性教育上所扮演的角色
3. 了解不同年齡階段子女所需要的家庭性教育
4. 練習處理不同年齡階段子女「性」的問題的方法
5. 熟悉並運用適當的家庭性教育資源

摘要

　　家庭是兩性因著愛的結合，性教育是為發揚人性、支持
美滿家庭生活，並對自己性行為負責任的教育。因此，性教
育必須與家庭生活結合，並且從家庭開始。不論是從積極面
的健全人格培養，或是從消極面的避免受到錯誤資訊的傷害
來看，父母為子女進行性教育可說是責無旁貸。

　　許多父母因為過去性教育的不良經驗，對家庭性教育存
有許多迷思與障礙，致使無法有效扮演子女最初及最重要的
性教育者，讓子女在成長的過程中自行摸索，甚至受到傷害。
殊不知性的發展從出生便開始，家庭有其特別的、充滿愛的
性教育情境，父母也是影響子女最深的人，家庭性教育可說
是落實性教育最重要的一環。

　　有鑑於此，為增進父母進行家庭性教育的知能，本章分
別介紹說明不同年齡階段子女的性教育內容、家庭性教育重
要原則、親職性教育及其資源，以供作進行家庭性教育的參
考與準備。

個體從出生開始，即不曾間斷地從家庭生活中，進行各種有關「性」的學習，舉凡父母親自身的性態度與價值觀、對性別角色的看法與期待、自己與伴侶平日的行為表現及對性生活的感受等，都會影響、決定子女是否能對自己的性別發展出喜悅接納、自信自重的態度。現今社會中充斥著複雜的，甚至具傷害性的性資訊，父母更加有責任作為其子女正確性知識、性態度的基本來源，以免子女在成長的過程中，從不當的方式獲得錯誤的訊息與觀念，因而提高其未來發生性偏差行為的機率。家庭中的愛及溫暖的氣息，正是培養子女對性的認知、態度及行為最好的場所。因此，「家庭性教育」（family sexuality education）可說是落實性教育最重要的一環。

第一節　家庭性教育的意義與目的

一、家庭性教育的意義──家庭與性是人生的重要課題

與性教育最有密切關聯的，即是家庭生活教育。家庭是兩性因著愛的結合，因此才能以彼此負責任及親密的關係來維繫家庭。不論是生理上滿足性慾及延續生命、心理上彼此互屬及分享快樂與分擔痛苦或是社會性別角色的剛柔並濟和分工合作，都脫離不了「性」的範圍。所以，家庭生活教育不能不談「性」，而負責任、安全的性必與家庭生活相連，本質上是一體兩面的關係。

換句話說，性教育是一發揚人性、支持美滿家庭生活，並對自己性行為負責任的教育。家庭性教育是父母以「愛」作為基礎，

協助孩子在成長的路途上學會接納自己、疼愛自己、懂得尊重別人、正確的性教育，教導孩子在兩性關係上互信互諒，以及人際關係或親密的婚姻關係也能更加和諧的教育。

二、家庭性教育的目的

家庭中的性教育扮演著影響子女健康人生的重要角色，不只是父母對子女解說生理的知識而已。家庭性教育其積極面的目的，乃期望能在性別角色方面幫助孩子做個剛柔並濟的人，在人際關係方面學會尊重自己及他人，在異性交往和選擇配偶方面學會如何約會及做決定，在夫妻調適方面學會建立永久的知己朋友關係。其消極面的目的，則是希望孩子能有效地防範負面性行為的危害——如避免因對性的無知和誤解所導致的不健康人生、不愉快婚姻、不美滿家庭，能分辨性資訊中的對與錯，能學會預防性侵害的方法及發生後的處理方式，能避免非預期懷孕或感染性病（如愛滋病）等。為達成上述兩方面的目標，家庭性教育的實施可說是非常必要的。

第二節　父母對家庭性教育常見的迷思與應有的認識

一、父母對家庭性教育常見的迷思

根據 Koblinsky 與 Atkinson（1982），Sears、Maccoby 與 Levin 以及 Newson 與 Newson（Davis & Koblinsky, 1986）的研究指

出，有許多父母對與子女討論和性有關的議題，感到相當不自在及焦慮，在已是非常少的討論中，重點也是放在警告與禁止，甚至教導給子女對「性」負向的態度。親子之間在性知識的溝通上，顯然仍存在著明顯且嚴重的差距，主要歸因於父母對性教育仍存有以下的迷思。

迷思一：孩子長大就知道了

事實：性知識絕對不是「自然就會知道的」，都是靠學習而得來的。過去即使在中國的傳統習俗裡，女兒出嫁以前母親便有責任做這方面的教導，而現代父母卻多半假設孩子都懂了或可任其在嘗試中學習而放棄教導，學校又未能取代，於是造成社會脫節混亂的現象。況且，當時代快速變遷至今，社會中性訊息相當氾濫且容易取得，婚前才教導性知識甚至讓子女從疑惑中摸索了解，已非常不符合現況了，而且可能學到的都是錯誤的，反而更危險。因此為使子女建立正確性觀念的基礎，父母愈早重視性教育愈理想。

迷思二：教孩子性知識，等於鼓勵他去嘗試

事實：其實這是父母的臆測與多慮。因為性教育乃是要教導孩子負責任的性，要讓他們對性有正確的觀念及知識，接納自己的性別並好好發揮，也接受自己身為人的本能及慾望，並清楚認識所有的行為後果，以此為基礎，在面臨與「性」有關的決定時，能做出更適當、自己能負責的決定。國內外許多調查報告也都明確指出，當孩子懂得愈多時，反而會更審慎自己的行為。因此家長一定要去除此迷思，而以實務的做法協助孩子健康地成長。

迷思三：孩子多半不願意和父母討論性的問題及知識

事實：許多調查研究（Goldman & Goldman, 1982; Hansen, 1982; Robert, Kline, & Gagnon, 1978; Sander & Mullis,1988;

Schaefer, 1984; Stinnett et al., 1982）均一致發現，子女獲得性資訊的管道雖然愈來愈多樣化，大多數的孩子（70%以上）仍然最希望從父母身上學習與「性」有關的內容。由於僅有少數的父母（約 15%以下）能成為其子女性資訊的重要來源，他們只好轉而將同儕團體及大眾媒體處當作主要的性知識的來源（劉淑珍，1991；Sander & Mullis, 1988）。

可見，在孩子的成長過程中，與孩子討論性的關鍵不在孩子的意願，而是在於父母的態度。父母如果表現得難以啟齒，甚至逃避討論，使得孩子無法適時從父母處得到疑問的解答，久而久之也就不再願意和他們討論了。所以父母與其讓不良的資訊錯誤引導孩子，還不如勇敢、積極地擔負起家庭中性教育的責任，增進子女對性的正確了解與認識。

迷思四：父母必須有豐富的性知識才能負起教導子女的工作

事實：多數父母限於自身過去並未從家庭和學校中獲得充足的性知識，因此總是覺得心虛而怯於開口教導。如果父母較早警覺自己的性知識不足，可在對子女進行性教育之前先行充分準備；如果情況沒有這麼理想，父母也無須害怕退縮，因為孩子並不寄望父母都是性教育專家，他們要的只是父母有和他們討論性問題的意願，讓他們能感受到父母誠摯關懷的愛心，和坦然面對性的態度，不必擔心提出疑問與困惑時被斥責或拒絕。身為父母的千萬不要以「專業知識不夠」為藉口，自己先放棄了享受親子互動的好機會。

迷思五：性教育是學校的責任

事實：許多父母單純地以為學校能提供所有必須學習的內容，勢必也包括青春期生理衛生教育、愛滋病預防、異性交往、

避孕方法等性教育內容，因此只要把孩子交給學校就萬事OK了，家庭終究可以減少一些責任。可惜的是，過去性教育在學校教育中並不被重視，在那麼多要教導的課程中能安排到適當的時數來完整呈現也是有困難的，尤其是生活教育不用考試，所以非常容易在既定的繁重課程中被忽略掉。因此，父母絕對不要心存僥倖，以為自己沒有教導的東西，學校一定會教，父母仍應擔負起子女性教育的教導責任，以免孩子在家庭和學校的空隙中，反而受到社會中不良資訊的負面影響。

二、父母對家庭性教育應有的認識

不論父母是否樂意，孩子在踏入學校之前就已經從父母身上接受了影響深遠的性教育，因此父母對家庭性教育應有以下的認識，以便能擔任子女可以信賴的性教育來源。

(一) 性從出生就開始

個體自出生以後，便以身為一個男性或女性而生活、成長。換句話說，性的生理與心理發展從嬰兒期就開始了——稱為「人類有性化的過程」。在此情況下，幼兒自然會有「性」的行動，只是幼兒對於「性」的感覺與成人的「性慾的意識與行為」迥然不同（Rothbaum, Grauer, & Rubin, 1997），絕大多數的父母便是因為誤解這些「性」的表現對幼兒的意義，而造成對幼兒「性」的活動表現感到焦慮與擔心。

(二) 家庭中有其特有的性教育情境

家庭中具有一些特有的性教育情境，除了父母以外，是無人

可以取代的。包括：(1)家庭中充滿愛與責任的依附關係，讓孩子可以自出生便在此關係下，從中發展正向、積極的人格；(2)父母是子女第一個性別及家庭角色的認同學習對象，父母對性別角色的態度、期望與規範，父母穩定互信的婚姻關係及和諧相親的感情等，對子女在了解兩性異同、兩性分工合作、兩性間的互敬互重及家庭與性別角色的學習影響可說既深且遠；(3)由於與父母的互動親密，有許多機會可接觸到父母的隱私生活，因此親密與隱私的尊重便是家庭教育中非常重要的學習課題。

(三) 子女的性態度受到父母的影響最大

不論父母親願意或不願意教導子女性教育，子女的性態度受到父母的影響仍最大。許多學者（Hovell et al., 1994; White & DeBlassie, 1992; Sander & Mullis, 1988; Fisher, 1986; Gordon & Sayder, 1986; Stinnett et al., 1982; Fox, 1981；蔡嘉安，2003；羅敏綺，1998；秦玉梅、晏涵文，1987）均一致認為，父母可能不是良好的性資訊來源，但卻是性態度、價值的重要影響因素。家庭模式，特別是溝通技巧、父母管教方式、父母的價值觀、態度及行為均直接、間接地決定了子女的性態度。

此外，性教育是父母雙方要共同負起的責任，雖然國內外的相關調查（Feldman & Rosenthal, 2000; Muller & Powers, 1990; Barnes & Olson, 1985；Goldman & Goldman, 1982; Hansen, 1982; Fox & Inazu, 1980）都顯示，孩子從母親處得到性知識多於從父親，母親的態度也較正向，但並不表示性教育不是父親的責任。唯有從不同性別的雙親處得到充分的知識，及適當的性別角色扮演和互動方式，子女的性教育才更完整。謝青儒（2002）的研究便指出：父親參與和母親參與（包括親密度、課業指導與溝通支持三個層面）對其子女的「工具性」與「情感性」的特質增進各有其

貢獻；同時，父母兩者參與愈高，愈可使女孩在觀念上打破職業的性別區隔界線。

(四) 家庭起源於婚姻關係，婚姻關係奠基於愛的關係

家庭起源於婚姻關係，而婚姻不僅是生理的結合，更是愛的關係的組成，雙方因著愛而學習彼此接納、溝通、負責任，並支持自己和對方適切地扮演家庭角色。因此，家庭性教育應以「愛」（而非「性生理」）為基礎及最後的依歸，讓子女學習扮演民主社會環境中男性與女性的角色，進而有能力自組基於愛的婚姻與家庭關係。

第三節　家庭性教育的原則與內容

一、家庭性教育的重要原則

當父母能以坦然的態度回答孩子的問題，讓孩子對他們提出問題的動機感到自在，就無須擔心孩子會產生性的偏差行為與態度（Rothbaum, et al., 1997）。因此，父母處理子女性問題時，「如何教」比「教什麼」更重要。一般而言，父母進行家庭性教育有以下之重要基本原則。

(一) 把握隨機教育的機會

父母應對孩子自然而然的性發展，及隨時可能出現的性好奇行為預先做好準備與調適。而所有自然發生的生活事件都可以是與子女隨機溝通的教材內容，端看父母如何把握機會，利用自然

的對話情境與時機，適時、自然且以平常心和輕鬆的口吻去切入。

對子女的性教育也應持續不輟，千萬不可因為說明處理過，便認為子女應該明白而不會再出現疑問，事實上，孩子在生活、成長的過程中，隨時會吸收新的資訊產生新的問題或對原有問題產生新的想法，因此父母須與子女共同成長，因應孩子成長上的需要，隨時補充知識、觀念，以滿足孩子隨時隨地的需要。

(二) 著重身教

良好的身教是子女性教育成敗的關鍵。父母的許多行為，子女往往看在眼裡，自然成為「模仿」、「批判」和「比較」的對象，同時也會漸漸將一些行為修正，或烙印在自己的行事作為上。因此，父母的相親相愛，自然成為子女長大追求一份穩定婚姻戀愛觀的基礎（劉潔心，2000）。父母應以自身的態度來向子女證明「性」是美好的，而不是骯髒汙穢的。

(三) 做好事前準備及善用相關資源

父母須因應孩子的需要，事先準備一些基本、正確的性資訊或適合孩子閱讀的相關讀物（見圖 11-1），以備孩子出其不意地提出疑問時，可以正確的回答。對於無法回答的問題，表示願意借助書籍、機構、專家等相關資源尋找答案的誠意，相信比瞎掰搪塞更能獲得孩子的信任。

(四) 先要澄清孩子真正的問題與需要

當孩子提出性的疑問與探索時，其背後的動機與需求可能不盡相同，其所需要的答案與協助便會不同，父母處理的方式當然也要隨之有所不同。因此，父母不要先入為主的立刻進行處理，而應先當一個好聽眾，傾聽孩子的問題，從孩子傳遞出來的訊息

圖 11-1　父母應為孩子選擇適合其閱讀的相關讀物

中了解孩子的真正動機，如此才能提供孩子真正需要的答案與協助。

(五) 正確回答孩子的疑問不欺騙孩子

父母面對子女提出性疑問，如果覺得尷尬有困難，可以不必急著馬上回答，讓自己的情緒緩和並想一下因應的方式後再處理。最應避免的是對孩子提供不實的答案以逃避自己的困窘。因為從長遠角度來看，將來當孩子成長時，他學到的看法可能會是：「性」是羞愧的，是不能和自己父母討論的；性行為是一種不好的經驗；更糟的是，他也將沒有勇氣與能力對他的孩子進行性教育。

此外，當父母之間，甚至與學校之間對「性」有關問題的觀點不盡相同時，最好能事前先行溝通取得一致性的回答，以免讓孩子感到混淆，不知所從，甚至懷疑父母回答問題的誠意。

(六) 使用適合子女年齡能夠理解的內容及正確的名稱說明 事實

父母應針對孩子提出問題的內容與動機，尊重子女觸及這些問題內容的成熟度與準備度，使用適合孩子發展與理解的水準，簡單、直接又坦然地回答他。孩子如果對我們的回答覺得不夠清楚，他自然會繼續問下去，因此父母不需要一次給予過多及過於複雜的資訊，以免反而給孩子過當的刺激。

在回答的過程中，父母應自然使用醫學上通用的名詞（如乳房、睪丸、陰莖、陰道等）。因為父母愈是無法自然使用正確名稱，愈會讓孩子無法獲得正確知識，且對這些身體部位產生曖昧、無法自然正視的態度。因此，父母應先從建立正確的性態度開始，並讓自己練習說這些名詞，以改善自己在這一方面的困難。

(七) 傳遞「尊重」與「隱私」的觀念

「尊重」與「隱私」是性教育中的重要觀念，孩子在滿足對性好奇的過程中，如果有侵犯他人意願與隱私的問題，父母在滿足子女性好奇之餘，也須引導孩子察覺其舉動對別人造成的干擾，並學習尊重對方的感受。

二、各年齡階段子女的家庭性教育內容

不同年齡的孩子均有其特殊的性發展，需要父母在每一個階段仔細的呵護與引導。以下將概括說明各年齡階段孩子所必須學習的內容，作為父母進行家庭性教育的參考與準備，以幫助孩子逐漸學習成為成熟獨立的個體，而終能妥切處理生活中所面對的各種性問題，做出漂亮、負責任的決定。

(一) 嬰幼兒階段（0～6 歲）子女的性教育

嬰幼兒階段是以對身體的清潔感、對慾望的自我統御能力、性別意識、溫柔體貼的人際關係感受等為基礎的形成時期。因此，成人應讓幼兒即早學習，以為未來發展打好基礎。這個時期之家庭性教育主要學習內容如下（毛萬儀，2001）。

1.感受愛及建立信任的依附關係

「愛」是性教育的核心重點之一，而學習「愛」的最佳場所，無疑就是自己的家庭與家人。此時期的幼兒最需要的就是豐富的情愛，以使其擁有充沛的安全感。因此，將孩子抱在胸前、與他互動，讓孩子透過感覺（身體觸覺、視覺與嗅覺）感受到父母對他的重視與疼愛。此外，父母之間維繫一種穩定誠摯的愛之情感關係，也能讓孩子在自然之愛的情境下感受並學習愛的感覺與方式，以建構其將來愛的能力。

2.認識自己

孩子出生以後最大的學習就是認識自己，他會對身體每一個部位的探索與認識充滿了興趣，當然也包括生殖器官。父母無須過於驚恐，只須將其與其他器官的對待處理一視同仁即可。

對年幼子女也可採家人共浴方式，讓孩子在自然溫馨的情境下，自然觀察、了解、接受兩性之間及兒童與成人之間身體結構的異同。當然，家中是否進行共浴，得視家人的主觀感受而定。如果覺得尷尬，不可勉強進行，以免反而讓子女對「性」產生不自在的感覺。

3.藉由適當的行為規範與規律的生活作息學習自我控制與意志力

孩子一歲半以後，已開始能隨自由意志移動身體，並且已能透過語言做簡單的溝通。此時便可以根據父母的教養而學習社會性的行為與規範。而規律的生活作息除了讓孩子能預期接下來會

發生的事，對孩子的情緒具有穩定作用外，亦可減少孩子任意任性而為的性格，培養其自我控制的意志力。當然，父母進行的方式是溫柔而堅定，千萬不可威嚴恫嚇、疾言厲色，以免讓孩子雖養成生活行為規範，卻封閉退縮，甚至產生不必要的情緒困擾。

4.學習大小便的控制及養成衛生習慣

兩歲左右的幼兒膀胱肌肉控制已成熟，可以開始學習察覺身體排泄與清潔的需要；如廁排泄及事後的清潔；身體、生殖器官及排泄器官衛生的維護；如廁、身體清潔的隱私等。在這學習過程中，可以讓幼兒體認身體的重要、建立積極的身體自我概念、及尊重每個人對身體的自主權。

當然，這需要經過一段時間的熟練，幼兒因此可能會經常遺忘或做得不確實，父母的態度應是支持、鼓勵、提醒，千萬不可過於急切不耐，或取而代之，以免讓孩子不易建立此重要的習慣，更糟的是產生自卑感，並且將此自卑感與身體、生殖器官及排泄器官間產生連結。

5.性別角色的發展與學習

許多研究指出，在人類生命的頭兩年中，是形成對自己性別確認的重要關鍵時機。而兩歲至六歲時的幼兒則會開始進一步肯定自己的性別，並藉由認同自己的父母，在他們幻想式的遊戲及刻意的練習中，以父母為學習模仿對象，學習性別角色。子女在父母對性別角色不同的期許與教育下，成長成為社會規範所認可的男性或女性，因此父母對待子女的性別角色教養態度應避免刻板、僵化，以免影響孩子對自己性別的認定及性別角色扮演形成刻板印象，阻礙孩子的發展潛力。

6.疑問解答

自幼兒階段開始，孩子對自己與生活事物的察覺會愈來愈活躍，認知語言方面也愈見快速發展，便會開始提出許多與身體構

造及生命起源有關的生活話題，也會出現許多探索身體的行為及遊戲，這也正是父母與幼兒可以開始較詳細討論「性」的時候。因此，不論場面如何令人感到困窘，父母應予以回應，不可立刻嚴厲斥責，讓孩子受到驚嚇，以為自己犯了嚴重的錯誤，不僅失去進行性教育的良機，更可能讓孩子建立對自己及對「性」的負向概念。

(二) 兒童階段（7～12歲）子女的性教育

子女進入國小以後，生活範圍擴展，對性資訊觸及的範圍與複雜度也隨之提升，此外，兩性互動、生理上的生長與變化也都會是此一階段兒童關心的重點，因此他們需要父母提供以下內容之家庭性教育。

1.兩性的尊重與互動

此一階段由於性別角色認同，導致男女生壁壘分明，父母應協助此一階段的孩子認識性別的異同、悅納自己的性別，及兩性之間的和諧相處。而為了適應男女平等的社會，此一階段的孩子也應學習兼具男性化與女性化的「剛柔並濟」的人格特質，即所謂的「雙性化角色」（androgyny），以在不同的時機與情境下做出適切的回應。

2.性遊戲的處理

由於子女進入國小就讀以後，其所處環境不再如家庭中這麼單純，資訊來源也不再只限於父母或兄弟姊妹。四周來自各個不同家庭背景的同儕，都成為知識的來源。而與性有關的知識不論正確或謬誤的，都自然地充斥在他們的四周，也包括有關性方面的用語、俗稱及遊戲。孩子可能不識其義但卻樂在其中，父母應對這些遊戲內容進行必要的解釋與說明，引導孩子建立正向的性態度。

3.生理變化的準備

兒童晚期的孩子開始會面臨青春期的生理變化，這些進入青春期的生理變化，父母應及早告知，讓孩子及早有心理準備，了解那是自然的發展現象。甚至父母應與孩子將之視為美好的事情，共同以欣喜的心情期待及迎接成長的到來。

(三) 青春期階段（13～18 歲）子女的性教育

青春期階段的生活重心從自己身心變化的探索、人際關係的追求、同儕間的認同，到異性交往。這些與性教育有關的話題，逐漸會成為最適宜親子談心的主題（劉潔心，2000）。此一階段的子女需要父母提供以下內容之家庭性教育。

1.生理知識

青春期是人類身體變化最快速的第二個時期，首先必須面對的，便是生理上「第二性徵」的湧現。因此，這個階段的青少年，最需要了解自身的變化，肯定自己的生長是正常的。在沒有心理準備的情況下，許多青少年會對此一時期突如其來的身體變化感到心驚、害怕，甚至不能接受。加上個體生長發育的個別差異相當大，所以他們也非常擔心自己是不是正常。所以父母一定要讓孩子明瞭生長發育的過程、第二性徵出現的大致順序，以及個人的個別差異。所謂知識就是力量，擁有知識可以使我們更具有自信心且敢於面對種種挑戰，當然也增加取捨、決策的應付能力。

2.價值觀念

處於青春期階段的青少年在心理及社會方面常呈現渴望獨立、反抗權威、急於尋求自我及表現自我。因此，除了生理知識之外，青少年此時更十分需要學習如何以一個「小大人」的方式，來面對自己、家人、同學、朋友，以及整個社會。因此，性教育便需要包括一些價值觀念的探討、道德意識的培養，和責任感的建立。

現代社會中的青春期孩子處於多元價值觀衝擊中，他們也在學習如何去選擇自己的價值觀，他們需要父母了解他們內心的想法及需要。「小孩子只要聽，不要講」的時代已經過去了，青春期的子女需要參與家裡的事，並有機會能提出不同的見解與意見。

3.面對現實生活環境中的引誘或險惡

我們生活在五光十色的社會裡，青少年有許多管道可以接觸色情書刊、光碟、網站等。「性」和「色情」是絕對不同的，性教育是要幫助人自我節制、發揚人性、表現愛的極致，絕非如色情書刊、光碟、網站誇張、不實的內容。在如此惡質的環境下，父母實在有必要幫助孩子面對現實環境中的引誘和險惡，學習自己能負責任的好決定。

4.避免婚前性行為的發生

根據國內近 20 年內三篇對五專五年級有約會對象的學生為研究對象的報告比較指出，有婚前性行為的比率男生由 1979 年的 20.9%至 1997 年增加至 37.5%；女生則是由 1979 年的 3.96%至 1997 年增加至 26.7%（晏涵文、林燕卿、張利中、閔肖蔓，1998），這樣快速的增加速率，值得父母警惕，幫助孩子建立正當的社交生活。與異性交往的歷程是青少年發展任務中極為重要的一環，而與異性正向而良好的交往經驗，有助於個人發展正向的自我認同，也有助於日後家庭中的親密關係及個人親子能力的培養與建立，它和婚姻及對異性的了解、尊重有密切的關聯。

導致青少年發生婚前性行為包括外在環境因素、內在心理因素與價值觀混淆。父母首先要讓孩子了解不要相信自己能對抗誘惑，酒精、藥物、色情書刊、光碟、網站、淫穢的談話、過度的身體遊戲都可能造成進一步的性行為發生，過多充滿引誘及險惡的環境因素是在約會時必須避開的。其次，父母在平時要教導子女調適情緒及壓力的健康方法，父母也必須隨時留意子女的情緒

波動，適時提供協助，才不致讓子女迷失自己，做出自己會後悔的事。再者，要讓孩子了解，在婚前兩性交往想要了解的應是性的心理而不是性的生理。若在非常年輕、身心尚未準備好而發生親密性行為，帶給他們的將是傷害、緊張、焦慮。

(四) 青春後期至成年婚前

自此階段以後，子女便將邁向成為成熟的獨立個體，面對生活中所有與性有關的問題，並做擇偶、結婚，自組家庭的準備，父母從旁的支持與協助仍是相當的重要。此一階段的子女需要父母提供以下內容之家庭性教育。

1.結交異性朋友

父母要特別注重子女對異性的選擇，除了外貌、社會條件之外，人格是否包容、興趣是否相投亦是決定能否穩定維持婚姻關係的重要因素。協助子女能尊重自己與對方，並在過程中能與父母做充分的溝通。

2.婚姻的準備

協助子女了解婚姻的意義與責任，及經營成功的婚姻關係在條件、能力上所需做的準備，讓子女以謹慎、負責任、務實的態度看待婚姻，而不將婚姻建築在浪漫的童話幻想、生理情慾及虛榮的滿足上。

3.正確與適切的處理與性有關的問題

父母須與子女共同討論與性有關的各種問題，協助子女將性統整融合入生命中，做出適切的決定，成熟地處理人己關係，並養成對行為負責任的正向態度。

第四節　改善父母進行家庭性教育的策略

一、增進親子溝通

　　家庭溝通是協助家庭成員了解及解決家庭問題的最基本方式，因此，許多學者（Pick & Palos, 1995; Hovell et al., 1994; Keddie, 1992; Baldwin & Baranoski, 1990; Weinstein & Thornton, 1989; Sander & Mullis, 1988; Fisher, 1987; Warren & Neer, 1986; Fox & Inazu, 1980）均一致認為，親子溝通品質對家庭性教育有實質上的影響，當親子的關係建立在一個開放的溝通方式時，親子雙方都採主動了解、關懷的心態，在溝通與性有關的議題時也就自在容易多了。換句話說，只有建立親子間討論「性」議題時的正向氣氛，才能使得子女覺得在與父母分享對性的探索發現是安全的，父母便可以順利地藉由家庭溝通傳達性知識、性價值觀及性態度。陳明月（2000）與吳秀惠（1996）的研究便發現，親子溝通良好則父母與子女的性態度就愈一致，經常與父母討論「性」主題的子女，其性態度也較正向積極。

二、親職性教育

　　過去許多父母並未從自己原生家庭中獲取適切的性教育，導致他們也無法順利對其子女進行性教育；這些子女成長後又如同他們的父母親對子女性教育的進行產生不自在感（張美皓、晏涵文，1995；Hepburn, 1983）。現代父母已逐漸了解自己對子女性

教育的影響，更清楚自己在性知識與親子溝通技巧上所受到的限制，於是有許多父母很希望能從專業處得到協助，以幫助他們有從事家庭性教育的能力（林燕卿、晏涵文，1999；Alexander, 1984）。有效的性教育親職研習方案便應致力於協助父母對人類的「性」更感自在，及提供他們因應子女性好奇的適當策略，以改善這些問題，以期能落實家庭性教育。

親職性教育方案訓練課程內容大都包括：(1)增進父母對人類性發展的了解；(2)溝通對子女性好奇予以反應的重要性；(3)加強處理兒童性的疑問和行為的技巧；(4)增進親子間的溝通；(5)增加父母對與「性」有關主題的自在感。國內外許多研究（晏涵文、林燕卿，1998；Benshoff & Alexander, 1993; Bundy & White, 1990; Davis & Koblinsky, 1986; Hodson & Wampler, 1988）均發現，父母受過性教育親職訓練討論後，在與他們的子女談到與性有關的主題時，均感到更加自在。他們會計畫提早與子女討論，對於子女的性語言和行為也較少處罰，此外，對子女提出有關「性」的疑問大都能夠提供更正確的回答。

然而，誠如許多專家學者所呼籲，目前親職性教育方案發展可說是太少又太慢，誠盼有更多親職性教育研習方案的研究與開發，以協助家長能更有效掌握其在家庭性教育上的角色功能。

三、家庭親職性教育成長課程

愛、性、婚姻是終其一生的生命及生活教育，開始於父母的家庭，傳承於自己組成的家庭，子女要在父母身上感受到愛，才能學會愛自己（自愛），並發展到愛他人（愛人）。所以嚴格說來，家庭性教育較學校性教育更重要，不過由於生下子女就自然成為父母，不必拿證照，不像老師需有合格證書及長期培育，因

此過去世界各國都重學校而忽略家庭性教育。

臺灣近年受到性別、家庭議題的影響，部分家長高度關心家庭性教育，因此「杏陵醫學基金會」與「臺灣家庭第一協會」，在共同合一的理念之下，攜手通力合作，製作完成了一套家庭親職性教育課程。自 2017 年 3 月起雙方主要成員互訪，歷經數次會議交換意見，討論做法；於 8 月由本人召集數位優秀的學生：龍芝寧、蕭雅娟、馮嘉玉、郭芃妙、胡芷寧、邱寵萱等教師，他們均在國中任教健康教育，歷經六次編輯會議，於 2018 年元月完成草稿，後由龍芝寧主編帶領，經數次編修，於 4 月完成初稿。由於課程是發展出來的，必須經過試教、修改的過程，遂於 7 月開始由協會培訓第一批種子師資（帶領人），經 5 天 35 小時完成，實驗課程自 10 月至 12 月經兩個多月、由沈美珍主編進行了 10 個單元各二小時的帶領課程及觀課，做成修改建議並同時進行修改。再由家庭第一協會完成課程之 PPT 製作、影片製作及文字和美編等後續工作。整整花費兩年的時間，其課程大綱如表 11-1。

表 11-1　家庭親職性教育課程大綱

主軸	單元主題	目標
家庭性教育知能	【單元一】 談愛說性 ——全人性教育	1-1 說出性教育的內涵與意義，以認同家庭性教育的重要性。 1-2 分辨不同階段子女家庭性教育的重點。 1-3 培養愛己尊重人的態度，建立健康的性價值觀。
	【單元二】 愛始於親 ——婚姻、家庭價值與責任	2-1 體會婚姻的價值與增進與家庭親密關係的經營能力。 2-2 說出家庭的發展階段與其任務。 2-3 願意為家人付出、承擔家庭責任，以建立幸福婚姻與健康家庭。

（下頁續）

（續上頁）

	【單元三】愛的零距離——家人親密關係	3-1 覺察親子間溝通互動與溝通是營造健康家庭的重要關鍵。 3-2 善用語言表達、關注眼神、肢體動作與關愛行動，以表現家人間的親密感。 3-3 學習並演練有效溝通的技巧，以增進親子間關係與互動。	
	【單元四】愛的相對論——社會性議題的探討	4-1 體認多元、開放的性價值觀，對愛、婚姻與家庭的衝擊與影響。 4-2 探討同性戀議題，建立尊重差異與接納多元的友善氛圍。 4-3 說出愛滋等性病議題與防治策略，以促進性健康。	
家庭性教育效能	【單元五】青春成長愛相隨——增進孩子的自我價值	5-1 協助子女建立健康、正向的身體意象。 5-2 幫助子女培養剛柔並濟的性別人格特質，以增進自我悅納。 5-3 運用正向鼓勵（愛、肯定與接納）的教養技巧，以提升子女的自尊。	教養技巧——正向鼓勵
	【單元六】愛的健康學園——教導孩子性健康促進與保健	6-1 能有效教導子女健康地面對性生理變化，體會成長的喜悅。 6-2 能尋求正確性健康資訊，以協助子女有效處理性生理的困擾。 6-3 運用陪伴督促的教養技巧，以建立子女性健康促進的生活型態。	教養技巧——陪伴督促
	【單元七】愛的守護者——保護孩子的人身安全	7-1 協助子女增進網路交友的安全意識，以降低子女網路性危害的風險。 7-2 幫助子女維護網路社交安全，教導子女自我保護與性危機的因應。 7-3 了解子女交友情形、認識子女的朋友，以增加家長對人身安全的管教能力。	教養技巧——認識孩子的朋友

（下頁續）

（續上頁）

【單元八】 愛的進行曲 ——引導孩子健康 兩性交往	8-1 能有效引導子女發展由淺而深、循序漸進的兩性交往關係。 8-2 學習與子女溝通健康兩性交往的方法。 8-3 運用有效溝通的教養技巧，陪伴孩子健康地發展兩性關係。	教養技巧 ——有效溝通
【單元九】 在愛中成長 ——協助孩子因應 感情的難題(	9-1 幫助子女辨識親密關係的暴力警訊，預防隱藏的感情危害。 9-2 協助子女維護身體自主權，避免約會性侵害事件。 9-3 運用有效協商的教養技巧，以協助子女調適情感分手的失落與挫折。	教養技巧 ——有效協商
【單元十】 負責的愛、安全的性 ——促進孩子健康的親密關係	10-1 運用設定界線的管教技巧，傳遞對子女親密關係的界線與規範。 10-2 引導子女覺知性行為對青少年的影響，培養性行為的明智抉擇。 10-3 促進子女建立親密關係的價值觀，以追求愛、承諾與婚姻人生。	教養技巧 ——設定界線

四、善用家庭性教育資源

　　父母必須要能善用性教育、親職教育及青少年輔導等相關機構、網站、參考書等資源（見附錄二），以便在面對孩子進行性教育時，能夠更坦然及更有自信。

 關鍵詞彙

家庭性教育（family sexuality education）

自我評量

1. 闡述家庭性教育的意義與目的。
2. 說明父母對子女在性發展上的影響與責任。
3. 說明父母進行家庭性教育常見的困難及因應克服的策略。
4. 說明家庭性教育的重要原則。
5. 說明不同年齡階段子女的性發展重點及家庭性教育內容為何。
6. 運用家庭性教育原則，實際或模擬練習某一年齡子女之家庭性教育，並記錄其歷程與感受。
7. 實地運用家庭性教育資源，練習處理青春期子女有關「異性交往」、「生理發展與衛生」或「愛滋病防治」之問題。

參考文獻

一、中文部分

王瑞琪（1995）。家庭性教育。載於江漢聲、晏涵文主編，**性教育**（頁411-438）。臺北：性林文化。

王瑞琪（1997）。**童言無忌——實用親子性教育手冊**。臺北：性林文化。

毛萬儀（2001）。**幼兒性教育**。臺北：啟英文化。

毛萬儀、晏涵文（1995）。幼兒性好奇及家長、教保人員對幼兒性教育之看法。**台灣性學學刊**，**1**（2），14-23。

羽仁說子（1991）。**兒童性教育**。臺北：世界文物。

呂承芬（1992）。家庭如何實施性教育——幼兒期。**諮商與輔導**，**73**，32-34。

吳秀惠（1996）。**親子溝通、父母管教方式與青少年性知識、性態度及性行為之研究**。中國文化大學生活應用科學研究所碩士論文。

林秀如（1992）。**國小兒童性概念發展之研究**。國立臺灣師範大學家政教育研究所碩士論文。

林燕卿、晏涵文（1999）。親職性教育介入效果之研究。**衛生教育學報**，**12**，159-181。

施麗香（1995）。**性與家庭教育──父母手冊**。臺中：臺中市立文化中心。

秦玉梅、晏涵文（1987）。高職三年級學生性知識、態度、行為及家長、教師對性教育之看法調查研究。**衛生教育雜誌**，**8**，39-57。

高玫（1990）。**父母‧子女‧性教育**。臺北：臺灣商務。

晏涵文、林燕卿（1998）。**國中學生之家長介入性教育效果研究**。南投：臺灣省政府教育廳專案研究。

晏涵文、林燕卿、張利中、閔肖蔓（1998）。**青少年約會行為關係探討**。臺北：國立教育資料館。

晏涵文（1989）。近十年來臺灣地區「性教育」研究之回顧。載於臺大人口中心婦女研究室暨清大社會人類學研究室舉辦之**性別角色與社會發展學術研討會論文集**（頁 287-304）。臺北。

晏涵文（編）（1991）。**告訴他性是什麼──*0-15*歲的性教育**。臺北：張老師文化。

晏涵文（1992）。**家庭中的性教育**。臺北：臺北市立社會教育館。

晏涵文（1994）。**生命與心理的結合──家庭生活與性教育**。臺北：張老師文化。

晏涵文（2000）。家庭性教育。**談心說性**。桃園：桃園縣政府。

張美皓、晏涵文（1995）。臺北市國二學生與母親間與「性」有關之主題的溝通研究。**台灣性學學刊**，**1**（2），14-23。

陳明月（2000）。**高雄市國小高年級學生親子溝通與其性知識、**

性態度關係之研究。國立高雄師範大學輔導研究所博士論文。

蔡嘉安（2003）。**性別角色刻板印象之家庭社會化因素探討——以臺北地區國中二年級學生為樣本**。國立臺灣師範大學公民教育與活動領導學系在職進修碩士班碩士論文。

蔡秋桃（1992）。學前幼兒性觀念發展在親職教育上之涵義。**幼兒教育年刊，5**，127-142。

劉念肯（1991）。家庭如何實施性教育——嬰兒期。**諮商與輔導，68**，11-14。

劉淑珍（1991）。**性教育教學對國小六年級學童性知識、性態度影響之調查研究**。中國文化大學家政研究所碩士論文。

劉慧娟（譯）（1989）。海姆斯著。**與孩子談性**。臺北：桂冠。

劉潔心（2000）。親子溝通無障礙，親密指數開紅盤。**談心說性**。桃園：桃園縣政府。

薛兆英等（譯）（1993）。Mary S. Calderone, M. D. & Eric W. Johnson 著。**全家人的性教育**。臺北：書泉。

謝青儒（2002）。**父母參與與子女性別角色概念、性格特質、幸福感及學業表現之相關研究**。國立屏東師範學院教育心理與輔導研究所。

謝明瑋（1996）。**教導孩子正確性知識**。臺北：漢湘文化。

羅敏綺（1998）。**農村婦女對兒女的性別角色教養態度與教養方式之研究**。國立臺灣大學農業推廣學研究所碩士論文。

二、西文部分

Alexander, S. J. (1984). Improving sex education programs for young adolescents: Parent's views. *Family Relations, 33,* 251-257.

Baldwin, S. E., & Baranoski, M. V. (1990). Family interactions and sex education in the home. *Adolescence, 25*(99), 573-583.

Barnes, H. L., & Olson, D. H. (1985). Parent-adolescent communication and the circumplex model. *Child Development, 56,* 438-447.

Benshoff, J. M., & Alexander, S. J. (1993). The family communication project: Fostering parent-child communication about sexuality. *Elementary School Guidance and Counseling, 27*(4), 288- 300.

Biehr, B. (1989). Problem sexual behavior in school-aged children and youth. *Theory into Practice, 28*(3), 221-226.

Brock, L. J., & Jenning, G. H. (1993). Sex education － what daughters in their 30s wish their mothers had told them. *Family Relations, 4* (1), 61-65.

Bundy, M. L., & White, P. N. (1990). Parents as sexuality educators: A parent training program. *Journal of Counseling & Development, 68,* 321-323.

Corbett, S. M. (1991). Children and sexuality. *Young Children, 46*(2), 71-74.

Crooks, R., & Baur, K. (1983). *Our sexuality.* Colifornia: The Bnenjaminl Coumings Publishing Company, Inc.

Davis, S. L., & Koblinsky, S. A. (1986). Evaluation of a sex education program for parents of young children. *Journal of Sex Education & Therapy, 12*(1), 32-36.

Feldman, S. S., & Rosenthal D. A. (2000). The effect of communication characteristics on family members' perceptions of parents as sex educators. *Journal of Research on Adolescence,10*(2), 119-150.

Fisher, T. D. (1986). Parent-child communication about sex and young adolescteny's sexual knowledge and attitudes. *Adolescence, 21* (83), 517-527.

Fisher, T. D. (1987). Anexploatory study of parent-child communica-tion about sex and the sexual attitudes of early, middle, and late adolescents. *The Youth of Genetic Psychology, 147*(4), 543-557.

Fox, G. L., & Inazu, J. K. (1980). Patterns and outcomes of mother-daughter communication about sexuality. *Journal of Social Issues, 36,* 7-29.

Fox, G. L. (1981). The family's role in adolescent sexual behavior. In T'Ooms (ed.), *Teenage pregnacy in a family context.* Philadelphia: Temple University Press.

Goldman, R., & Goldman, J. (1982). *Children's sexual thinking.* Mass. Boston U.S.A.: Routledge & Kegan Paual Ltd.

Gordon, S., & Sayder, C. (1986). *Personal issues in human sexuality.* Newton, MA: Aiyn and D. Sscon.

Hansen, G. (1982). *Answering young children's question about sex.* Los Angeles: Little Children Productions.

Hepburn, E. H. (1983). A three-level model of parent-daughter communication about sexual topics. *Adolesencs, 18*(71), 523-534.

Hodson, D. S., & Wampler, K. (1988). Social class and parental involvement in the sex education of children. *Journal of Sex Education & Therapy, 14*(12), 13-17.

Hovell, M., Sipan, C., Blumberg, E., Atkins, C., Hofstetter, C. R., & Kreitner, S. (1994). Family influence on Lation and Anglo adolescent's sexual behavior. *Journal of Marriage and the Family, 56,* 973-986.

Keddie, A. M. (1992). Psychosocial factors associated with teenage pregnacy in Jamaica. *Adolescence, 27*(108), 873-880.

Knudsen, D. D. (1987). Sex in childhood: Aversion, abuse, or right? *Journal of Sex Education and Therapy, 13*(1), 16-24.

Koblinsky, S., & Atkinson, J. (1982). Parental plans for children's sex education. *Family Relations, 31,* 29-35.

Mueller, K. E., & Powers, W. G. (1990). Parent-child sexual discussion: Perceived communicator style and subsequent behavior. *Adolescence, 25*(98), 469-482.

Pick, S., & Palos, P. A. (1995). Impact of the family on the sex lives of adolescents. *Adolescence, 30*(119), 667-675.

Reganeaal, J. F. (1985). *Family living including sex education.* New York: Board of Education of The City of New York.

Robert, E. J., Kline, D., & Gagnon, J. (1978). *Family life and sexuality learning. Vol. I.* Cambridge, Mass: Population Education, Inc.

Rothbaum, F., Grauer, A., & Rubin, D. J. (1997). Becoming sexual differences between child and adult sexuality. *Young Children, 52*(6), 22-28.

Ruffini, R. J. (1981). *Parental opposition to sex education and a proposed legislative solution: Rural illinois.* Master's Thesis, Southern Illinois University at Carbondale.

Sander, G. F., & Mullis, R. L. (1988). Family influences on sexual attitudes and knowledge as reported by college students. *Adolescence, 23*(92), 837-845.

Schaefer, C. E. (1984). *How to talk to children about really important things.* N.Y: Harper & Row Publisher, Inc.

Stinnett, N., Sander, G., DeFrain, J., & Parkhust, A. (1982). A nationwide study of family who peroeive themselves as strong. *Family Perspective, 16,* 15-22.

Warren, C., & Neer, M. (1986). Family sex communication orientation. *Journal of Applied Communication Research, 14*(2), 86-107.

Weinstein, M., & Thornton, M. (1989). Mother-child relations and adolescent sexual attitudes and behavior. *Demography, 26*(4), 563-557.

Welbourne-Moglia A., & Moglia, R. J. (1989). Sexuality education in the United States: What it is meant to be. *Theory into Practice, 28*(3), 159-164.

White, S. D., & DeBlassie, R. R. (1992). Adolescent sexual behavior. *Adolescence, 27*(105), 183-192.

第十二章

學校性教育

1. 了解學校性教育的概念及內容
2. 明瞭我國學校性教育課程之發展
3. 說明學校性教育的實施成果
4. 期盼接受過性教育的學生，未來為人父母時，也可進行不錯的
   家庭性教育

摘要

　　臺灣過去僅在健康教育課程中有一、兩章生殖生理，不能算有性教育課程，事實上舉凡性的生理、心理、病理、倫理和法理，都是全人性教育之範疇；而過去只能靠老師以課外補充的方式進行。

　　因應教育改革之九年一貫新課程的全面實施，使得教學革新更有機會，如進行學生中心的教學法，並實施大單元或統整主題的教學模式，以多元評量的能力指標，取代單一化以知識為主的紙筆測驗，進而落實以生活教育為中心的理念。教師是教學成敗的關鍵，當有了符合學生興趣與需求的新課程，且性教育的內涵增加許多，仍須教師充實性教育的專業知能，尤其是教學法的創新，期許我們在全人性教育開始之時，不再走錯路！

家庭性教育雖然重要，但多數父母的準備不夠，無法有效進行教導，社會又提供太多引誘的環境。各級學生正值青少年成長的年齡，而學校正是同年齡同學一起學習的地方，再加上教師應是經過專業訓練的人，所以最有效的全民性教育應是訓練教師從事學校性教育，而接受過性教育的學生，未來為人父母時，也可進行不錯的家庭性教育。

第一節　性教育發展

世界各國在學校從事性教育，或將性教育納入正式學校課程中，以及性教育內容的逐漸完整都經過有心人漫長而艱辛的努力。

世界上，學校性教育發展最早的是瑞典。瑞典自 20 世紀初，經過法律、社會、教育及醫學各方人士的長期奮鬥、實驗與檢討後，目前的法律反映了「男女自重互尊、平等、和諧」的精神。自 1956 年瑞典首度將性教育列入學校必修課程，實施以來，瑞典人民的性病及墮胎率逐年降低，早婚與低齡母親減少，甚至有「瑞典比歐美各國更節慾」的評價。北歐其他國家最早受到瑞典學校性教育的影響，再次，其他歐美國家也逐漸跟進。

一、美國

美國在二次大戰後開始探討，由誰來教性教育較合適？是家長或老師？但主要還是認為性是不潔和羞於啟齒的。直到 1960 年代後才多數認為學校是最理想的性教育場所，1964 年「美國性資訊暨教育委員會」（Sexuality Information and Educational Council of the United States, SIECUS）成立，推動性教育工作。1970 年代

後，各州有許多學校開始性教育實驗課程及研究。目前，美國多數的州教育單位都制定有性教育的指導原則。

二、亞洲各國

亞洲各國受到傳統禮教的影響，普遍在性教育的發展上較慢。以學校教育來說，過去中等學校的男女分校、分班居多，在 1960 年代，日本、韓國對於青少年性的指導稱為「純潔教育」，多少與認為性是不純潔的有關；直到 1970 年代才改為「性教育」，教育的內容也更擴大。日本在 1972 年成立日本性教育協會，應是亞洲成立最早的性教育協會。

亞洲其他國家之性教育均較臺灣發展為慢，亞洲性學聯盟（AFS）於 1990 年在香港成立，我們為創始會員，並於 1996 年在臺北舉辦第四屆亞洲性學會議，對亞洲各國之學校性教育（school sexuality education）推動很有幫助。

第二節　學校性教育的概念及其內容

1973 年起江萬瑄、李鎡堯、文榮光等醫師在國內報紙撰文，對社區民眾演講，開始鼓吹性教育。1977 年晏涵文自美完成性教育博士論文返國，在臺灣師大衛生教育系任教，陸續在衛教系所、家政系所及全校開設性教育相關課程，且經常對在職進修之各級教師演講，如何進行學校性教育，並撰文、著書和進行性教育研究、培植學生。1989 年，晏涵文在杏陵醫學基金會董事長吳東瀛醫師力邀下，成立並主持「家庭生活與性教育中心」，為國內第一個推動性教育之民間社團。在吳東瀛與晏涵文的理念中，「家

庭生活」與「性」不是兩個分開的部分；因為家庭是一男一女因
愛而結合的最親密組織，不論是生理上合一的滿足性慾及延續生
命，心理上合一的彼此互屬及分享快樂、分擔痛苦、社會性別角
色的剛柔並濟、分工合作，都與性有密切的關係。所以，家庭生
活教育不能不談「性」，而負責任的性教育必與婚姻相關聯，因
而不能離開家庭生活單獨來談。在杏陵的努力下，於 1991 年籌備
成立「中華民國性教育協會」，現已改名為「台灣性教育學會」，
學會結合性教育、性諮商、性治療等專家學者，以促進性教育相
關之研究、服務，提供最新專業訊息，建立與國際間相類似組織
之聯繫、合作為宗旨。為推廣性教育及增加會員間的聯繫，學會
發行《性教育通訊》，更於 1995 年 3 月起創立《台灣性學學刊》
半年刊，以提升我們性教育學術研究之水準。學會會員多為教師、
醫師、心理輔導及社工人員，對學校性教育的推動貢獻良多。

　　臺灣在各級學校還未實施性教育教學時，許多研究開始探詢
學生對學校性教育的需求情形。Yen（1977）調查師專四年級學
生，若學校開設性教育選修課程，有 91%學生願意選修。李蘭
（1979）對大學新生進行調查，也有 80%以上學生贊成實施性教
育。又家長、教師及衛生專業人員對學校性教育的支持程度和學
生沒有太大不同，其比率都高達80～90%之間（毛萬儀、晏涵文，
1995；臺北師專附小，1982；秦玉梅、晏涵文，1987；高毓秀、
晏涵文，1987；Yen, 1977）。

　　又林一真（1993）綜合東吳、清華、中原、海洋及北醫五所
大學的輔導老師的意見，也都贊成在校內開設性教育課程。這些
調查研究與過去有些中學老師跳過生殖器官章節不教的情況有了
極大的改變。

　　性教育在學校內實施，教學概念與內容大綱多引用美國的資
料。美國性資訊暨教育委員會（SIECUS）特別成立一全國性教育

課程綱要工作小組（National Gunidelineo Tack Force）在 1991 年
發展出一完整的性教育概念（sexuality education concept）和主
題，共分六個主要概念，每一個主概念下又有數個主題，每個主
題又按年齡層分為四個階段：1～3 年級，4～6 年級，7～9 年級，
10～12 年級，連續不斷，由淺而深，做螺旋式的安排，後於 2004
年修訂（見表 12-1）。

表 12-1　SIECUS 性教育計畫的概念與主題

概念一：人類發展	概念二：關係
1.生殖、性解剖和生理	1.家庭
2.青春期	2.友誼
3.生殖	3.愛
4.身體意象	4.浪漫的關係和約會
5.性傾向	5.教養子女
6.性別認同	
概念三：個人技巧	概念四：性行為
1.價值觀	1.一生的性
2.做決定能力	2.自慰
3.溝通	3.性行為經驗分享
4.決斷力	4.禁慾
5.交涉協商	5.人類性反應
6.尋求協助	6.性幻想
	7.性功能障礙
概念五：性健康	概念六：社會與文化
1.生殖健康	1.性與社會
2.避孕	2.性別角色
3.懷孕和孕期照顧	3.性與法律
4.墮胎	4.性與宗教
5.愛滋病毒感染及愛滋病	5.性的多樣化
6.性侵害、攻擊、暴力與騷擾	6.性與大眾媒體
	7.性與藝術

資料來源：SIECUS (1991, 2004).

又聯合國教育、科學及文化組織於 2009 年 6 月出版《國際性教育指引》（*International Guidelines on Sexuality Education: An Evidence Informed Approach to Effective Sex, Relationships and HIV/ STI Education*），提出全人性教育的六大教學面向，並於 2018 年二版時修訂為八大面向，其中有關課程大綱部分，與 SIECUS（2004）相當接近（見表 12-2）。

表 12-2　UNESCO 性教育計畫的概念與主題

概念一、關係	概念二、價值觀、權利、文化與性
1.家庭	1.價值觀與全人的性
2.友誼、愛及戀愛關係	2.人權與全人的性
3.容忍、包容及尊重	3.文化、社會與全人的性
4.長期承諾及子女養育	
概念三、瞭解性別	概念四、暴力與安全保障
1.性別及其規範的社會建構	1.暴力
2.性別平等、刻板印象與偏見	2.許可、隱私及身體完整性
3.基於性別的暴力	3.信息與通信科技的安全使用
概念五、健康與生活技能	概念六、人體與發育
1.性行為的規範與同儕的影響	1.性與生殖解剖及生理
2.做決定	2.生殖
3.溝通、拒絕與協商技巧	3.青春期
4.媒體素養與全人的性	4.身體意象
5.尋求協助與支持	
概念七、性與性行為	概念八、性與生殖健康
1.性、全人的性與性生命週期	1.懷孕與預防懷孕
2.性行為與性反應	2.愛滋病感染者和患者的汙名、關懷、治療及支持
	3.瞭解、認識與降低性傳染病（含愛滋病）的危險

資料來源：UNESCO(2009, 2018).

　　國內晏涵文等（1992ab）為編擬一套適合國情且符合各年級
學生需求之性教育教材大綱，進行了兩年研究，除分析國外不同
版本之性教育教材外，設計問卷調查、蒐集不同年級學生、家長
及其教師之資料，分析整理，最後邀集國內相關領域之專家、學
者及中小學教師進行資料之統整，訂定一可行之由幼兒園至高三
共 13 個年級之性教育教材內容大綱。研究所得之性教育內容大綱
（見表 12-3 和表 12-4）。

表 12-3　幼兒園及國小各年級性教育內容大綱

年級	內容大綱
幼兒園	1. 學習如何保護自己，以避免遭受壞人的傷害 2. 了解家庭的功能包括物質及情感的提供 3. 不暴露身體（生殖器官）並不表示身體的某些部位是可恥的，而是對個人隱私權的尊重 4. 認識不同植物及動物的家族，以了解生命繁衍其同類的生命 5. 認識人的外型、構造，指出男、女生在外生殖器官的不同，教導其正確的名稱，及使用廁所的禮節 6. 男孩與女孩的性別認同與差異
一年級	1. 知道有些人的身體是殘障的，對這些人應加以協助及尊重 2. 認識每一個人都會有喜、怒、哀、樂等不同的感受 3. 認識人與人相似的地方，及每個人的獨特性 4. 發展對愛的了解 5. 成長意味著更多的責任 6. 學習與家人之間的相處與親愛
二年級	1. 學習如何適當、合宜表達自己的情緒 2. 認識生物需要兩性的結合（雄性、雌性），才能產生新生命 3. 學習助人及合群的習性 4. 學習認識不當節目的影響 5. 了解隱私是一種個人需求，並學習尊重

（下頁續）

（續上頁）

三年級	1. 認識魚、蛙、動物及人類的新生命皆開始於精子與卵子的結合 2. 了解各項身體的特徵是遺傳的結果 3. 了解友誼的意義，並學習如何交朋友 4. 保持身體清潔，尤其是生殖器官的清潔 5. 以別人可以接受方式表達意見及感受 6. 學習在做決定前要先了解事實，並徵詢父母、師長的意見
四年級	1. 身體的成長情形及速度會受遺傳的影響，如男孩與女孩在不同年齡的生長速率不同 2. 學習人際關係中的相互尊重、責任、體諒及服務 3. 學習對自己性別角色的認同與調適 4. 觀察雞卵孵化的過程 5. 了解家庭中每一分子的責任
五年級	1. 認識女性的月經及經期的衛生與保健 2. 討論兩性的差異，學習兩性之間的合作與互助 3. 學習避免受到色情漫畫、書刊及影片的影響 4. 認識青春期的到來及兩性的第二性徵，並注意個別的差異 5. 認識胎兒在母親子宮內的生長情形 6. 如何在與異性的相處中表現出合宜、有禮的行為 7. 建立正確的性觀念，避免性騷擾及傷害
六年級	1. 介紹兩性生殖器官的構造及功用 2. 知道做決定是一種選擇的歷程，做決定前應先評估不同選擇的風險及後果，並學習為自己的決定負責 3. 染色體是決定遺傳特徵的因子，性染色體X或Y決定了人的性別 4. 以建設性的方式表達性 5. 知道情緒對身體健康的影響，並建設性地處理問題 6. 學習與家人的溝通及愛意的表達 7. 知道性交是婚姻中，夫妻相互表達「愛」的一種親密行為

資料來源：晏涵文等人（1992a）。

表 12-4　國中、高中各年級性教育內容大綱

年級	內容大綱
國一	1. 介紹人類懷孕及分娩過程 2. 認識性腺在青春期時對身體有促進「性成熟」作用 3. 知道青春期是一個人體快速成長的階段，且存在著個別的差異 4. 學習以別人可以接受的方式表達意見及感受 5. 學習如何培養健全的人格 6. 討論要成為他人的好朋友應具備哪些特質 7. 了解家庭在個人生命中的重要性
國二	1. 認識人類的自慰行為 2. 認識男性的夢遺現象 3. 認識何謂同儕壓力及同儕壓力對個人行為的影響 4. 學習分辨色情與性的不同 5. 學習如何結交異性朋友 6. 認識男、女生之間「喜歡」與「愛情」 7. 了解青少年的改變帶給家庭的影響
國三	1. 學習如何培養成熟穩定的情緒 2. 學習消除緊張的方法 3. 學習雙性化（剛柔並濟型）的性別角色 4. 學習防治性病的正確觀念、態度與行為 5. 了解約會的重要性 6. 認識個人與群體對約會的看法 7. 了解「愛」與「迷戀」 8. 學習尊重他人的選擇及如何面對失戀
高一	1. 了解有些人會不孕 2. 學習兩性生殖器官的構造及功用 3. 認識約會的社會規範，知道並列出可以和異性一起從事的活動 4. 知道約會時的行為標準及應避免的人、時、地、事、物 5. 學習與「性」有關的社會問題及情緒問題 6. 認識同性戀 7. 認識親子間的關係與衝突 8. 認識家庭計畫的概念

（下頁續）

（續上頁）

高二	1.學習如何保護自己，以避免遭受性騷擾、性虐待及性暴力 2.了解婚前性行為的影響 3.經歷一個做決定的歷程，承諾自己在日後與異性交往時，可以避免婚前性行為的發生 4.學習有關「性」的規範 5.學習有關性價值觀的澄清 6.認識理想家庭的特質 7.了解維持一個完整的家是家庭內每一分子的責任
高三	1.學習有關選擇配偶的標準 2.學習如何為婚姻生活做準備 3.認識離婚的影響 4.知道除了「生育下一代」之外，夫妻性生活尚有其他意義及功能 5.了解「愛」與「溝通」是良好婚姻的基礎 6.學習如何照顧小孩 7.學習家庭中父母親所應扮演的角色及責任 8.認識避孕的方法

資料來源：晏涵文等人（1992b）。

　　杏陵基金會接受衛生福利部委託也編寫了國中性教育教師手冊及學生手冊（1990），高中性教育教師手冊及學生手冊（1991）共四本精美的補充教材。之後，陸續編撰、出版國小（2004、2013）、國中（2003、2012）、高中（2005、2011）、原住民（2004）等各級學校性教育教師手冊及學生手冊。為了協助健康教育（含健康與護理）科教師，尤其龐大配健教課（即其他科教師兼教少數班級）之教師知道如何任教「家庭生活與性教育」，晏涵文於2019年主編並邀請高松景、龍芝寧及郭芃彣分別設計製作高中、國中、國小教學模組教師手冊。另編寫了《愛滋防治教育》（2009）、《蛻變與成長》（2009）、《家家有本必

唸的經──健康面對月經》（2009）等視聽媒體不少。

第三節　學校性教育課程之發展

　　我國學校課程一向缺少生活議題的教導，不論是口腔衛生、營養教育、安全急救、菸酒藥物、心理衛生、疾病預防、環境教育等多以課外活動、宣導為之，或融入語文、自然、社會等課程順便提及。性教育的內容就更加困難了，主要融入在「健康教育」課程中。茲將國民中小學的健康教育課程中有關「家庭生活與性教育」（family life and sexuality education）的課程內涵，自 1968年實施九年國教後做一回顧。

一、國民小學健康教育科「家庭生活與性教育」課程之回顧

(一) 1971 至 1995 年（教育部，1968b）

　　由表 12-5 可知僅有幾章很簡單有關家庭的內容，性的內容就更少了。

表 12-5　1979 年國民小學健康教育「家庭生活與性教育」課程內涵

教學年級	課程內容
五上	了解異性
五下	青春期
	幸福家庭
六上	關心家人
六下	家庭保健

(二) 1996～2001 年（教育部，1993）

表 12-6　1996 年國民小學道德與健康「家庭生活與性教育」課程內涵

	一年級	二年級	三年級	四年級	五年級	六年級
家庭生活	1. 說明家庭的功能（上） 2. 說明家庭是由父母因愛而結合，親子之間有血緣的親密關係（上） 3. 說明每一個家庭成員應如何互相幫助（上）	1. 遇有情緒、藥物安全、就醫、身體等相關事情，會與家人討論（上） 2. 珍視個人生命中重要的家庭保護人（上）	1. 說明每一個家庭成員的責任和權利（下）	1. 了解家人（上） 2. 能與家人分享健康的資訊（上）	1. 能與家人和樂相處（下） 2. 描述死亡與離婚對家庭的影響（下）	1. 認識家人休閒活動（下）
隱私	1. 預防性騷擾（下）	1. 尊重自己和他人的隱私權（上）				
性別角色與特徵			1. 說明男孩和女孩的生理及社會特徵（下）	1. 能彈性調整家務工作中兩性的角色（上）		
生殖與青春期			1. 認識生命過程（生殖）（下）		1. 認識青春期（含月經第二性徵）（上）	1. 描述青春期生理、心理及社會特徵上所發生的改變（上） 2. 說明生殖系統的功用（上）
異性相處					1. 了解並尊重異性（上）	1. 討論異性相處是一種表達友誼和學習社交技巧的方法（下）

註：（上）指上學期，（下）指下學期。

　　由表 12-6 可知這一次的修訂，家庭生活與性教育之內涵已參考晏涵文等人所編之性教育內容大綱做了大幅增加，包含了家庭生活、隱私、性別角色與特徵、生殖與青春期、異性相處共五個部分，尤其是家庭生活部分最為完整。

二、國民中學健康教育科「家庭生活與性教育」課程之回顧

(一) 1968～1975 年（教育部，1968a）

表 12-7　1968 年國民中學健康教育「家庭生活與性教育」課程內涵

時間	篇名	單元名稱	內容
一年級下學期	身體的功能	生殖作用	1.生殖器官 2.青春期的發育 3.月經、懷孕與分娩
	心理衛生	心理健康的重要性	1.個人及家庭的幸福
二年級上學期	疾病的預防	細菌傳染病的預防	1.性病
二年級下學期	家庭衛生	個人對家庭的任務	1.家庭的組成 2.家庭衛生的重要 3.個人對促進家庭衛生應負的責任
		家庭計畫	1.什麼叫家庭計畫 2.家庭計畫的重要性 3.家庭計畫推行的方法
		青春期的健康生活	1.青春期的生理變化 2.青春期的心理變化 3.青春期應有的注意事項
		家庭心理環境	1.心理環境的意義與重要 2.良好的家庭生活 3.充實的家庭生活

(二) 1975～1979 年（教育部，1972）

表 12-8　1975 年國民中學健康教育「家庭生活與性教育」課程內涵

時間	篇名	單元名稱	內容
一年級 上學期	健康的身體	生殖器官的保健 （上）	1.女性生殖器官的構造與功能 2.女性的青春期 3.月經與經期的保健 4.懷孕與分娩
		生殖器官的保健 （下）	1.男性生殖器官的構造與功能 2.男性的青春期 3.精液的分泌與夢遺 4.男性生殖器官的保健與方法
一年級 下學期	疾病的預防	傳染病的預防（二）	1.性病
	健康的家庭	健康家庭的重要	1.家庭的組成 2.健康家庭對個人的重要 3.健康家庭對社會國家的重要
		家庭計畫	1.什麼叫家庭計畫 2.家庭計畫的好處 3.家庭計畫實施原則 4.家庭計畫指導與服務機構
		健康的子女來自 健康的父母	1.遺傳與健康 2.婚前健康檢查的重要性 3.先天環境對健康的影響 4.懷孕期中應注意事項
		家庭心理環境	1.家庭心理環境的意義與重要 2.良好家庭心理環境的特徵 3.促進良好家庭心理環境的方法

(三) 1979～1986 年（教育部，1972，1979）

表 12-9　1979 年國民中學健康教育「家庭生活與性教育」課程內涵

時間	篇名	單元名稱	內容
一年級上學期	健康的身體	生殖器官的保健（上）	1.女性生殖器官的構造與功能 2.女性的青春期 3.月經與經期的保健 4.懷孕與分娩
		生殖器官的保健（下）	1.男性生殖器官的構造與功能 2.男性的青春期 3.精液的分泌與夢遺 4.男性生殖器官的保健與方法
一年級下學期	疾病的預防	細菌傳染病的預防（二）	1.性病
	健康的家庭	健康家庭的重要	1.工業社會生活對家庭的影響 2.家庭的基本功能 3.家庭基本功能失調的預防和補救
		家人的保健	1.孕婦的保健
		家庭人口計畫	1.社會的人口問題 2.遺傳、環境與優生 3.實施家庭計畫

(四) 1986～1997 年（教育部，1983）

表 12-10　1986 年國民中學健康教育「家庭生活與性教育」課程內涵

時間	篇名	單元名稱	內容
一年級 上學期	健康的身體	女性青春期的健康生活	1.女性生殖器官的構造和功能 2.女性的青春期 3.月經與經期的保健
		男性青春期的健康生活	1.男性生殖器官的構造和功能 2.男性的青春期 3.精液的分泌與夢遺 4.男性生殖器官的保健
一年級 下學期	疾病的預防	細菌傳染病的預防（二）	1.性病
	健康的家庭	美滿的家庭	1.家庭的組成和功能 2.家庭成員間的相互影響 3.良好家庭關係的促進
		認識異性	1.了解兩性心理和行為特徵 2.異性交友的正確態度
		優生與生育	1.健康的子女來自於健康的父母 2.懷孕與分娩
		計畫家庭	1.人口問題與家庭計畫 2.如何計畫家庭

(五) 1997～2001 年（教育部，1994）

表 12-11　1997 年國民中學健康教育「家庭生活與性教育」課程內涵

時間	篇名	單元名稱	內容
一年級上學期	健康的身體	生命的繁衍	1.女性生殖器官的構造與功能 2.男性生殖器官的構造與功能 3.懷孕與分娩 4.優生保健
		青春期的健康生活	1.青春期的身心變化 2.女性青春期的保健 3.男性青春期的保健
	健康的心理	兩性關係	1.兩性心理及行為特徵 2.異性交友的認識
		美滿的家庭	1.增進家庭的功能 2.促進良好的家庭關係
一年級下學期	事故傷害與疾病的預防	性傳染病	1.淋病與梅毒 2.愛滋病

　　由以上五個階段之國民中學課程改變來看，家庭生活與性教育之內容變化不大，主要在性生理、青春期，及美滿家庭和性病的教導。

　　高中、高職、五專、二專、大學院校學生年齡在 16～22 歲間，也就是青春中、後期，正值男、女兩性互相吸引，約會、戀愛、擇偶頻率較高的階段，但很可惜，學校課程中僅軍訓護理、家政有少許性教育內容，且只有女生可接觸。又在推動兩性平等教育的學校，學生或可在輔導活動或團體活動時間接觸一些性教育單元。只有極少高中（職）學校在選修課中開有性教育課程。

大專院校近年來，開設性別教育相關課程之學校有增加，但性教育相關課程開設還是很少。

三、國民中小學九年一貫「健康與體育」領域「家庭生活與性教育」課程之回顧（教育部，2000，2008）

國民中小學教育九年一貫課程於 2001 年實施，並在 2011 年實施微調後之課綱。「健康與體育」學習領域設計與微調均由晏涵文擔任召集人，其中「家庭生活與性教育」部分如下。

主題軸一、生長、發展

內涵（三）：對個人身心健康與家庭、社會和諧而言，性是人類生活中重要的一部分。

分段能力指標	補充說明
1-1-5 討論對於身體的感覺與態度，學習尊重身體的自主權與隱私權 （國小一至三年級）	1. 描述對身體不同的感覺與情感 2. 描述遊戲、擁抱、親吻等身體接觸，並說出對這些身體接觸的感覺 3. 瞭解隱私是一種個人需求，並學習尊重自己與別人的身體自主權及隱私權 4. 保持身體清潔，包括生殖器官的清潔，並保持整體儀表舒適 5. 體會媒體對身體意象的影響，並建立正確的身體意象與接受自己的外型
1-2-4 探討各年齡層的生理變化，並有能力處理個體成長過程中的重要轉變 （國小四至六年級）	1. 描述兩性在成長過程中共同的生理變化，如生殖器官的成熟、長高、體重增加等 2. 認識青春期的到來及兩性第二性徵的異同 3. 面對並處理青春期的生理問題，如認識月經及經期衛生與保健等 4. 解釋人們如何處理個體成長中的重要轉變，如慶祝青春期的到來、成年禮等 5. 思考人們身體外觀的改造，如染髮、身體穿洞、皮膚漂白、紋眉紋身等行為，對個人身體意象與健康的影響

（下頁續）

（續上頁）

1-2-5 檢視兩性固有的印象及其對兩性發展的影響 （國小四至六年級）	1. 討論且比較兩性的差異，並探索社會文化與媒體訊息對性別的期待及影響 2. 學習認同與悅納自己，建立性別平等與尊重的互動關係 3. 探討並列舉被異性吸引與吸引異性的心理及生理因素 4. 學習在與異性相處及身體活動中表現合宜、尊重與有禮的行為，避免騷擾及侵害行為
1-2-6 解釋個人與群體對性方面之行為，表現出不同的信念與價值觀 （國小四至六年級）	1. 討論人類性愛與愛表達的情感動力 2. 認識不同社會文化對性表達的接受度不同，性的信念與標準亦不同 3. 建立正確的性觀念，避免受到媒體不當的影響 4. 以建設性的方式表達愛與性，並知道性行為是夫妻間表達愛的一種親密行為 5. 討論異性相處是一種表達友情和學習社交技巧的方法
1-3-2 蒐集生長、發展的相關資訊，以提升個人體能與健康 （國中一至三年級）	1. 蒐集自己生長發育的質與量資料，如身高、體重、胸圍、器官、系統的變化及心智的成熟等 2. 運用資訊媒體，如報章雜誌、網路、電視新聞等，蒐集有關青春期的資訊，實踐青春期的健康生活，並學習處理青春期有關夢遺、自慰、青春痘、體味、性衝動等生理問題 3. 熟悉並妥善運用性別權益相關的資訊，如求助與申訴管道、相關法律、資源等
1-3-3 運用性與性別概念，分析個人與群體在工作、娛樂、人際關係及家庭生活等方面的行為 （國中一至三年級）	1. 認識性與性別角色 2. 學習雙性化（剛柔並濟）的性別角色，並應用於家庭、學校與職場 3. 瞭解並區別男女間喜歡、愛與迷戀 4. 解釋形成、維持、結束親密關係的影響因素，並學習尊重他人選擇及失戀調適 5. 瞭解約會及團體邀約的重要性，並根據社會規範來確認與異性交往的原則，如尊重隱私、個人安全等 6. 認識性與懷孕、生產的關係，並瞭解胎兒在母體內的生長情形 7. 瞭解負責任的愛與性為人生帶來快樂，激發創造力與生命力

（下頁續）

（續上頁）

1-3-4 解釋社會對性與愛之 規範及其影響 （國中一至三年級）	1. 瞭解性、愛與婚姻彼此之間的密切關係 2. 討論性親密表達的程度以及不同社會規範的影響與接受度 3. 討論法律對性行為的規範 4. 討論青少年懷孕、墮胎問題，瞭解婚前性行為的責任與後果 5. 討論避孕和性病防治的責任，並學習其正確態度與行為 6. 討論性的相關危害，並運用策略預防性騷擾、性侵害與色情 　 等發生 7. 關懷並支持受到性歧視或性侵害的人 8. 討論並區分色情與性

主題軸六、健康心理

內涵（二）：良好的人際關係讓人覺得幸福、有歸屬感，並能增進家庭和諧、團
　　　　　　隊表現及社會支援。

分段能力指標	補充說明
6-1-1 描述自己的特色，並 接受自己與他人之不 同 （國小一至三年級）	1. 描述自己的特質，如性別、年齡、人格特質、動作能力、喜 　 歡與不喜歡的事物 2. 察覺自己與他人的異同 3. 在遊戲情境中，認識自己 4. 能表現喜歡自己、悅納自我的行為
6-1-2 學習如何與家人和睦 相處 （國小一至三年級）	1. 說明家庭成員間的血親和姻親關係 2. 列舉出家人相處與親愛的方式，如常把愛掛在口中、對家人 　 的體貼等語言與非語言的方式，表達對家人的關愛 3. 願意與家人一起參與各種遊戲或活動 4. 在家人意見不合或有衝突時，能與家人溝通

（下頁續）

（續上頁）

6-1-4 認識情緒的表達及正確的處理方式 （國小一至三年級）	1. 認識每一個人都有喜、怒、哀、樂、懼等不同的感受 2. 能用健康的方法表達需求與感覺 3. 藉由身體活動，體驗適當處理情緒的方法 4. 分辨令人愉快和不愉快的情緒對個人及他人的影響
6-2-2 瞭解家庭在增進個人發展與人際關係上的重要性 （國小四至六年級）	1. 認識家庭的功能並明瞭成員的責任與義務 2. 學習尊重、體諒、稱讚、感謝的正向態度與有效溝通，以增進家庭的和諧 3. 透過家庭休閒活動，增進親子互動關係 4. 面對自己或朋友的家庭問題，如單親、父母離異或家庭暴力時，能正向調適與因應
6-2-3 參與團體活動，體察人我互動的因素及增進方法 （國小四至六年級）	1. 明瞭關心與尊重對於人際關係的影響，並學習人際互動時表現適度關心與尊重 2. 說明成見、預設立場、刻板印象等對他人偏執的態度或觀感如何影響人際關係 3. 學習接納團體新成員與加入新團體的技巧 4. 接納並尊重周遭的身心障礙者，並能與他們和諧相處 5. 分辨不同行為對團體表現與個人厲害關係的影響，如野心、自作主張、英雄主義、扮小丑、欺負別人、逗弄別人
6-2-4 學習有效的溝通技巧與理性的情緒表達，並認識壓力 （國小四至六年級）	1. 分析想法對情緒的影響，學習理性的紓解情緒方式 2. 能清楚與自信的表達需求與感覺，同時亦能敏銳的回應他人的需求與感覺 3. 知道壓力的正、負面影響，並能建設性的處理壓力情境 4. 說明同儕壓力對行為與健康選擇的影響 5. 展現非暴力策略，如：溝通、協商、感情表達等方式解決衝突 6. 瞭解情緒、壓力與健康之間的關係，並運用問題解決的方法，來做有利身心健康的選擇

（下頁續）

（續上頁）

6-3-2 肯定家庭教育及社會支持的價值，願意建立正向而良好的人際關係 （國中一至三年級）	1. 討論適合現代社會的家庭成員角色與責任，並願意在目前與未來的家庭生活中實現 2. 體會來自家庭的愛對心理健康之重要性，如提供快樂、滿足、進取心與內心的寧靜和安全感 3. 嘗試規劃並參與家庭休閒活動，以拉近與其他家庭成員間的距離 4. 指出面對家庭暴力或家人衝突時的處理方法，如主動接觸、言辭和緩、不放棄溝通、瞭解父母所重視的，以及尋求有效的資源來協助解決等 5. 歸納受人歡迎的特質以建立良好的人際關係 6. 體察與別人相處的友誼之愛、親近感、溫馨感和安全感，從而理解社會支持的涵義與重要性 7. 體認社會支持為維繫個人身心健康的重要因素之一，並能於日常生活中接受並給予他人社會支持 8. 分析媒體、資訊科技的快速發展，對於人際關係的影響
6-3-3 應用溝通技巧與理性情緒管理方式以增進人際關係 （國中一至三年級）	1. 能找出使情緒不佳的真正原因，如錯誤的想法、缺乏自信、遭受困境或挫敗等 2. 能理性控制與紓解情緒，明瞭壓抑或過度發洩情緒對自己或他人的傷害 3. 練習做決定的歷程、拒絕的技巧，並且應用到不同的情緒衝突問題，如避免校園暴力的發生 4. 願意適度開放自我與別人分享 5. 能理解與練習有效溝通的技巧，並實際應用在與家人、朋友、異性、師長的相處上 6. 應用協商、解決爭執的技巧以協調家庭、運動團隊、工作場所等團體之成員間不同的目的、能力與需求 7. 明瞭透過網際網路與他人溝通的優缺點與應注意事項

主題軸七、群體健康

內涵（一）：健康促進與疾病預防在於管理與改善健康狀態，以提升健康品質。

分段能力指標	補充說明
7-2-1 表現預防疾病的正向行為與活動，以增進身體的安適 （國小四至六年級）	3. 認識愛滋病是現代一種嚴重的傳染病，瞭解其傳染途徑及避免不必要的排斥行為
7-3-1 運用健康促進與疾病預防的策略，以滿足不同族群、地域、年齡、工作者的健康需求 （國中一至三年級）	4. 能瞭解安全性行為的內涵，以降低性病及愛滋病的發生率

　　由於此次課程係在教育改革的精神之下發展，在內容上增加了許多過去從未涉及的主題，如性行為、約會、避孕、色情和家庭暴力等；同時在舊有的主題上，內容的程度也加深了，如性侵害、愛滋病及其他性病、性別角色與平等、異性相處、青春期健康、家人關係、溝通與情緒等。此外，分段能力指標的達成，也都需要老師在教法上做改變來配合。臺灣在正規的學校性教育課程內容上做了劃時代的改變，正視了學生所面對的社會環境，以及價值觀的衝擊。此課程由 2001 年實施至 2019 年共 18 年，「家庭生活與性教育」課程隨著健康教育科的全面實施，由小學一年級至國中三年級連續不斷、循序漸進共九年，且延伸至高中，係華人甚至亞洲，唯一有課綱、實施全面性教育的地方。

四、高中、高職健康與護理科「家庭生活與性教育」課程之回顧（教育部，2006，2009）

　　過去高中（職）階段，由於沒有健康教育相關科目，因此「性教育」內容零星散布在軍訓護理及家政課程中，且僅有女生修習。教育部在2006年實施高中（職）暫行課程，規定高一、高二實施「健康與護理」科目之必修四學分課程，男女生都要修習。其中家庭生活與性教育內容占全部時數的四分之一，為13～16小時。高中、高職部分在「健康與護理」課程綱要中，只有八個核心能力，「性教育」為其中的一個核心能力，內容包含有：(1)兩性的性生理觀察；(2)不同性別角色的檢視與尊重；(3)健康的愛情觀；(4)安全的性行為；(5)親密關係的維繫；(6)家庭生活中危險情境的辨識與處理。

　　教育部又於2009年修訂公布正式課綱，且於2010年實施。高中、高職「健康與護理」科目改為必修二學分課程，由晏涵文擔任召集人，「促進性健康」為六個核心能力中時數最多的，共九小時，約占全部時數的近三分之一，內容見表12-12（教育部，2009）。

表 12-12　2009 年普通高級中學課程綱要——必修科目「健康與護理」

主題	核心能力	主要內容	說明
促進性健康	1. 養成健康的性觀念	1. 全人的性觀念	1-1 從人類「性」的進化過程（性生理、性心理、性社會及性心靈等四個層面），了解「全人的性」之健康性觀念 1-2 澄清錯誤的性觀念（含受孕時機、過程及生殖系統的疾病預防） 1-3 認識社會文化對性的影響
	2. 培養尊重不同性取向的態度	2. 同性戀的認識	2-1 認識與接納同性戀者 2-2 尊重與接納不同性取向者
	3. 具備健康兩性交往所需的生活技能	3. 愛情重補修：健康兩性交往的生活技能	3-1 了解高中生事宜的兩性交往過程 3-2 學習向異性表達情感之「有效溝通」的生活技能 3-3 學習判斷由普通朋友發展為男女朋友以及對婚前性行為負責任之「做決定」的生活技能 3-4 學習對不想要的邀約之「拒絕技巧」中的「自我肯定」技巧 3-5 學習對色情媒體之「批判性思考」的生活技能 3-6 學習維護身體自主權之「協商」的生活技能 3-7 學習理性分手之「創造性思考」的生活技能
	4. 具備促進性健康所需的知識、態度和行為	4. 較安全的性行為：避孕方法的認識	4-1 比較有效的避孕方法（口服避孕藥、子宮內避孕器、保險套），並學會選擇適宜的避孕方法
		5. 生育健康與人工流產	5-1 從懷孕生產過程，體會新生命誕生的美好，並從優生保健來認識人工流產
		6. 關懷愛滋：愛滋病的防治	6-1 了解全球及國內愛滋病的流行現況，關懷愛滋感染者，採取行動有效防治愛滋
		7. 終止性騷擾及性侵害：性騷擾、性侵害的預防	7-1 認識性騷擾、性侵害的防治（預防策略、澄清迷思、因應與處理）
		8. 資源的尋求	8-1 學習尋求性健康社會資源協助（青少年保健門診、親善生育保健服務）

五、十二年國民基本教育（含國中小學及高中）健康教育（含健康與護理）家庭生活與性教育課程之現況

2019 年 8 月教育部十二年國民基本教育課程綱要正式公告實施，健康與體育領域中之健康教育（高中健康與護理）科均有 10 大類別，其中性教育及健康心理兩類，延伸過去之「家庭生活與性教育」之課程內容。

此次新課綱最大改變係素養導向學習，核心素養共三面向：A 自主行動、B 溝通互動、C 社會參與。九核心素養：A1 身心素養與自我精進、A2 系統思考與解決問題、A3 規劃執行與創新應變；B1 符號運用與溝通表達、B2 科技資訊與媒體素養、B3 藝術涵養與美感素養；C1 道德實踐與公民意識、C2 人際關係與團隊合作、C3 多元文化與國際理解。

公告「學習重點」中包含「學習表現」及「學習內容」，課綱中呈現「學習表現」是過去沒有的，將過去一直強調的不只是教知識，同時應重視態度、技能及行為等教法正式文字化。尤其是健康教育中之性教育更要注重情意、技能和行為的教導和目標之達成。至於「家庭生活與性教育」之內容共分五學習階段，國小第一至第三階段，國中第四、高中第五階段（表 12-13）。

表 12-13　2019 年十二年國教課程綱要健康與體育領域「家庭生活與性教育」學
　　　　　習內容

階段	學習內容
國小 （性教育）	Db-I-1 日常生活中的性別角色。 Db-I-2 身體隱私與身體界線及其危害求助方法。 Db-II-1 男女生殖器官的基本功能與差異。 Db-II-2 性別角色刻板現象並與不同性別者之良好互動。 Db-II-3 身體自主權及其危害之防範與求助策略。 Db-III-1 青春期的探討與常見保健問題之處理方法。 Db-III-2 不同性傾向的基本概念與性別刻板印象的影響與因應方式。 Db-III-3 性騷擾與性侵害的自我防護。 Db-III-4 愛滋病傳染途徑與愛滋關懷。 Db-III-5 友誼關係的維繫與情感的合宜表達方式。
（健康心理）	Fa-I-1 認識與喜歡自己的方法。 Fa-I-2 與家人及朋友和諧相處的方式。 Fa-I-3 情緒體驗與分辨的方法。 Fa-II-1 自我價值提升的原則。 Fa-II-2 與家人及朋友良好溝通與相處的技巧。 Fa-II-3 情緒的類型與調適方法。 Fa-III-1 自我悅納與潛能探索的方法。 Fa-III-2 家庭成員的角色與責任。 Fa-III-3 維持良好人際關係的溝通技巧與策略。 Fa-III-4 正向態度與情緒、壓力的管理技巧。
國中 （性教育）	Db-IV-1 生殖器官的構造、功能與保健及懷孕生理、優生保健。 Db-IV-2 青春期身心變化的調適與性衝動健康因應的策略。 Db-IV-3 多元的性別特質、角色與不同性傾向的尊重態度。 Db-IV-4 愛的意涵與情感發展、維持、結束的原則與因應方法。 Db-IV-5 身體自主權維護的立場表達與行動，以及交友約會安全策略。 Db-IV-6 青少年性行為之法律規範與明智抉擇。 Db-IV-7 健康性價值觀的建立，色情的辨識與媒體色情訊息的批判 　　　　能力。 Db-IV-8 愛滋病及其他性病的預防方法與關懷。

（續上頁）

（健康心理）	Fa-IV-1 自我認同與自我實現。 Fa-IV-2 家庭衝突的協調與解決技巧。 Fa-IV-3 有利人際關係的因素與有效的溝通技巧。 Fa-IV-4 情緒與壓力因應與調適的方案。 Fa-IV-5 心理健康的促進方法與異常行為的預防方法。
高中 （性教育）	Db-V-1 全人的性、自尊與愛的內涵。 Db-V-2 健康親密關係經營能力的培養。 Db-V-3 性別多樣性的了解與尊重。 Db-V-4 避孕原理、方法及人工流產。 Db-V-5 性病與生殖系統疾病的預防、保健及關懷行動的實踐與倡議策略。 Db-V-6 對性騷擾與性侵害議題之關懷、倡議與行動策略。 Aa-V-1 受孕、懷孕及胚胎發育。 Aa-V-2 產後照護與母乳哺餵。

第四節　學校性教育的實施與成果

　　理想的性教育應由家庭、學校和社會三方面共同負起責任，任何一方面單獨來做是不能克竟全功的。

一、學校性教育的實施

　　學校性教育在實施時，應注意以下幾點。

(一) 喚起關心、增加需求及可行性

　　在起步階段，為增加助力、減少阻力，溝通是非常重要的。發現學生的需求、破除家長的疑慮以及尋求社區的支持（如人力

與經費等），都對學校推動性教育有極大的幫助。

(二) 從事研究、蒐集資料及評價

科學研究是一新興學門發展的必要條件。除了一些共通性的研究可汲取先進國家的經驗外，因文化、環境而異的行為更必須積極研究，如各級學校學生的性知識、態度和行為，過去學者的努力已建立了一些資料，但仍應繼續努力，因時間會改變且各校也有差異。

各科教學計畫的評價研究，一方面可了解教育的成效，同時也可作為不斷改進的依據。

(三) 師資訓練、改進教學

學校應聘用接受過性教育專業訓練的師資，同時也應有計畫地鼓勵教師參與在職進修，以加強性教育的專業知識。

由於做漂亮決定的技巧，遠較死背一些知識來得重要，所以「如何教」比「教什麼」更重要。教學者對學習者的了解、教學目標的訂定、教材的選擇、教具的安排與製作、教學過程的掌握、資源的應用及對多元評量的運用等都應有相當的了解（AASECT, 1983）。當然教學者本身的身教和價值觀更不可忽視。

二、以健康促進學校模式推動學校性教育

(一) 何謂健康促進學校

根據WHO於 1986 年針對「健康促進」所下的定義：「健康促進為使人增強其掌控和改善個人健康之能力的過程」（Health Promotion as the process of enabling people to take control over and to

improve their health）。「健康促進學校」（health promoting school）
定義為：「一所學校能持續地增強它的能力，成為一個有益於生
活、學習與工作的健康場所」（A school that is constantly streng-
thening its capacity as a healthy setting for living, learning and work-
ing）。健康促進學校的工作方向在於讓學校成為一注重健康、有
益於健康，且能促進健康的場所，其工作對象包括學校全體學生、
教職員以及學生家長。

　　健康的內涵包括生理、情緒、心智、社會、靈性面。影響健
康的因子相當多且彼此有關聯，因此影響健康的個人與環境因子
均應同時顧及，才能有效提升健康，而「健康促進學校」的理念
與架構，正符合健康多元化的特性，重視健康環境（包括健康氛
圍）的建立，對場所中個人健康行為的執行有莫大影響。也就是
說，健康促進學校高舉健康的價值，致力於創造一個健康的學校
環境，以維繫與促進學生、教職員以及家長的健康。也唯有將「健
康」的價值高舉，學校衛生才不會流於形式，健康的觀念才能從
基礎扎根，真正對人類的發展產生正面影響。

(二) 推動健康促進學校六大範疇

　　根據 WHO 於 1986 年提出的健康促進五大行動綱領，推動健
康促進學校工作含括六大範疇：(1)學校衛生政策；(2)學校物質環
境；(3)學校社會環境；(4)社區關係；(5)個人健康技能；及(6)健
康服務等。其在性教育方面的做法與重點分述如下。

1.制訂支持學校性教育的學校衛生政策

　　政策從至高點設定生活環境中所允許、所促進與所禁制的行
為與活動，使得健康環境的塑造有效率且有方向可循，因此它是
健康校園的最高指導原則。政策的制定必須考慮到人的因素，它
必須要符合環境中人的需求，且是人們所共有的共識。因此，健

康促進學校政策不單指行政指導單位（如教育部）的政策或命令，這只是傳統「由上而下」的威權模式，很容易流於形式與應付。政策更應包涵「由下而上」的民主模式，讓教職員工在政策的制定與執行上，扮演主動參與的角色，讓其心聲與需要得以反映在政策中，讓政策是共識而非命令，也唯有如此，才能使健康校園成為永續經營。

　　健康促進學校的政策包括如：健康促進工作推動實務面的工作小組之組織與運作（例如：成立健康促進學校工作委員會）、健康促進核心之健康教育課程與活動的制度、內容與規劃（例如：聘用或訓練健康教育專業師資、性教育校本課程研發、與附近商店簽訂保護學生健康的合約）、健康問題面之校園健康事件處理機制與流程（例如：校園性侵害與性騷擾防治委員會、學生懷孕處理流程）。

2.落實校園性教育課程與活動

　　由於性教育是健康教育重要主題之一，所以要使學生獲得且增進性知識、態度與技能，其核心乃為學校健康促進活動與教學，而學校健康促進活動與教學的目標則為培養學生的健康素養，使學生具備健康自我管理的能力，並能實地執行健康促進行為。

(1) 健康教育活動與教學及行為改變

　　健康的教學內涵不外乎以下七類：(1)對健康問題的覺知（Awareness，如是否了解愛滋病流行的情形）；(2)知識（Knowledge，如對愛滋傳染途徑的正確了解）；(3)態度（Attitude，如對婚前性行為的態度）；(4)技能（Skill，如是否會正確操作使用保險套）；(5)自我效能（Self-efficacy，如對拒絕網友不安全地點邀約的把握有多少）；(6)行為意向（Behavior intention，如會不會去拒絕沒有保護的性行為）；(7)行為（Behavior，如是否有過性行為）。

　　這七類是建立與改變健康相關行為不可或缺的教學成分，然而不是所有的教學與活動都能包含這七項，或都能引起學生行為的產生與改變。研究顯示，健康教學與活動，短期內對建立覺知與增進知識比較有效，而對提升或改變態度以及行為則較為困難。其中，課室教學又比校園活動更能有效提升學生知識、態度、技能、自我效能以及行為意向。全校性的健康活動（例如：班級壁報比賽、校外人士到校演講），由於無法顧及學生的個別需要，其能達到的功能多僅限於提升覺知與知識，至於要教導學生相關技能，提升學生健康態度、自我效能，改變學生行為等，則需要依賴課室的健康教育課程。如果課外之教學活動能配合課內之主題教學，效果最好。

(2) 專科教學與融入教學

　　因此，學校應該注重校園的健康教育課程，聘請健康教育合格教師或培養種子師資，設科教學，並依據學生需求研發校本性教育課程與教材。

　　另外，健康教育也可以進行融入教學。健康教育是一種生活教育，其與九年一貫除專科的「健康與體育」之外的五大領域，均有相關性，可以設定主題或議題教學。「綜合活動領域」、「藝術與人文領域」、「社會領域」、「語文領域」（本國語、外國與及本土語）與「自然與科技領域」其內涵與健康有相當大的相關，因此可設定以性健康議題為主學習內容，而非輔學習。舉例來說，「藝術與人文領域」可以探討媒體中的「情色」訊息，究竟是「色情」或是「藝術」？兩者的區別為何？而其對學生的影響又為何？「社會領域」可以探討性傳染病例密度與特定地區以及人口密度之關係（流行病學之觀念）；「自然與科技領域」可以探討醫療科技的進步對人類生存的影響。而「語文」領域，由於與健康相關性較低，因此可以設定以健康相關議題為輔的學習，

例如以鄉土語言解說性健康的知識。

(3) 提升學生「行動能力」（action competencies）的教學活動

　　要達到態度與行為的改變，必須配合有效的教學活動。過往的教學偏重「認知層面教學」，使得學生對健康僅止於認知的了解，缺乏「行動」的動機與技能。未來健康教學應著重在健康的「情意層面教學」，注重並培養學生的「行動能力」，透過實地體驗活動與行為的執行，使學生直接執行健康行為，並建立學生執行健康行為的能力。而「價值澄清」的教學以及「生活技能教學」可以協助學生在多元的價值中，澄清並選擇一對健康有益的價值，並習得適應環境的各項心理與社會能力。

3.支持「性健康」的社會環境

　　校園中人與人的互動形成校園的「社會環境」，對內方面包括：教師與學生的關係、學生與學生的關係、教師與教師的關係、行政人員與教師的關係等。對外方面則包括：學校與家長的關係、學校與訪客的關係等。校園社會氛圍反映在互動之中，每一環關係若能經營得當，則校園的社會環境自然良好。

　　人與人間的相互關懷以及性別間的平等與尊重是健康的性教育的基礎。性教育是一種愛的教育，校園應視教師與學生為有價值的獨立個體，以同理心關心彼此的需要、尊重彼此的差異，並建立相互溝通與對話的習慣，使每一個人自尊的需要，在這裡獲得滿足，每一個人的潛能，在這裡得以發揮。

　　性教育也是一種「人格」教育，教我們深刻體認自己的性別與性格，學習做個恰當的男人與女人，以及成為一個為自己的性負責任的人。因此，校園在與「性」相關的議題上，應注重平等、了解與尊重。首先要體認性別在立足點上是平等的，這是健康的性之基礎，若性別間無法平等對話，則性教育將流於形式。此外，兩性間應該了解彼此相同與相異之處，更應該尊重差異，在互動

時注重不要侵犯他人的隱私與身體自主權。

校園社會環境的氛圍，可以透過校園制度、校園活動以及課室教學加以建立與創造。舉例來說，學校應建立師生間、學生間與教師間溝通與對話的機制，設置如「意見箱」、「午餐約會時間」等。學校應辦理教師專業成長與個人成長的研習活動，使教師能持續地獲得增能。另外，如學生健康楷模的活動，也可以創造健康的同儕規範。而志工組織以及關懷弱勢活動，也可以培養服務的精神與關懷的情操。

4.支持「性健康」的物質環境

健康行為雖屬個人的行為，但其養成與執行卻需要物質環境的配合。校園的硬體設備，一方面是健康促進活動的資源，另一方面也會營造校園氛圍。為使教職員工生能在校園中安心地活動與學習，校園的環境首重安全，以防範性犯罪發生的可能，例如：消除校園安全死角、廁所設於明顯地區、內部各處裝置警鈴、加強校園巡邏與通報等。此外，軟、硬體設備的充實也很重要，例如：性教育教具、教材、書籍的購買添置。而環境的布置，例如性教育指標張貼等，也都能帶動學習的氛圍。

5.落實健康中心服務活動

健康中心可以提供學生與老師健康服務，特別是醫療相關的議題，健康中心可以擔任諮詢的角色，對於正值青春期的男女學生，給予身心變化且和健康有關的指導，尤其對於懷孕的學生，健康中心的校護可以與學生個別晤談，進行健康指導。

6.與社區建立夥伴關係

學校教育、家庭教育以及社會教育均影響學生的性健康，各機構應該攜手建立夥伴關係，資源共享、共同合作，一起關心學生的性教育。除了學校之外，影響學生健康以及健康行為最多的，就是家庭，如果家庭教育無法與學校教育相配合，則學校的教育

效果將打折扣，導致事倍而功半。因此，學校應視家長為一種資源與合作對象，加強與家庭的聯繫，了解學生的家庭環境，以及家庭對學生健康的影響，並與家庭合作，提升學生的健康。做法上可以透過平日的親師溝通、辦理親職講座、家庭健康調查，以及設計家庭作業納入家長參與等方式進行。而家長當中學有專精者，可以邀請共同參與推動工作。

除此之外，社區中與健康或性教育有關的機構，如醫療機構、衛生所、民間機構、大專院校等，有許多資源可以加以運用，一方面讓這些機構有機會了解學生的健康問題，另一方面也擴大了學校的資源範圍。

三、學校性教育實施成果

「教了一定好」的觀念受到挑戰，教育也需要證實其成效。青少年獲得的性知識，很容易隨時間而淡忘。學生沒有將這些知識「人格化」成自己的一部分，所以無法影響其行為。許多的學生在學習性教育時還沒有性的經驗，因此並沒有去模擬未來可能的情境及計畫未來。大部分的人很快就遺忘，而沒有使用做決定的技巧及生育的控制。

影響青少年的因素很多，如父母的價值觀、同儕團體和媒體傳播的訊息等，因此似乎很難令人期待少量性知識的增加可以改變學生的行為。

若要使性教育對學生的行為影響更為有效，教師應採取以下的方式（Kirby,1989）：

1. 使用角色扮演及其他學生中心的教學法，目的在使學生將知識融合成人格的一部分。
2. 加強特別的價值教學，如性行為的延後發生及控制生育。

3. 提供適合的課程給尚未有性行為的較低年級。

4. 增加在課堂內、外的同儕及學校活動。

5. 結合學校課程與社區教育課程來強化相同的觀念與價值。

由於美國中學性教育有加強第一道預防的趨勢，如禁慾或延後性行為，可能對第二道預防有所疏忽。最好是一、二道預防都要有相同比重的課程，即學習性行為的抉擇，同時退而求其次，也要學習避孕與預防性病的安全性行為，甚至應該學習第三道預防，即萬一懷孕了該怎麼辦，才是一個完整的性教育內涵。

(一) 學校性教育模式

由於「性」是一敏感議題，受到不同文化、價值觀的影響，做法上不盡相同。

目前國際上，大約可分為三大不同模式，說明如下（見表12-14）。

表 12-14　性教育模式

項目	貞潔教育模式	全人性教育模式	瑞典安全性教育模式
基本原則	促進與保護自然家庭（一夫一妻）的存在、穩定與繁榮	從避免或延後婚前性行為，退而求其次，避免懷孕、性病	瑞典模式的終極價值是建立一個平等的社會
基本內涵	性是結婚夫婦的神聖禮物。一個男人和一個女人，在道德上和法律上相互委身、承諾、照顧	性、愛、婚姻的教導，性行為抉擇，全人性教育。含避孕方法的教導	性是一個愉悅的經驗，因此性經驗值得所有人平等地體驗與探索，但需要做好避免懷孕或罹患性病的防護措施

1.瑞典安全性教育模式

　　瑞典係世界上第一個立法從事學校性教育的國家。基本的內涵認為性是一個愉悅的經驗，因此性經驗值得所有人平等地體驗與探索。其終極價值在建立一個平等且互相尊重的社會。從小學即教導性生理、心理，學習兩性交往在人際親密關係上，尊重相互的抉擇，但在性行為上需要做好避免懷孕及罹患性病的防護措施。北歐、西歐有一些國家採取此模式教導，雖然這些國家青少年懷孕率及性病罹患率低，但青少年性行為比率是偏高的。

2.貞潔教育模式（abstinence only until marriage）

(1)貞潔教育模式，簡稱為 AO 或 AOUM，基本的內涵認為性是結婚夫妻的神聖禮物，一個男人和一個女人，在道德上和法律上相互委身、承諾、照顧。基本原則在促進保護自然家庭（一夫一妻）的存在、穩定與繁榮。主要受到教會團體，尤其是天主教的支持，反對教導青少年避孕與安全性行為，認為如果教導，反而對婚前禁慾不利且有害。

(2)美國實行 AOUM 性教育歷史

・1981 年：美國國會通過青少年家庭生活法案——此為第一個補助禁慾教育的聯邦法案。

・1996 年：社會安全法案——禁慾教育的補助法源是聯邦政府，每年花五千萬美金補助州政府。

・2001 年：通過「以社區為基礎的禁慾教育」計畫——需完全遵守 AOUM 八點原則，且不得提及避孕與安全性行為的措施。此項法案使 AOUM 經費年年增加。

・2007 年：布希政府補助禁慾教育的預算為兩億四百萬美元。2009 年將增加至兩億七千萬美元。

(3)AOUM 八點原則

・教學目的僅限於教導禁慾對社會、心理及健康方面的好處。

‧教導學齡兒童，避免婚外性行為乃是性行為的準則。

‧教導禁慾乃是避免未婚懷孕、性傳染病及其相關健康問題的唯一途徑。

‧教導彼此忠實的一夫一妻制乃是性活動的準則。

‧教導婚外性活動可能造成心理上以及身體上的傷害。

‧教導未婚懷孕可能會對孩子、孩子的父母親以及社會造成不良結果。

‧教導年輕人如何拒絕性要求，以及酒精及藥物會增加性行為的危險性。

‧教導在開始從事性行為之前，自我充實的重要性。

(4)AOUM 的學者評論

‧計畫並未產生預期成效——特別對已有性行為的學生沒有成效。

‧教材內容不科學且錯誤，對避孕誇大失敗率及對 HIV 傳染途徑訊息錯誤。

‧加深性別刻板印象——女性是柔弱的性受害者，男性是勇猛的性捕獵者。

‧用恐嚇的方式教導婚前性行為、未婚懷孕與墮胎。讓青少年對性行為失去自主性選擇且感到受威脅。

‧產生錯誤及使人誤解的資訊、宗教的信條對事實易產生誤傳。

‧剝奪青少年知的權利，政府有責任提供青少年完整的性知識以及自我保護的方法，但 AOUM 卻違反此項倫理議題。

‧AOUM 抑制了弱勢族群的受教權。而弱勢族群，包含低收入學生、少數族群、女生、身心障礙者等，最易陷入未婚懷孕或性暴力的危險中，亦是最需要政府給予正確性訊息及自我保護方法者。

3.全人性教育模式（comprehensive sexuality educetion）

全人性教育模式，又稱為禁慾外加避孕（Abstinence Plus, or A+）。A+與AO相同的地方，都在教導青少年避免或延後婚前性行為，不同的在退而求其次，應教導避孕方法，以避免懷孕及性病。

基本內涵在教導性、愛、婚姻的認識及性行為的抉擇。即全人性教育，含避孕方法的教導。

臺灣的學校性教育推行，課程綱要一直採取全人性教育模式。在民主社會採用行為科學之理論，不替當事人（青少年）做決定，但教導做決定的技巧。因由成年人做成決定，要青少年禁慾是不夠的（Just say NO is not enough），必須青少年自己形成價值觀，期望延後發生性行為至婚後才有力量。

又在資訊流通的社會，學校不教導避孕知識，學生仍可從許多不同管道獲得資訊，因此學校提供正確資訊並協助學生分辨資訊正確與否是必要的。

不過，花較多時間教導形成青少年健康的性、愛、婚姻價值觀更加重要。尊重自己與約會的對象，學習健康的邀約與溝通，表達情緒與愛，在擇偶與分手的抉擇中，處理好親密關係與情感生活。

(二) 學校教育教學成效研究

我國這十幾年來也急起直追，進行了不少的學校性教育教學成效研究（表 12-15）。

表 12-15　我國 1987 至 2009 年性教育效果評估研究舉隅

研究者	對象	方法	結果發現
張昇鵬 （1987）	國中益智班 三年級 男女生 40 位	四週半實驗 每週 2 小時	實驗組的學生在認識生殖器官、如何與異性交往、婚姻生活、性知識、生兒育女態度與自慰態度高於控制組
鍾碧娟 （1988）	國中二年級 男女生各兩班	八週實驗 每週一次 每次100分鐘	實驗組學生性知識顯著增加並且有延續效果，且對性教育及自慰的態度有顯著效果
林燕卿 晏涵文 （1988）	高中二年級 男女生各兩班	七週 14 小時之實驗	實驗組學生性知識顯著增加，對性教育、自慰態度更趨正向，對婚前性行為態度較保守，80%以上學生認為有實質幫助，95.7%的學生願再參加此類活動
董福強 （1988）	279 位高職 學生	九週實驗 每次 1 小時	實驗組性知識分數高於控制組。實驗組在性別角色、同性戀及婚前性行為的分項態度均比控制組更正向
黃定妹 （1989）	高中一、二年級男女學生共十四班	四週實驗 每週 3 小時	實驗組性知識得分高於控制組，且女生效果高於男生。實驗組在性態度方面的輔導效果高於控制組。99.3%的學生肯定此活動的意義
晏涵文 林燕卿 （1993）	中正高中 一年級學生	四週 16 小時之實驗	實驗組在「性的社會問題」及「人類的性」上之性知識較高，整體性態度、性別角色、自慰及同性戀態度更具彈性與正向
晏涵文 李　蘭 林燕卿 杜文麗 （1994）	國小五年級 學生	80 分鐘 月經教學	實驗組不論男女均比控制組在月經知識得分上顯著增高、態度也較正向。超過 90.0%的學生認為月經教學有幫助

（下頁續）

（續上頁）

晏涵文 李　蘭 林燕卿 秦玉梅 （1994）	南門國中 二年級 四個班	12 小時 教學	實驗組學生的性知識優於控制組，對性別角色、自慰、異性交友及婚前性行為態度影響效果亦較大
高松景 晏涵文 （1995）	高職三年級 男生 共八個班	三週共 6 小時的「愛滋病及性病」教學	實驗組在性知識得分顯著高於控制組。實驗組較對照組更接納愛滋病帶原者。實驗組比對照組更可能不做「婚前性行為」及「交易性行為」
晏涵文 楊玉玟 林燕卿 李　蘭 （1996）	台北市某市立 高職一年級 共八班 學生 360 人	50 分鐘的愛滋病課程	實驗組在知識得分、某些態度得分、行為意向得分上顯著高於對照組 教材方面對知識的影響，以錄影帶較佳，但對態度及行為意向的影響以有聲色彩投影片配合小組討論的效果較佳
晏涵文 林燕卿 （1997）	台中縣衛生局、衛生所、學校的公共衛生護士、技士及校護約 59 人	兩天半 14.5 小時的愛滋病防治教育研習會	在「性教育及愛滋病防治」及「心理輔導」的相關知識上，實驗組均比控制組具正向效果。在同性戀及婚前性行為態度上，也是實驗組比控制組的影響大 本研究之實驗介入效果對於研習者從事性教育及愛滋病防治工作能力及行為意向具有正向效果 愛滋病的相關知識、態度、推廣能力及行為意向上均呈現顯著相關 接受研習者對教學內容、教學方法及收穫程度多表達滿意評價
晏涵文 林燕卿 白瑞聰 （1998）	高雄地區之國、高中教師共 89 人	一週 33 小時的性教育在職進修	在性知識、性態度、性教育專業角色能力得分或性教育推廣工作上之得分上的增進，實驗組皆顯著高於對照組 絕大多數實驗組教師對此次之在職進修活動皆給予正面評價

（下頁續）

（續上頁）

李淑儀 晏涵文 （1999）	台北市大理國中等兩所學校二年級共 168 名學生	第一單元 50 分鐘；第二單元 50 分鐘；第三單元 100 分鐘，三單元之間隔各為一週	預防愛滋知識得分、實驗組預防愛滋相關情境自我效能得分顯著高於兩組對照組 預防愛滋態度得分及預防愛滋相關行為意向得分，實驗組優於兩組對照組，但差異未達顯著 實驗組學生對於教學活動所使用的教材和教學方法感覺喜歡並有幫助
晏涵文 林燕卿 劉潔心 （1999）	台北市某私立工商高職之各社團一年級學生共 41 位	隔週一次 2 小時的愛滋病防治教育課程，共七次	在控制母親教育程度及兩組之前測差異後，學生在愛滋病知識及愛滋病防治自我效能得分上的增進，實驗組顯著高於對照組
林燕卿 晏涵文 （1999）	新莊某國中學生之家長 42 人	進行六週，每週一次，每次 2.5 小時，共15個小時的性教育課程	此教學模式確能有效提升國中學生之家長在性教育有關溝通行為上的整體效果 實驗組在性教育有關的溝通行為及相關變項之立即與延宕效果均有增進 參與者對此次活動整體評價均持高度肯定
陳金瑟 晏涵文 （2000）	新竹師院三年級學生	進行四週，每週一次 2 小時的兒童性侵害防治教學	實驗組對兒童性侵害防治之知識、態度、自我效能之得分均高於對照組 實驗組學生多表示此次教學活動有幫助及有推廣之必要

（下頁續）

（續上頁）

晏涵文 林燕卿 劉潔心 （2000）	第一階段： 台北市某私立 高中64位學生 第二階段： 高一全體學生 253位	第一階段： 1998年9月 至1999年1月 六個單元教 學 第二階段： 1999年3月 至6月，兩 次週六上午 的愛滋病防 治教育推廣	愛滋病防治教育的介入確實可有效提升「同 儕教育者」的愛滋病知識、愛滋病相關態 度、愛滋病防治自我效能及愛滋病防治行為 意向 大多數愛滋同儕教育者非常同意這課程協助 澄清價值觀及更了解人類的性與生殖健康， 及如何與他人溝通，並認為對青少年是非常 有用的 愛滋同儕教育者對同校高一同學的推廣介入 在愛滋病防治的推廣上得到很好的成效
晏涵文 劉潔心 劉貴雲 蘇鈺婷 張君涵 （2000）	台北縣四所國 中二年級某班 學生	每週一次 每次100分 鐘 連續六週 共六單元之 教學介入	實驗組在「性社會現況之覺察程度」、「性 知識」、「性態度」、「拒絕婚前性行為技 巧之自我效能」和「同儕社會支持」的得分 均顯著優於對照組學生 實驗組學生對此教學之內容與教法大致均 「喜歡」，且認為六單元的教學活動均對他 們「有幫助」
洪文綺 黃淑貞 （2000）	基隆市某高中 一年級四個班	三週共3小 時的教學	能增加實驗組學生對愛滋病的認知及相關的 社會支持，並降低自覺障礙性，及學生預防 行為的意向
段藍媞 林瑞發 （2001）	高護女生 494名	三週6小時 十三個單元 的教學介入	實驗組在愛滋病的認知、預防態度、主觀規 範及行為意向等都有提升的效果
林燕卿 （2001）	大二學生 共45位	每次2小 時，共十五 次	同儕者能得到個人技巧能力發展，學習到共 同相處及溝通的能力，並對自己的行為改變 感到自信；且能應用非正式的管道傳布訊息 給他人

（下頁續）

（續上頁）

劉潔心 廖梨伶 晏涵文 （2003）	台北市某高中九個班學生	兩週的互動式性教育網頁遊戲教學介入	實驗組在性知識、性態度、自我效能及行為意向上均有提升，且性知識、性態度和自我效能均高於對照組
陳曉佩 晏涵文 （2003）	台北市某專校二專一年級四個班學生	每週一次，每次 2 小時，共 10 小時，五個單元之教學介入	實驗組在「性知識」、「性態度」、「性教育相關之自我效能」與「同儕社會支持」均有所增升 實驗組學生有九成對此次教學活動所使用的教材和教學方法感到喜歡，並覺得有幫助
晏涵文 邱禖靜 （2004）	台北縣某國小五年級六個班級學生共 184 位	三週的「性教育電腦多媒體輔助教學介入」	實驗組學生「性知識」、「性態度」、「自我效能」的後測得分高於對照組，且達統計顯著差異。九成以上的學生表示喜歡並認真參與課程，且肯定此種上課方式
晏涵文 周沛如 （2005）	台北市立兩所高中之高一學生家長共 71 位	1 小時的手冊說明，接受四週的自學式親職性教育手冊介入，以及一次電話提醒	實驗組高中學生家長之「親子溝通覺察度」、「對子女兩性交往的態度」、「對溝通內容的自我效能」、「對溝通技巧的自我效能」以及「負向溝通技巧」有顯著改善。100%的家長都認為手冊有助於他們建立更正向的親子溝通態度
晏涵文 林美瑜 （2005）	台北市某高中及台北縣某高職學生為實驗組，台北市另一所高中及台北縣另一所高職學生為對照組	五週，共 10 小時性教育教學活動	實驗組在「性社會現況之覺察程度」、「性知識」、「性態度」、「採取安全性行為之自我效能」、「同儕社會支持度」及「採取安全性行為之行為意向」優於對照組

（下頁續）

（續上頁）

吳勝儒 （2006）	中部某特教學校高職部智能障礙學生 38 位	六週實驗，每週四節課，每節50分鐘，共二十四節課	性教育教學對高職智障學生之性知識、性態度具有顯著立即學習效果；對其性知識具有顯著保留效果；對性態度未具有保留效果
高松景 晏涵文 （2006）	某高中高一學生共 210 位	連續七週，每週 2 小時性教育教學介入	實驗組對性價值觀的相關概念，及質性分析都有良好的學習效果，並獲得九成以上的滿意度
鄭淑貞 李嘉雯 張淑敏 莊美華 （2007）	國小五至六年級學童共 141位	六週的性教育及性侵害防治教學	有效提升國小高年級學童性知識的了解程度，且性知識與性態度呈弱相關，即學童對性知識了解的程度愈高，性態度愈正向積極
武靜蕙 高松景 虞順光 （2008）	以參加 93 年性教育師資培訓課程研習之中學教師及相關人員為對象	性教育師資培訓課程研習	在研習後，關於「性覺察度、性知識、性態度、性教育教學自我效能、教師充能」都顯著優於研習前。九成以上肯定研習內容及對性教育教學的幫助，並表示對性教學工作有重要的幫助
晏涵文 劉潔心 李思賢 馮嘉玉 （2009）	國小畢業生、國中畢業生與高中職三年級學生共 7604位，男女比例各半	問卷施測了解教學情形及教學後的學習成效	性教育課程教得愈詳細，教師教學技巧愈好，且學生對學校性教育滿意度愈高時，學生的性知識愈佳，性態度愈正向，相關生活技能的表現也愈好。而課外活動的規劃執行也對學生性態度的養成與生活技能的培養有顯著的影響力

（下頁續）

（續上頁）

廖瓊梅 晏涵文 高松景 李思賢 郭靜靜 （2010）	台北市某兩所公立高中一年級學生，各三個班，共 241 位	接受四週，每週一次，每節 50 分鐘之教學介入	教學介入後「自我覺察度」、「態度」、「自我效能」、「行為意向」有立即正向顯著之效果，並對設計之課程給予正向肯定
高松景 晏涵文 劉潔心 （2011）	台北市某兩所公立高中一年級學生共 203 位	接受七週，每週 2 小時之性教育教學介入	性教育介入在各項指標有立即效果，介入後八週，在性覺察度、性知識、性行為態度、拒絕性行為自我效能、兩性交往生活技巧，以及性健康行為意向有延宕效果；實驗組學生認為，教學對全人的性、人性、人生價值觀及愛等概念更加清楚，九成以上學生對此教學感到滿意，值得推展
楊靜昀 張彩秀 晏涵文 劉潔心 （2012）	南投縣某兩所國民小學高年級學生共 154 人	五、六 年級，整套戲劇介入性教育課程，分別各為四次課程，時間每次為 80 分鐘	實驗組學生之後測與後後測成效上皆能顯著提升性知識、性態度、性健康生活技能之自我效能。實驗組對於教學過程的評價，九成八以上對上課方式給予高度肯定，九成以上滿意教材教具

（續下頁）

（續上頁）

馮嘉玉 晏涵文 （2013）	新北市國中二年級學生，共128人	進行四個單元、每單元90分鐘，合計共八節課，連續八週的教學，並與支持性環境營造介入活動相互配合。介入後一週內進行後測，兩週內進行焦點團體訪談	此教材其設計理念及介入過程為中學生在霸凌與同儕性騷擾防治相關知識、生活技巧、結果期望與自我效能的學習反應與效果，作為日後發展相觀課程之參考
馮嘉玉 晏涵文 高松景 （2015）	花蓮偏鄉地區公立國中六所八年級學生，合計467人	於六堂課中進行三個教學單元，每堂課45分鐘的課程介入。介入前、後各一週分別進行前、後測，以確認課程介入效果	在介入課程完成後，實驗組學生在性知識、性態度方面，都有顯著優於對照組學生的表現，但兩組在行為意向的表現沒有顯著差異。此外，當教師採用本套課程進行教學時，在「學生中心教學法」、「使用不同媒體進行輔助教學」、「多元評量」等技巧的使用頻率都有增加，顯示本套課程不但有助於學生建立正確的性知識、培養正向的性態度，還能提升教師採用良好教學技巧的頻率

在多年的努力下，不論是性教育教學成效研究的質或量都有進步，包括學生中心的教學法、延後性行為的價值教學、針對不同對象實施性教育教學和實施教學研究方法的進步等。

第五節　教師之性教育專業知能

在校園中最有影響力的首推教師，因為在日常生活的相處及教學中，對學生最能發揮潛移默化的影響，因此教師在傳遞性教育的工作上扮演了很重要的角色。然而其自身的能力背景、專業知能、學校教學環境，以及在實施性教育面臨困難時是否有解決之道等，都可能會影響其自身對實施性教育的意願。

Haignere 等人（1996）針對教師對性教育教學的舒適感、信心程度、教師的性教育之知覺價值、性教育教學的障礙和學生中心教學等五個變項進行分析，研究結果顯示大多數的性教育教師幾乎很少使用角色扮演、小組討論和問題解決的教學模式。另外，教材的缺乏、時間的不足，以及不適應、不安全的教學環境，也是性教育教學亟須加強的因素。Yarber 與 McCabe（1981）做有關性教育教師的特質研究，結果指出教師本身的教育背景對性教育的實施並沒有很大的影響，反而教師有關性慾的自我觀念較直接與教育的實施有關。

過去國內針對健康教育教師實施性教育專業知能（professional knowledge and competence of sexuality education）及進修需求做的研究較少，高毓秀與晏涵文（1987）針對國中教師性知識、態度及專業「性角色」行為所做的研究顯示，教師背景因素與性知識程度及性態度有關，晏涵文、林燕卿與白瑞聰（1998）針對高雄市中等學校教師性教育在職進修效果所做的研究則發現，性教育

在職進修訓練對於提升教師性知識、性態度、性教育專業角色能力及推廣性教育工作上確有正面影響，秦玉梅、高松景與葛虹（1998）的研究亦證實同一結果。

晏涵文等人（2001）為探討國中國民健康教育教師性教育專業知能及其影響因素，以及因應國民教育九年一貫新課程，教師之性教育進修需求，所進行之研究中對教師性教育專業知能做了測量，包括以下六項（見附錄一之二），說明如下：

1. 自覺的性健康程度：根據美國 SIECUS 之性教育內容分為：人類發展、關係、生活技能、性行為、性健康及社會與文化六大部分，詢問教師自覺性健康程度，共 30 題。

2. 達成性教育教學目標的困難度：根據九年一貫且「健康與體育」中家庭生活與性教育的內容大綱，並依美國 SIE-CUS 之性教育內容，分類為人類發展、關係、生活技能、性行為、性健康及社會與文化六大部分，詢問教師達成性教育教學目標的困難度，共 30 題。

3. 性教育教學法運用能力：包含有「預先建構良好學習環境的能力」、「各種教學策略運用的能力」以及「傳達性教育內容的能力」等三大部分，共 22 題。

4. 性教育教具及媒體使用能力：此部分包含對現代化及傳統化之教具媒體的運用能力，共 4 題。

5. 性教育教學評量運用能力：主要想藉以了解教師對性教育教學之各種評量方式之運用情形，此部分包含「教師評量方式」、「教師觀察方式」、「學生自評」和「學生互評」等四部分，共 4 題。

6. 性教育教學自我效能：主要是關於教師對性教育教學的信心程度，其中包含「教師自覺對性教育的信心程度」（心理感受程度）、「教師對於性教育的主題和活動的自信程

度」以及「教師對性教育效果的自信程度」等三部分，共
10 題。

研究結果發現，整體而言健康教育教師之專業知能表現中等，
以「自覺的性健康程度」得分最高，這表示教師們大都會以健康
的心情和成熟的心態，來看待個人自己或周遭發生的性相關議題。
其次依序為「性教育教學自我效能」、「性教育教學法運用能
力」、「性教育教學目標達成的困難度」、「性教育教具及媒體
使用能力」，然而以「性教育教學評量運用能力」的得分最低，
尤其是「學生互評方式」這部分。九年一貫的課程設計強調多元
評量的方式，傳統以「教師」為主的評量方式已不是唯一主要的
方式，也要強調從「學生」角度，對整個課程學習的評量，所以
「教師」與「學生」為主的多元化評量，將是未來教師評量學生
學習過程的趨勢。

另外，研究結果也發現：

1. 教師的教育程度愈高和有參加過性教育研習課程的教師
   （圖 12-1），他們的專業知能較好。

2. 學校的教學環境愈配合性教育教學之進行，教師的性教育
   專業知能愈好。

3. 約有九成二的教師願意接受性教育的進修訓練，且專業知
   能較好的教師，也有較高的意願接受在職進修。

建議能多提供在職進修或研習活動的機會，以提高教師運用
「以學生為中心」的現代教學法使用頻率及能力；並提高教師運
用「現代化視聽媒體」之教具頻率及能力。

圖 12-1　教師在性教育研習課程中分組討論

註：教育部體育司和杏陵基金會，於 2003 年 7 月辦理「愛滋希望工程——
　　校園愛滋病防治教育種子師資培訓研習會」。

關鍵詞彙

學校性教育（school sexuality education）

性教育概念（sexuality education concept）

家庭生活與性教育（family life and sexuality education）

性教育專業知能（professional knowledge and competence of sexuali-
　　ty education）

自我評量

1. 美國性資訊暨教育委員會（SIECUS）發展出之性教育概念和
　　主題為何？

2. 說明學校性教育在實施時應注意的事項。

3. 說明性教育教師的專業知能。

參考文獻

一、中文部分

毛萬儀、晏涵文（1995）。幼兒「性好奇」及家長和教保人員對幼兒性教育之看法。**台灣性學學刊**，**1**（2），24-42。

臺北市師專附小（1982）。**臺北市國小學生家長對於國小實施性教育意見調查研究報告**。臺北：師專附小。

李蘭（1979）。大學新生性知識及其來源和需要研究。**科學發展月刊**，**7**（5），524-534。

林一真（1993）。**大學院校性教育實施方案及其效果評估**。臺北：教育部研究委員會。

晏涵文、李蘭、白瑞聰、林燕卿（1992a）。幼稚園至國小六年級學生、家長及教師對實施性教育內容之需求研究。**衛生教育雜誌**，**13**，1-17。

晏涵文、李蘭、白瑞聰、林燕卿（1992b）。國一至高三學生、家長及教師對實施性教育內容之需求研究。**衛生教育雜誌**，**13**，18-36。

晏涵文、林燕卿、白瑞聰（1998）。中等學校教師性教育在職進修效果研究。**衛生教育學報**，**11**，1-19。

晏涵文、劉潔心、劉捷文（2001）。國民中學健康教育教師性教育專業知能與進修需求研究。**衛生教育學報**，**16**，203-229。

晏涵文、劉潔心、林怡君（2002）。國民小學教師性教育專業知能與進修需求研究。**台灣性學學刊**，**8**（2），28-50。

秦玉梅、晏涵文（1987）。高職三年級學生性知識、態度和行為及家長、教師對性教育的看法調查研究。**衛生教育雜誌**，**8**，

39-57。

秦玉梅、高松景、葛虹（1998）。中等學校教師短期性教育課程成效評估。臺北：臺北市教師研習中心。

高毓秀、晏涵文（1987）。臺北市國中教師之性知識、態度與專業「性角色」行為研究。學校衛生，**13**，36-38。

教育部（1968a）。國民中學健康教育課程標準。

教育部（1968b）。國民小學健康教育課程標準。

教育部（1972）。國民中學健康教育課程標準。

教育部（1979）。國民中學健康教育課程標準。

教育部（1983）。國民中學健康教育課程標準。

教育部（1993）。國民小學健康教育課程標準。

教育部（1994）。國民中學健康教育課程標準。

教育部（2000）。國民中小學九年一貫課程暫行綱要。

教育部（2006）。普通高級中學必修科目「健康與護理」課程暫行綱要。

教育部（2008）。國民中小學九年一貫課程綱要健康與體育學習領域。

教育部（2009）。普通高級中學必修科目「健康與護理」課程綱要。

教育部（2019）。十二年國民基本教育課程綱要國民中小學暨普通型高級中等學校健康與體育領域。

二、西文部分

American Association of Sex Educators, Counselors, and Therapists [AASECT](1983). *Centification requirements for sex educators.* Washington, DC: Autuor.

Darroch, J. E., Landry, D. J., & Singh, S.(2000). Changing emphases in sexuality education in U.S. public secondary schools, 1988-1999.

Family Planning Perspectives, 32(5).

Haignere, C. S., Jennifer, F. C., Catherine, M. B., & Patricia, L. (1996). Teacher's receptiveness and comfort teaching sexuality education and using non-traditional teaching strategies. *The Journal of School Health, 66*(4), 140-144.

Kirby, D. (1989). Research on effectiveness of sex education programs. *Theory into Practice, 28*(3), 165-171.

SIECUS (1991, 2004). *Guildlines for comprehensive sexuality educati-onl: Kindergarten 12th grade.*

UNESCO (2009, 2018). *International guidelines on sexuality education: An evidence approach to effective sex, relationships and HIV/ STI education.*

Yarber, W., & McCabe, G. (1981). Teacher characteristics and inclusion of sex education topics in grades 6-8. *The Journal of School Health, 51*(4), 288-291.

Yen, Hen-wen (1977). *Knowledge, sources, and felt needs of family life and sex education of selected college freshmen in Taiwan* (unpublished disseration). The University of Tennessee, U.S.A.

第十三章

社會性教育

1. 了解現今社會中，「性」於電視及網路媒體的
   特殊現象
2. 明瞭大眾媒體於性教育的角色及重要性
3. 明白如何充分運用大眾媒體於性教育
4. 認識社區組織與性教育之間的關係
5. 知道如何充分運用社區組織的力量於性教育

摘要

　　現今社會已邁入多元價值的時代，不論是電視、報章或網路，性話題已是唾手可得的資訊。然而，許多教師與家長卻仍是對「性」避諱不談，以至於青少年常常是從偏頗或扭曲的媒體中得到有關「性」的資訊；更嚴重的是，這樣的情形已經影響到青少年對性的價值觀及行為了。因而身為性教育工作者，應該了解的是，媒體究竟給這個社會帶來什麼特殊的性現象。

　　為了讓性教育融合於家庭與學校教育，大眾媒體的運用及性教育的社區化已是必然的趨勢。由於媒體能引起民眾對社區議題的注意，給予議題合理性及重要性，且媒體能提供詳細了解議題的資訊（如危險性、有效的預防活動、行為規範、相關政策等），再加上媒體能快速且有效地將健康訊息傳播給公眾，基於以上的理由，我們希望能將媒體運用於健康議題，且要進行一個完整的媒體宣導教育。因此，在了解媒體的角色功能後，則須進一步從新聞工作者及受眾的角度去思考，如何使新聞工作者執行良好的報導工作，又如何讓每一種媒體發揮其效果，在本章第二節都有詳細的介紹。

　　而近年來社區活動日漸蓬勃，臺灣在政府「社區整體營造」的政策下，亦開始以社區為單位，政府全面投入社區各項營造的工作，因此以社區為主體來推廣性教育已是必然的趨勢，在第三節中，我們將介紹社區組織的意義，而在了解社區組織後，又該如何將其應用於設計一個完整的性教育社區計畫，此將有助於將來社區性教育的推廣。

　　社區是每個居民賴以生存的環境，也可以說是除了家庭與學校外，與生活最息息相關的地方，不論是大眾傳播媒體或是社區活動，都會對居民的生活造成影響。而性教育正是一種生活教育，要讓性教育落實於日常生活中，且讓教師、家長、學生或一般民眾都在潛移默化的情況下去接受正確的性觀念與知識，則有賴於大眾媒體及社區組織的進行，才得以收效。

第一節　社會中性的特殊現象

一、電視媒體中的性

　　由於父母親及教師對「性」的避諱不談，電視已成為大多數兒童及青少年獲得「性」資訊的主要來源。隨著有線電視、衛星電視的開放，從婚前性行為、外遇、性高潮、性幻想等議題的討論，到開黃腔、猥褻動作等表演，再加上色情影片和漫畫充斥，於是近幾年「性」已經成為學生族群中暗潮洶湧的議題了。

　　根據吳知賢（1999）的研究中指出，國內三家電視臺及各有線、無線電視所播出的卡通影片中，在兩性角色塑造上相當刻板，其中女性角色大都注重外貌，衣著暴露煽情，明顯刻畫出曲線及性徵。面對危險情境，普遍反應是尖叫、逃跑、暈倒及等待救援。在人格特質方面，呈現出小心眼、迷信、貪小便宜等刻板描述。相反的，男性則都身體強壯、肌肉結實，最重要的是表現出酷的感覺。而在色情上，則多是女性為達到引誘男性完成任務所做的犧牲，並設計一些場景讓女性理所當然地展露身材，如變身等。而卡通節目的受眾大都是未成年的兒童，在這樣的耳濡目染下，

圖 13-1　卡通影片中煽情暴露的劇情畫面

對性別角色的認同亦會有產生偏差的危險（見圖 13-1）。

　　另外，在廣告中亦呈現出男尊女卑的性別階級意涵，以女性為主角的廣告，仍大都是浴室或廚房用品、化妝品，以家庭主婦或美貌女子出現，而男性則往往是公司主管，積極強壯，代言的產品則大都是汽車、運動或酒類產品。顧玉珍（1991）曾以國內三家電視臺於一週內所錄到的 190 個電視廣告為樣本，分析發現三種等級的描述：(1)傳統家庭結構中「無我」的女性角色；(2)空間有限的職業婦女；(3)男性慾望的性對象，包括「清純玉女」及「性感尤物」兩種，這都明顯看出性別刻板的描述，更傳遞出男尊女卑的性別階級意涵。雖然近年來有不少廣告也出現一些新女

性，但仍會在其中融入一個面面俱到的女強人形象，即在職場上期待要在男人的世界中超前，但仍覺得照顧家庭、養育子女是最優先的工作，結果仍是性別角色的衝突及不平等，因此這類廣告的遺害不可謂不大。

而在電視媒體中，另一值得探討的議題即是綜藝節目中的兩性關係，我們可以發現，女性的外貌及身材常是綜藝節目單元的構成素材，不論是胸部大小或腰圍尺寸，不但是男性主持人以性暗示的雙關語取笑的話題，更甚者，以眼光掃描這些器官或以手勢比擬，而在各類遊戲中，也會利用機會或小聰明，以達身體碰觸的目的。這些屬性騷擾的舉動，卻在綜藝節目中，透過娛樂的包裝後，使得這樣的行為合理化，這些模式都在不知不覺中已成為青少年或一般大眾的生活文化，實為不可取。另外，在綜藝節目中的偷拍、跟蹤等觸及隱私的行為，或是有無性行為、第一次性行為發生在何時等觸及隱私的問題，也都是國內綜藝節目中屢見不鮮、見怪不怪的綜藝文化，這都很可能造成兒童或青少年以為這一類問題已不屬「隱私」，而是可以公開討論或行動的，在電視傳媒如此普遍的時代，綜藝節目的惡質文化的確是有可能，對青少年在兩性認知及人際關係的建立，產生負面的影響。

二、網路色情及網路性愛

隨著國內上網的人口數日益增多，網路色情成為了目前社會上重要的特殊現象。國內多項對網路族所進行的性態度調查，內容亦透露現代男女的性觀念日趨開放，如勵馨基金會與 ezPeer 華人最炫多媒體共享社群，共同發表一份網路問卷調查，發現愈年輕之網路族群愈追求直接、快速、多重的網路性行為，卻也最不懂得安全性行為，其中 15 歲以下承認有性行為者，有 51.3%未使

用任何保護措施，導致 34.2%曾感染性病，而擁有 10 位以上性伴侶者，也高達 41.4%。另外更值得關注的是，這些 15 歲以下的年輕網路族群，其上網交友的動機有 9.8%上網目的為尋找一夜情，9.7%為尋找援交（勵馨網站，2001）；雖然這份報告中的數據並不一定具真實性，但青少年性觀念開放、性知識不足卻也可由此看出端倪。

在網路這樣一個迅速、便捷與多元化的交友管道中，當它被校園意識所接受及融合之後，很快地便在外界的影響下發酵，網路上的校園應召站或是一夜情的尋歡作樂，都已經成為時下最新的種種享受性愛的捷徑。有些年輕人把網路上的虛擬情境延伸到生活裡，因此，僅僅只是第一次見面，就以為兩人已經「生死相許」，可以「你儂我儂」；這實在是相當冒險的事，不少年輕人因此受到身心創傷，往往需要一段時間，才能重建對生活的信心。

除此之外，色情網站林立，也是造成網路色情的重要因子之一。一般來說，色情網站會以圖片、平面文字小說、色情商品廣告、網路色情短片、仲介色情及尋找性伴侶等方式來呈現。究竟臺灣目前的網路色情有多氾濫呢？根據蕃薯藤搜尋網站調查：臺灣每天約有 60 萬人次上色情網站，其中學生所占的人數比例高達 70%；其統計數字又指出，前 30 名最受歡迎網站中，竟約有 10 個是色情網站。在多元且豐富的多媒體吸引下，學生族群的確容易在具隱密性及匿名性的色情網站中迷失。然而，臺灣目前對網路色情的相關法律規範依然很薄弱，由於尚未有行政法規直接管制網路的色情言論，因此目前如有透過網站散布、播放猥褻言論或是販賣猥褻物品者，主要仍係採用刑法加以制裁，似乎在色情管制上仍屬不足。這樣的網路色情氾濫情形，使得偏差的色情觀念四處傳散，政府實應正視網路色情管制此一議題，對於未成年兒童及青少年也應注意如何宣導正確的性觀念。

另外，我們在網路上，面對的另一個與性有關的議題即是「網路性愛」（net sex）。網路性愛與網路色情究竟有什麼不同呢？網路性愛也就是線上做愛，透過鍵盤打出的文字，來從事虛擬性愛（cyber sex）。由於國內上網的人口結構是以學生為主流，因此網路性愛的發生地點，主要是 BBS 上的雙人對話及在聊天室中進行；由於網路匿名性的特性，使人可以偽稱性別、性傾向、年齡、容貌特徵及人數身分。它與色情網站的不同在於網路性愛是隱密性的活動，性愛進行中只有雙方知道對方在做什麼，而色情網站則是比較公開的，每一個進入網站的人或會員都會觀看得到（林政宏、葉正賢，1999）。對於一個性格成熟的成年人來說，也許這樣的方式，不過是增加了一個接觸色情資訊的管道，讓更多人能夠更隱私、更方便地滿足慾望；但對於人格尚未成熟的青少年而言，網路性愛與色情的氾濫可能會讓青少年的性資訊由網路所取代。而此類偏頗、片面的網路色情極可能造成青少年認知的扭曲，這些都是身為性教育專業者在此 e 世代中所應重新思考的。

第二節　大眾媒體與性教育

一、大眾媒體與健康促進

自從大眾媒體（mass media）發展之後，溝通媒體一直被認為是教育及說服大眾去從事預防疾病及促進健康的重要工具。波士頓的一位學者 Rev. Cotton Mather 早在 1750 年就使用小冊及社區報紙去說服社區居民接種天花疫苗，雖然 Mather 這樣的做法並未獲得普遍大眾認可，卻建立了組織化的宣傳方式，去帶動民眾

能自發地進行行為改變，而這樣的模式也持續至今，仍應用於各種的健康促進上（Pasiley, 1981）。

尤其在過去 20 年間，市面上充斥著大量有關健康的媒體宣導，然而「水能載舟，亦能覆舟」，因此其中有成功也有失敗的案例。這一節我們要談的就是由過去這些經驗中，我們學習到一個社區健康媒體的計畫者或公共衛生的倡導者，該如何由實務面來了解媒體，進而去應用媒體。

二、媒體角色

在 15 世紀中葉時，印刷文字開始被廣泛使用，而到 17 世紀時，第一種公眾媒體，也就是報紙，開始在歐美各國發行，但直至 1833 年，美國才開始有了第一份可以在國內流通的報紙（Emery & Emery, 1996）；因此我們也可以說「大眾媒體」已經有 170 年的歷史了。而至 19 世紀中葉，開始有電子媒體，也就是電報的出現；這是第一次訊息可以用快速的形式去傳達。

大眾媒體的技術發展以極快速的步調發展至今，它也對我們現今的社會、政策及經濟有極大的衝擊。溝通理論學家將媒體角色的重要影響歸納為四類：(1)社會環境的解釋與推論；(2)娛樂；(3)休閒；(4)社會文化傳承（Lasswell, 1948）；顯而易見的，媒體的主要目標與公共衛生並不同，但這些影響卻使媒體成為推動公共衛生的重要角色。

一般來說，媒體是指傳播訊息給接收者的管道，大眾媒體有無線電視、報紙等，小眾媒體則包括地方有線電視、雜誌、地方通訊等。媒體訊息在公共衛生介入中所扮演的角色大致可分為四類：(1)以媒體作為主要的改變因素：即主要或單獨以媒體介入為方法來達成目標群體獲得知識、改變社會規範及行為的目的；(2)

媒體介入協同其他介入策略：媒體介入乃整合於多種傳播管道（包括電視、印刷媒體及面對面教育）之中；(3)以媒體作為召募及促進健康服務及計畫的方法：利用媒體宣傳告知目標群體相關的介入活動及服務，並鼓勵他們參與；(4)以媒體提供行為改變的支持：利用媒體提供增強訊息來支持行為改變、鼓勵維持改變及維持健康主題成為公共議題（Bracht & Tsouros, 1990）。

三、媒體的使用

溝通理論學者注意到大眾媒體在確立重要議題及公眾資訊的重要性。這也就是我們所謂「議題設定」功能，即藉著大眾對某議題的注意使議題獲得重視並合理化（McCombs, 1992）。許多研究都指出，民眾認為的重大議題與媒體報導的重大議題間有極大的關聯，然而媒體不應只強調什麼是重要的，也應該提供更深入的資訊來幫助民眾了解議題，也就是說新聞應該提供一個富有條理的「架構」，讓民眾能更清楚地去接收訊息。

媒體在執行這些功能時，會受到其他機構的影響，諸如政府、公家或私人機構、宣導團體等，這些機構也可以說是新聞的來源。這些新聞來源對於定義什麼樣的議題十分重要，以及要怎麼去架構這個題的影響力也是很大的（Hilgartner & Bosk, 1988）。

另外，媒體跟以社區為基礎的健康促進亦是密不可分，媒體對達到公共衛生的目標來說是很重要的，其主要原因如下：首先，因為媒體能引起民眾對社區議題的注意；第二，媒體能給予社區議題合理性及重要性；第三，媒體能提供詳細了解議題的資訊（如危險性、有效地預防活動、行為規範、相關政策等）；第四，媒體能快速且有效地將健康訊息傳播給公眾。基於以上的理由，我們希望能將媒體運用於健康議題，包括性教育的推廣上，收效誠

可期待。

四、新聞工作者與性教育宣導

　　一般使用的媒體包含報紙、雜誌、廣播及電視，這些都在健康介入的計畫中扮演很重要的角色。為了使媒體傳達的族群更廣，效果更好，必須要發展一套有效的策略才行。舉個例子來說，媒體鼓吹的策略，經常將流行病學的數據轉變成讓人覺得驚訝的活數字，創造具有新聞性的話題，像提倡子宮頸抹片檢查中的「六分鐘護一生」。因此一個好的新聞工作者，必須要對性健康的議題有最基本的報導能力，因此首先會由新聞工作者的方面來談。

　　新聞工作者包含兩種：一是平面媒體的新聞工作者，另一是電子媒體的新聞工作者，在藉由對這些新聞工作者進行深度訪談、焦點團體或是發放問卷等後，我們得到一些有用的資料，這些資料包含（Akin, 2000）：

　　　1. 媒體中的性健康議題的資訊來源為何。

　　　2. 性教育相關的刊物或宣導品中重要的性問題為何。

　　　3. 傳播「性健康」理念的有效工具為何。

　　　4. 新聞工作者的背景及他們對性健康報導的影響力為何。

　　　5. 是否需要對報導性健康議題的新聞工作者進行訓練。

　　　6. 是否應設計介入計畫去克服傳播性健康理念的困難。

　　研究指出，新聞工作者在報導性議題，如愛滋病防治教育時，他們的知識—態度—行為間是不一致的，他們也許認為自己在這樣的性議題的傳播上扮演很重要的角色，但是卻不一定能扮演好這樣的角色，尤其是當他們缺乏性方面的知識去做適當的判斷時，他們就不能去做一個好的新聞報導，亦不能提供民眾性議題方面充分的訊息。

　　因此即使新聞工作者聲稱，他們對於報導性健康的議題有其興趣，卻並不能代表他們真的就具有報導的能力。原因可能是他們：(1)缺乏性健康資訊的更新資料；(2)他們沒有性健康的背景資料；(3)上級對這樣的報導不感興趣；(4)社區不想討論這樣議題的壓力；(5)沒有記者對此議題具有專業知識；(6)獲得官方及非官方的資訊有困難。

　　由此可見，要改善新聞對「性健康」議題報導的品質，必須要由以下幾方面著手：

1.發展有關愛滋病防治及其他性健康議題的正確的及整合的媒體教材。

2.提供新聞工作者在性健康議題，包含愛滋病防治教育的受訓機會。

3.發展及建立包含性健康資料庫的媒體教材資源中心，提供與專家聯繫的機會，幫助新聞工作者解讀健康統計數字與圖表，也提供其他可以改善其報導品質的服務。

4.建立一個屬於新聞工作者、健康專業者及一般大眾交流的論壇。

5.對於性健康相關之媒體報導給予獎勵。

6.由某些時事去進行分析，以引起新聞工作者的興趣，並消除其對這些主題的疑慮。

7.提供社區團體及非營利組織媒體技巧的訓練，以幫助他們能與新聞工作者進行良好的合作。

　　以上這些策略有助於將性健康議題傳播給更多的群眾，也能幫助我們與媒體建立更進一步的合作，以期在未來媒體於性健康議題的報導能更豐富及精采。

五、成功的媒體宣導

在國內大力推展社區總體營造及社區健康營造之際，社區媒體更被寄予厚望。相關學者認為媒體對社區營造或社區工作，可以發揮以下的功能：(1)理念傳播：社區媒體是社區內重要的傳播及聯繫管道，要傳播社區共同參與的價值觀，必須以媒體作為工具；(2)擴大活動的參與：為吸引成員參與活動，宣傳多半須仰賴媒體；(3)人與人的溝通：好的媒體有助於將社區中各項事務與議題，逐步形成共識，且所有個人或團體成員都可以公開且平等地利用社區媒體；(4)社區媒體不只是社區行動和組織的使用工具，有時也是改變的策動者和實行者（臺灣大學建築與城鄉研究所，1996；林福岳，1997）。

媒體傳播雖然可達到改善社區居民行為的效果，然而 Reid（1996）綜合相關文獻指出，成功的媒體傳播仍有一些條件限制：(1)要有「合理的目標」及「充分可用的資源」，須考慮到所使用媒體的型態及頻率能達到什麼樣的預期效果，也須同時注意客觀環境因素是否已經具備；(2)不要期待短期內就有效果，成功的宣導活動可能須花費三年的時間；(3)閱聽對象（target audience）必須仔細區隔（segment）；(4)以社會學習理論為媒體設計之基礎，在設計階段運用形成評價（formative evaluation），在大眾媒體發展過程運用社會行銷策略；(5)地方性的媒體比全國性者容易產生效果，尤其是整合付費廣告、公益廣告及人際教育時更有效；(6)媒體的目標應該為輿論所支持；(7)提供的訊息能取信於目標群體；(8)目標行為以迅速易改變者為佳。

每一種媒體在性教育的宣導上皆有不同的優缺點及適用的目標群體（見表 13-1），要進行成功的媒體宣導，除了須注意到以

上所提到的限制外，也應「因材施教」，以達到最有效的媒體宣導效果。

表 13-1　愛滋防治教育的媒體宣傳方法

方式	受眾	優點	缺點
電視／廣播 公眾宣導 新聞報導 生活事件	一般大眾	能直接達到最廣的特定受眾，也能指引民眾其他可以獲得資訊的管道，另外，廣播的資訊可以達到特定的族群	資訊也許對特定的目標族群來說不夠清楚詳細
報紙 小說故事 新聞報導 廣告	一般大眾	提供比電視／廣播更清楚的資訊，而針對特定族群的報紙更能確定其提供的資訊是符合此族群的	受眾不能普及到每一個族群
海報 廣告招牌 公車廣告 公共設施	一般大眾	可以針對特殊目標族群，指引受眾其他的來源資訊或是藉著各種多元的教育訊息來進行教導	僅提供有限的資訊
小冊／廣告傳單 夾報 健康照護設施 工作職場	一般大眾	訊息可以符合特殊族群之個別性，而且更清楚、附圖解	對某些族群也許不是很有效，如娼妓或毒癮者
時事通訊／期刊 組織的通訊報紙 AIDS 的時事通報	健康工作者 社區領導者 危險族群	訊息可以具獨特性、詳細且深入，符合特定群眾	文章可能是冗長且不易閱讀的
資源手冊 指引 課程教材 再版書 資源索引	健康工作者 社區領導者	提供對特定族群的相關技術資訊（諮商、輔導、教學或社會福利轉介）	文章可能是冗長且不易閱讀的

資料來源：Reprinted from Guidelines for AIDS Prevention Program Operations, p.12, U. S. Department of Health and Human Services, Public Health Service, Centers for Disease Control (1987).

第三節　社區組織與性教育

一、社區健康營造的趨勢

近年來，臺灣在政府「社區整體營造」的政策下，亦開始以社區為單位，全面投入社區各項營造的工作（曾旭正，1997），社區活動日漸蓬勃，居民的社區共識亦逐漸提升（蔡勳雄，1997）；而「社區整體營造」即是一群人透過社區內的組織，共同討論與參與的過程，關心身邊周遭的公共空間、自然生態、藝文活動、社區學習等公共事務，並付諸行動。甚至，為了彼此的生活與利益，擬定共同遵守的規則，進一步喜愛自己居住的所在並產生認同感，建立社區意識，進而營造新的社會與新的生活價值觀。

衛生福利部國民健康署目前已完成輔導 126 個社區健康營造中心。衛生福利部此一大型社區保健計畫，正是期盼透過社區全面介入的方式，使社區居民產生自覺，運用社區組織結盟等方式來全面提升居民的健康狀況。社區健康營造的執行方式，乃委託社區現有組織來整合社區各組織團體建立合作關係，並負責計畫之執行與追蹤。此外並設置「全國社區健康營造管理中心」來負責督導各社區推動工作及掌握執行進度；網羅與健康有關或有興趣的組織、機構及團體共同參與，建立互惠之合作關係，有效連結社區內外之資源，確實能發揮更大之影響力，也符合社區營造中「社區自助」的重要原則（林振春，1998）。

因此，現有社區組織必須對社區健康營造的理念與策略有充

分的了解，這須透過教育及訓練來加強，而為了將來計畫之執行，強化組織功能也是首要工作。可透過團體的運作方法及技巧，加強組織成員間的凝聚感、社會支持、人際互動技巧，學習如何促進會議效能並增進其運作組織的能力。再者加強社區組織意見領袖的技能也相當重要，一方面可加強社區的能力以採取行動來改善社區的健康情況，另一方面廣大階層的意見領袖共同參與，也會創造有利於發展健康公共政策的環境。意見領袖的領導者訓練在培養社區領袖的責任感及技能，使他們成為社區與組織之間溝通的橋樑，因此訓練課程應強調實務性，才能引起意見領袖的參與動機並善用所學。

二、社區組織與性教育

社區組織究竟是什麼？簡單來說，社區組織就是社區藉由專家的幫助，確立其共同的問題，以及可能運用的資源，藉著自動自發的精神，來發展及執行一些策略，以達成社區目標的一種過程。其目的即是為了提升至最佳的資源利用。

但是該如何利用社區組織來進行性教育呢？首先可運用各種的社區介入策略，診斷社區對於性教育活動之需求，了解社區相關組織間的功能與民眾參與現況後，再運用社區組織、社區網絡結盟、媒體鼓吹、面對面教育等策略，強化社區組織的合作互動模式，並與社區共同設計性教育之各項介入活動，以進一步引發社區居民對社區性健康教育活動參與的興趣與行動力；一個健康工作者應以促進者、增強者及協調、溝通者的角色進入，並與社區一起工作，去強化社區自主、自助的自發力量，使社區日後能自行發掘自己的健康需求及解決社區自己的健康問題，進而成為有力量的社區，且永續發展。

　　由以上所述，我們可以發現，一個良好而完整的社區性健康
教育計畫運用之介入策略包括社區組織、結盟運作方法，媒體鼓
吹及面對面教育策略，其實際運用的方法如下：

　1. 社區性教育現況之分析、診斷：以焦點團體訪談、問卷調
　　　查及親身進入社區實地蒐集資料三種方式進行。

　　(1) 運用溝通及人際互動技巧，進行社區內相關組織及團
　　　　體（如社區健康營造中心、社區發展協會、鄰里長、
　　　　志工團體等）的意見領袖之焦點團體訪談，以了解他
　　　　們對社區性教育需求的看法、社區的特性與需求、可
　　　　運用之人力、物力資源及其所屬的組織或團體的運作
　　　　情形與相關工作經驗，並藉著訪談互動的過程，激發
　　　　他們共同參與的意願。

　　(2) 對社區居民進行問卷調查，了解社區民眾的社經地位、
　　　　對社區生活中與性健康有關議題的看法與對性的認知、
　　　　態度及需求，以及對社區內要締造一個健康的環境等
　　　　相關人力、物力資源之了解與運作情形。

　　(3) 親身進入社區實地蒐集並分析既有的文獻資料、相關
　　　　的調查統計及研究報告，以了解該社區的社區背景、
　　　　人口結構及社區居民健康環境及健康照顧之團體、組
　　　　織及政策。

　2. 促進社區現有相關組織，建立網絡結盟並整合其資源，其
　　　目的是為了促進社區內相關組織、機構及團體的投入和參
　　　與並強化其資源之整合。

　　(1) 建立社區性教育網絡，將納入對性教育工作或社區健
　　　　康營造有關或有興趣的組織、機構及團體，並協助其
　　　　了解及確立社區對性教育之需要並訂定社區民眾認可
　　　　的性教育活動方式及工作優先順序，進而發展社區介

入計畫及執行各項活動。

(2) 藉著組織結盟技術，幫助這些意見領袖建立彼此聯絡及合作方式，並使結盟成員共同參與社區分析、診斷工作，以增強社區網絡互動的功能。

(3) 透過社區網絡與結盟的運作，促進社區組織之資源整合，進而擬定社區性教育介入計畫。

3. 社區介入之教育內容設計：本研究對社區居民運用兩種介入方式，包括媒體鼓吹策略及面對面的教育策略。

(1) 在媒體鼓吹策略方面，可與社區共同設計並研發一系列符合「閱聽人興趣」之社區居民互動式性教育之教材（如教育單張、小冊、社區報紙等），並透過有利的宣傳管道（如社區電臺、社區電子網路、社區告示板等），快速而有效地傳播相關資訊並引發社區民眾的關心及參與意願。

(2) 在面對面的教育策略方面，分為兩大類：

・結合社區既有的活動形式，如社區公共事務說明會、園遊會、親子運動會等大型點狀活動，作為性教育活動介入起始點，並於活動後進一步提供後續服務，將服務融入社區居民定期及長期的例行活動中，以深入社區居民的日常生活。

・性教育之衛教課程：將課程內容主軸由個人認知，擴大到增強其家庭、社區支持之日常生活行為的落實，發展出具正向環境支持面之性教育課程。

4. 計畫執行：運用媒體鼓吹及面對面的教育策略，推動社區性教育計畫。

(1) 以目標群體區隔（target audience segmentation）方式，針對不同特性的目標群體，採取不同的介入管道及策

　　略。針對社區民眾的需求，善用各種誘因及正向的環
　　境支持政策，以增強民眾參與活動的意願。

(2) 透過媒體鼓吹及面對面教育活動之舉辦，促使社區民
　　眾了解性教育的重要性及需求性，並藉由參與的過程，
　　使一般民眾能產生成功的自我學習經驗，增強其行為。

　　由以上可知，一個社區計畫的執行，必須要考慮到各種社區
居民的階層，也應該要考慮到各個階層可適用的策略與方法，簡
單來說，假若要執行一個完整的愛滋防治計畫，所應涵蓋的層面
即包括以下幾項（Swai, 1995）：

1. 針對一般大眾：應採取的策略，有使用大眾媒體、建立資
　源中心、開放式的座談會、性病門診、非政府組織的參
　與、保險套的推廣等。

2. 針對社區領導者：可以採取的策略為進行愛滋防治的課
　程，讓他們對愛滋病有更深入的了解。

3. 針對學校教師：進行健康教育研習，教導愛滋傳染及預防
　知識與有用的教材教法。

4. 針對學童：進行以學校為基礎的教育，教師可與當地的健
　康工作者合作，針對國小高年級以上的學生，以參與式的
　行為改變教育課程來教導學生。

5. 針對健康照顧工作者：可以採取的策略有性病防治訓練、
　諮商訓練、健康教育及血液篩檢訓練。

6. 針對愛滋患者族群：可以採取的策略為諮商或是家庭訪視
　照顧。

7. 針對危險族群（易有多重性伴侶者）：可以採取的策略為
　同儕團體教育，即針對此團體進行發放保險套或是對其進
　行性教育，另外，也為其設立性傳染病門診，以便隨時檢
　查自己是否患病。

綜上幾節所述，未來在社會性教育的介入活動，應是大眾媒體、社區組織、家庭教育及學校教育多方發展，缺一不可的。性教育不但與整個人生相關，也與整個人類的發展息息相關；加上性教育是學習如何成為一個男人或女人的教育，產生社會和道德所接受的態度及個人行為，所以也是一種人格教育。人類因為有性而繁衍，這是自然的定律，因此性教育應該是終生學習的課題，不僅僅是學子在學校學習的「課題」而已。性教育本就是自然的知識、實踐的知識，而社區的教育即是將性教育融入社區中，不論是教師、家長、學生或一般民眾，都能在性教育的社區化後，對其有充分及正確的了解及認知，進而能透過這樣的教育方式，將性教育落實於生活中。

🔖 關鍵詞彙

網路性愛（net sex）
虛擬性愛（cyber sex）
大眾媒體（mass media）
閱聽對象（target audience）
目標群體區隔（target audience segmentation）

🔖 自我評量

1.說明大眾媒體在性教育的角色及重要性。
2.依據大眾媒體的特色，說明如何將其應用在性教育上。
3.依據社區組織的方式，說明如何利用其進行社區性教育。

參考文獻

一、中文部分
臺灣大學建築與城鄉研究所（1996）。社區總體營造工作手冊。

臺北：行政院文化建設委員會。

行政院衛生署（1999）。**辦理社區健康營造計畫**。臺北：作者。

吳知賢（1999）。電視媒體中兩性關係的探討。**國教之友，51**（1），3-11。

林政宏、葉正賢（1999）。**網路情色報告：第一本完全探討本土網情色現象的著作**。臺北：探索文化。

林振春（1998）。**社區營造的教育策略**。臺北：師大書苑。

林福岳（1997）。社區媒介定位的再思考：從社區媒介的社區認同功能論談起。**新聞學研究，56**，155-173。

曾旭正（1997）。讓社區動起來——社區總體營造。**行動資源手冊**。宜蘭：宜蘭縣立文化中心。

蔡勳雄（1997）。生活環境總體營造改造計畫。**環境教育季刊，33**，8-11。

勵馨網站（2001）。取自 http://www.goh.org.tw/Chinese/news/2001/0929-1.asp

顧玉珍（1991）。解讀電視廣告中的女性意涵。**當代，63**，48-68。

二、西文部分

Akin, J. (2000). Strategies for improving media reporting of HIV/AIDS and Reproductive. *Health in Nigeria, 29*(5), 22.

Bracht, N., & Tsouros, A. (1990). Principles and strategies of effective community participation. *Health Promotion International, 5*(3), 199-208.

Emery, E., & Emery, M. (1996). *The press in America* (8th ed.). Boston: Allyn & Bacon.

Hilgartner, S., & Bosk, C. L. (1988). The rise and fall of social problems: A public areas model. *American Journal of Sociology, 94*

(1), 53-78.

Lasswell, H. D. (1948). The structure and function of communication in society. In Schramm (ed.), *Mass communications* (pp.117-130). Urbana-Champaign: University of Illinois Press.

McCombs, M. E. (1992). Explorers and surveyors-expanding strategies for agenda-setting research. *Journalism Quarterly, 69*(4), 813-824.

Paisley, W. J. (1981). Public communication campaigns: The American experience. In R. E. Rice, & W. J. Paisley (eds.), *Public communication campaigns* (pp.15-40). Beverly Hills, CA: Sage.

Reid D. (1996). How effective is health education via mass communications? *Health Education Journal, 55,* 332-344.

Swai, R. O. (1995). Foreword. In K. -I. Klepp, P. M. Biswalo, & A. Talle (eds.), *Young people at risk: Fighting AIDS in northern tanzania* (pp.ix-xi). Oslo: Scandivavian University Press.

附錄

附錄一、性教育相關問卷與量表

一、愛情態度問卷

請圈選最能代表你意見的號碼。

	極同意	同意	傾向同意	傾向不同意	不同意	極不同意
1.愛是無法解釋的，愛就是愛	1	2	3	4	5	6
2.當你墜入愛河的時候，你能感受它的存在，確信這件事情是真實的	1	2	3	4	5	6
3.無法與相愛的人結合，那是一個悲劇	1	2	3	4	5	6
4.當愛情來臨時，你會知道的	1	2	3	4	5	6
5.共同的興趣並不重要，只要相愛就能彼此適應	1	2	3	4	5	6
6.只要知道彼此相愛，雖然認識不久就結婚，也是無所謂的	1	2	3	4	5	6
7.假如你愛上一個人，不久你就會察覺	1	2	3	4	5	6
8.只要兩人彼此相愛，宗教信仰不同，也無所謂	1	2	3	4	5	6
9.即使你不喜歡他所有的朋友，你也可以愛他	1	2	3	4	5	6
10.當你在戀愛時，你常常是沖昏了頭	1	2	3	4	5	6
11.一見鍾情的愛，通常是最持久，最深摯的愛	1	2	3	4	5	6
12.當你戀愛時，你不會介意對方的所作所為，反正你就是愛他	1	2	3	4	5	6

（下頁續）

（續上頁）

13.只要你真愛一個人，你總會解決你和他之間的問題	1	2	3	4	5	6
14.通常世界上只有一個或二個人，你能夠真愛他，並和他一起快樂的生活	1	2	3	4	5	6
15.不管任何因素，只要你真心愛一個人，即足以和他結婚了	1	2	3	4	5	6
16.唯有與你所愛的人結婚才有快樂的生活	1	2	3	4	5	6
17.對愛情來說，心靈的感受更甚於實質的交往	1	2	3	4	5	6
18.除非彼此相愛，否則不要結婚	1	2	3	4	5	6
19.很多人在一生中只有一次真正的戀愛	1	2	3	4	5	6
20.大多數的人，在某個地方總有他理想的伴侶	1	2	3	4	5	6
21.大多數的情形是當你遇到理想的伴侶時，你心裡知道	1	2	3	4	5	6
22.妒忌常是隨著愛情變化的，你愈是愛，愈是妒忌	1	2	3	4	5	6
23.當你在戀愛中，你所做的事，常是感情勝於理智	1	2	3	4	5	6
24.愛情的描述，與其說是一件平靜的事，不如說是一件令人興奮的事	1	2	3	4	5	6
25.多數離婚的原因，與其說是彼此不適應，不如說是因愛情褪色（逐漸淡薄）了	1	2	3	4	5	6
26.當你在戀愛中，你的判斷通常是無法非常清楚的	1	2	3	4	5	6
27.雖然愛情可以經常發生，但一個人一生中只會真正領受一次	1	2	3	4	5	6
28.「愛情」經常是奔放而無法控制的情感	1	2	3	4	5	6
29.選擇配偶時如果與愛情比較起來，兩人社會階層的不同與宗教信仰的差異經常是微不足道的	1	2	3	4	5	6
30.不管人們說什麼，愛情是無法被了解的	1	2	3	4	5	6

問卷來源：葉高芳（1983）。

二、國民中學教師的性教育專業知能與進修需求研究調查問卷

第一部分：以下題目是想要了解您對自己的「性」之看法（在這部分沒有所謂「對」或「錯」的答案）。

	非常不同意	不同意	中立意見	同意	非常同意
1. 我會欣賞自己的身體	1	2	3	4	5
2. 我會主動尋求生殖方面的知識	1	2	3	4	5
3. 我確認人類的發展包含性的發展，如各種形式的性經驗	1	2	3	4	5
4. 我認為兩性之間交往應該要彼此尊重	1	2	3	4	5
5. 我可以確認自己並尊重別人的性取向	1	2	3	4	5
6. 我會視家庭為支持的來源	1	2	3	4	5
7. 我可以用適當的方式表達愛與親密	1	2	3	4	5
8. 我可以與朋友發展和維持良好的關係	1	2	3	4	5
9. 對於各種家庭的可能形式，如大家庭、單親、分居等，我會參考多元管道的訊息來做選擇	1	2	3	4	5
10. 我會尋求技巧來加強自我的人際關係	1	2	3	4	5
11. 我可以了解文化如何影響家庭、人際關係和道德等觀念	1	2	3	4	5
12. 我認同自己的存在價值	1	2	3	4	5
13. 我會對自己的行為負責	1	2	3	4	5
14. 我可以作明智的抉擇	1	2	3	4	5

（下頁續）

（續上頁）

15.我能夠與家人、同事和朋友作有效率的溝通	1	2	3	4	5
16.我會享受自己的性生活和表達自己的性觀念	1	2	3	4	5
17.我會用正常的態度享受性的感覺（不會裝腔作勢或表演）	1	2	3	4	5
18.我可以分辨哪些性行為是可以增加情趣的或造成傷害的	1	2	3	4	5
19.我會尋求新的知識來增加自己性行為的吸引力	1	2	3	4	5
20.我如果發生性行為，一定會在兩情相悅、沒有性病威脅和沒有預期懷孕的情況下發生	1	2	3	4	5
21.我會有效地使用避孕法來避免不預期的懷孕	1	2	3	4	5
22.我會預防性侵害	1	2	3	4	5
23.如果懷孕了，我會儘早去做產前檢查	1	2	3	4	5
24.我會避免接觸和傳染與性方面有關的疾病，包含愛滋病	1	2	3	4	5
25.我會定期做乳房或睪丸自我檢查	1	2	3	4	5
26.我會尊重別人不同的性價值觀念	1	2	3	4	5
27.我會以民主方式來影響有關性方面法律的制定	1	2	3	4	5
28.我會關心文化、宗教、媒體和社會，對個人性觀念和性行為的影響	1	2	3	4	5
29.我會促使他人都有獲得正確性知識的權利	1	2	3	4	5
30.我會避免偏差和盲從的性行為	1	2	3	4	5

第二部分：以下題目是想要了解您在達成下列課程中性教育目標的困難度。

教導學生	非常困難	困難	中等難度	容易	非常容易
1. 認識性腺在青春期時對身體有促進「性成熟」作用	1	2	3	4	5
2. 知道青春期是人體快速成長的階段，並且存在個別的差異	1	2	3	4	5
3. 蒐集自己生長發育的質與量資料，如身高、體重、胸圍的變化等	1	2	3	4	5
4. 運用資訊媒體，蒐集有關青春期的資訊，實踐健康生活	1	2	3	4	5
5. 了解約會的重要性	1	2	3	4	5
6. 了解「愛」與「迷戀」的不同	1	2	3	4	5
7. 討論適合現代社會的家庭成員角色與責任，並願意在目前與未來的家庭生活中實踐	1	2	3	4	5
8. 面對家庭暴力或家人衝突時的處理方法	1	2	3	4	5
9. 體會一個充滿愛的美滿家庭對心理健康之重要性	1	2	3	4	5
10. 理解社會支持的涵義與重要性，如友誼、親近感、溫馨感和安全感	1	2	3	4	5
11. 學習如何以別人可以接受的方式表達意見及感受	1	2	3	4	5
12. 學習如何結交異性朋友	1	2	3	4	5
13. 學習如何培養成熟穩定的情緒	1	2	3	4	5
14. 學習如何消除緊張	1	2	3	4	5
15. 尊重他人的選擇及如何面對失戀	1	2	3	4	5
16. 認識人類的自慰行為	1	2	3	4	5

（下頁續）

（續上頁）

17. 認識男性的夢遺現象	1	2	3	4	5
18. 了解負責的愛與性為人生帶來極大的快樂，激發創造力與生命力	1	2	3	4	5
19. 了解性、愛與婚姻彼此之間的密切關聯	1	2	3	4	5
20. 討論性親密表達的程度以及不同社會規範的影響與接受度	1	2	3	4	5
21. 健康、安全的性行為，以降低性病及愛滋病的發生率	1	2	3	4	5
22. 避免產生先天性異常的下一代	1	2	3	4	5
23. 討論青少年懷孕、墮胎問題，了解婚前性行為的責任與後果	1	2	3	4	5
24. 討論避孕和性病防治責任，並學習正確的態度與行為	1	2	3	4	5
25. 討論性的相關危害，並運用策略預防性騷擾、性侵害與預防接觸色情	1	2	3	4	5
26. 熟悉並妥善運用兩性權益相關的資訊，如尋求申訴管道、相關法律和資源等	1	2	3	4	5
27. 討論法律對性行為的規範	1	2	3	4	5
28. 學習雙性化（剛柔並濟型）的性別角色	1	2	3	4	5
29. 關懷並支援受到性歧視或性侵害的人	1	2	3	4	5
30. 學習分辨色情與性的不同	1	2	3	4	5

第三部分：以下題目是想了解您在性教育教學法、教具及課堂運用的能力。

	從未如此	偶爾如此	約半如此	經常如此	總是如此
1.我會在授課前評估學生對性教育的需求	1	2	3	4	5
2.我會建立學生之間的信任感	1	2	3	4	5
3.我會針對特別的授課單元，設計不同的教學方案	1	2	3	4	5
4.上課開始，我會先對學生說明上課規則，如保護隱私、尊重他人意見，不可攻擊他人	1	2	3	4	5
5.我會安排適合性教育課程的教學環境	1	2	3	4	5
6.我會提出學生感興趣的性教育問題，引發學習的動機	1	2	3	4	5
7.我會運用學生中心的教學法，如討論、角色扮演或啟發法等	1	2	3	4	5
8.我會用講述、問答的方式教性教育	1	2	3	4	5
9.我會與學生討論性教育相關議題	1	2	3	4	5
10.我會和學生分享個人的相關經驗	1	2	3	4	5
11.我會提供性教育相關議題的例證與示範，引導學生觸類旁通	1	2	3	4	5
12.我會將學生過去的學習經驗與新的性教育教材內容相結合	1	2	3	4	5
13.我會條理分明、深入淺出地講解性教育的內容	1	2	3	4	5
14.我會重視學生性教育課程學習的反應，以調整教學的速度	1	2	3	4	5
15.我會鼓勵學生針對性教育相關議題主動提出想法或意見	1	2	3	4	5

（下頁續）

（續上頁）

16.我會運用傳統的教學媒體來教授性教育，如黑板、模型等	1	2	3	4	5
17.我會運用視聽器材來教性教育，如投影機、DVD 等	1	2	3	4	5
18.我會運用現代的媒體來教性教育課程，如單槍投影、電腦等	1	2	3	4	5
19.我會運用平面媒體來教性教育課程，如單張、小冊、海報、書報雜誌等	1	2	3	4	5
20.上課時，我可以簡單明瞭且避免離題地傳達性教育的內容	1	2	3	4	5
21.上課時，我會以微笑和幽默的態度傳達性教育的內容	1	2	3	4	5
22.我會以足夠聲量和多種音調的方式傳達性教育的內容	1	2	3	4	5
23.我會適當的修正原來的教學計畫	1	2	3	4	5
24.我會把上課討論的相關訊息都詳細地記下來	1	2	3	4	5
25.我會使用教師評量的方式來評量學生學習的過程，如課後作業、紙筆測驗（考試）等	1	2	3	4	5
26.我會使用教師觀察的方式來評量學生學習的過程，如學生課前準備、課中觀察、平時觀察等	1	2	3	4	5
27.我會使用學生自評的方式來評量學生學習的過程，如學習紀錄簿、學習者自我評量表、學習心得等	1	2	3	4	5
28.我會使用學生互評的方式來評量學生學習的過程，如小組內成員互相評量表、小組間互相評量表等	1	2	3	4	5
29.我與學習者溝通彼此的期待	1	2	3	4	5
30.在單元結束前，我會將性教育授課內容加以統整	1	2	3	4	5

第四部分：以下題目是想了解您有多少把握程度能做到這些事情。

	有一成以下把握	約有三成把握	約有五成把握	約有七成把握	有九成以上把握
1.性教育授課前做好教學準備	1	2	3	4	5
2.傳授學生正確性知識	1	2	3	4	5
3.教導學生討論有關性的態度、規範和價值	1	2	3	4	5
4.幫助學生發展技巧，如延遲性交、減低感染愛滋病和預防不預期懷孕等	1	2	3	4	5
5.運用各種教育媒體來教導性的議題	1	2	3	4	5
6.使用各種教學活動，如角色扮演來教導性教育	1	2	3	4	5
7.教學後可使學生增加正確性觀念，如兩性平等、負責的性態度等	1	2	3	4	5
8.教學後可使學生與他人討論性相關的議題	1	2	3	4	5
9.教學後可使學生有兩性平等的觀念	1	2	3	4	5
10.教學後可使學生產生正確預防性騷擾、避免性病和不預期懷孕	1	2	3	4	5

問卷來源：晏涵文、劉潔心、劉捷文（2001）。

附錄二、性教育、親職教育及青少年輔導
等相關網站

1.台灣性教育學會：http://tase.sexedu.org.tw/

2.台灣婦女網路論壇：http://forum.yam.org.tw/

3.國民健康局青少年網站——性福 e 學園：http://www.young.gov.tw/

4.臺北市性別平等教育委員會、性別平等教育網：http://www.gender.tp.edu.tw/

5.杏陵醫學基金會：http://www.sexedu.org.tw/

6.性教育教學資源網：http://sexedu.moe.edu.tw/

7.教育部教學資源網：http://etoe.edu.tw/scripts/learning/

8.教育部性別平等教育全球資訊網：http://www.gender.edu.tw/

9.教育部健康醫學學習網：http://health.edu.tw/health/

10.國民健康局健康九九衛生教育網：http://health99.doh.gov.tw/

11.國民健康局衛生教育資源網：http://www.hercom.org.tw/

國家圖書館出版品預行編目（CIP）資料

性、兩性關係與性教育／晏涵文著. --三版.--
　　新北市：心理, 2020.01
　　面；　公分.--（通識教育系列；33038）

　　ISBN 978-986-191-889-1（平裝）

　　1.性學　2.兩性關係　3.性教育

　544.7　　　　　　　　　　　　　　108017512

通識教育系列 33038

性、兩性關係與性教育（第三版）

作　　者：晏涵文

執行編輯：高碧嶸

總 編 輯：林敬堯

發 行 人：洪有義

出 版 者：心理出版社股份有限公司

地　　址：231 新北市新店區光明街 288 號 7 樓

電　　話：(02)29150566

傳　　真：(02)29152928

郵撥帳號：19293172　心理出版社股份有限公司

網　　址：http://www.psy.com.tw

電子信箱：psychoco@ms15.hinet.net

駐美代表：Lisa Wu（lisawu99@optonline.net）

排 版 者：辰皓國際出版製作有限公司

印 刷 者：辰皓國際出版製作有限公司

初版一刷：2004 年 9 月

二版一刷：2011 年 3 月

三版一刷：2020 年 1 月

Ｉ Ｓ Ｂ Ｎ：978-986-191-889-1

定　　價：新台幣 500 元